高等院校医学实验教学系列教材

医学机能实验学

第4版

主　编　孙艺平　徐　静
副主编　朱　亮　吕　莉　徐婷婷
编　委　(以姓氏笔画为序)
王　军　王　丽　朴　花　曲振运
刘　琦　刘克敏　关莉莉　孙鹏远
吴　琼　张彩华　金　越　赵　慧
赵赫男　姚齐颖　贾玉红　殷盛明

科学出版社
北　京

内 容 简 介

本书在继承以往生理学、病理生理学及药理学经典或相对独立的实验教学内容基础上,将三门学科的实验内容以系统为主线进行了整合,其总体构架为:机能学基本实验技术、方法,机能学基础性实验,机能学综合性实验,机能学创新性实验,病例讨论,共七章。第一章为绪论;第二、三章为机能学基本实验技术、方法等,内容较为详尽;第四章为机能学基础性实验,是以经典的、或相对独立的生理学、药理学、病理生理学实验内容为主;第五章为机能学综合性实验,是以消化、循环、呼吸和泌尿系统为主线,并新增了内分泌系统综合实验,将每一系统的生理、药理、病理生理学的实验内容有机融合在一起;第六章为机能学探索性实验,学生通过主动思考、精心设计以达到培养学生创新意识的目的;第七章为病例讨论,通过具体病例使学生对生理学、病理生理学及药理学等相关理论知识进一步理解和运用。

本书在贯穿总体构思的基础上,涵盖了机能实验教学中常用的基本操作技术、常用仪器等内容,较为系统全面,易于教师、学生和相关人员的学习和使用。

图书在版编目(CIP)数据

医学机能实验学 / 孙艺平,徐静主编 .—4 版 .— 北京:科学出版社,2015. 6

ISBN 978-7-03-044607-7

Ⅰ. ①医…　Ⅱ. ①孙…②徐…　Ⅲ. ①实验医学—医学院校—教材　Ⅳ. ①R-33

中国版本图书馆 CIP 数据核字(2015)第 126120 号

责任编辑:王　颖 / 责任校对:邹慧卿

责任印制:赵　博 / 封面设计:范璧合

科学出版社 出版

北京东黄城根北街 16 号

邮政编码: 100717

http://www.sciencep.com

三河市骏杰印刷有限公司印刷

科学出版社发行　各地新华书店经销

*

2002 年 3 月第　一　版　开本:787×1092　1/16

2015 年 6 月第　四　版　印张:11

2025 年 1 月第二十一次印刷　字数:260 000

定价: 46.00 元

(如有印装质量问题,我社负责调换)

前　言

机能学科包括生理学、病理生理学及药理学，将此三门学科的实验内容有机融合起来形成的一门综合实验课程——机能实验学，是我校实验教学改革的重要成果。本书结合我校实际及其他医学院校机能实验教学情况，编写的总体构思为：机能学基础性实验→机能学综合性实验→机能学创新性实验。机能学基础性实验是通过经典的生理学实验、药理学实验、病理生理学实验，培养学生掌握基本实验技术和方法，熟悉和掌握各种实验仪器和手术器械的使用等，为学习机能综合实验打下坚实的基础；机能学综合性实验是以消化系统、循环系统、呼吸系统和泌尿系统为主线，在原有版本内容基础上又新增了内分泌系统综合实验，将每一系统的生理、药理、病理生理的内容有机融合成为综合性实验，通过①观察动物在正常状态下其功能活动规律；②复制某些疾病的急性动物模型后，观察其病理状态下功能活动的改变，并探讨分析疾病发生发展过程和机制；③自行选择和利用某些药物及手段进行治疗，并分析其药物学作用原理及其作用机制等，这一贴近临床和理论联系实际的实验模式，培养和提高学生综合全面分析解决问题的能力。机能学创新性实验是学生通过自主实验设计来完成实验内容，学生在自行设计实验的过程中，通过主动思考、精心设计可以达到提高分析问题和解决问题的能力，对培养高素质、具有开拓性的医学人才有着重要意义。本书在贯穿总体构架的基础上，还涵盖了机能实验教学中常用的基本操作技术、常用仪器等内容，较为系统全面，易于教师和学生的学习和使用。

限于我们的学术水平和编写能力，书中存在不妥和疏漏之处，盼请同道们批评指正，以利于完善和提高。

孙艺平

2015 年 6 月

目　　录

第一章　绪　　论

一、医学机能实验学的基本知识

医学机能实验学是通过实验研究揭示正常和异常生命过程中机体机能变化的特点和规律，培养医学生掌握基本实验技能，增强综合分析和解决问题能力的综合性实验学科。此学科是在保留部分经典的电生理、人体生理、病理生理和药理学实验的基础上，将生理学、病理生理学、药理学三门学科的实验内容有机地融合起来，形成一门独立的实验性学科。同时将一些医学动物实验的基本知识融入到整个实验教学中，使学生掌握扎实的动物实验的基本理论和操作技术。

医学机能实验学课程实施三阶段教学，即第一阶段的实验基本训练教学、第二阶段的综合性实验教学和第三阶段的探索性实验教学。

二、医学机能实验学的目的

1. 掌握医学机能学实验的基本方法和进行实验操作的基本技能，学会观察、记录、分析实验结果及书写实验报告的基本方法。

2. 通过具体实验项目及对所得实验结果的分析，认识生物体的正常功能、动物疾病模型的复制及药物作用的基本机制。

3. 巩固生理学、病理生理学和药理学的相关理论知识，并使之融会贯通，培养学生理论联系实际的能力。

4. 通过科研设计方法学和学生自行设计的探索性实验，培养学生主动获取科学知识的兴趣，提高独立思考和独立工作的能力，培养学生自学能力、分析问题解决问题能力、创新能力，勇于探索、开拓进取的科学精神，为以后进行科研打下一定基础。尤为重要的是培养学生严肃的科学态度、严谨的工作作风和严密的科学思维方法。

三、医学机能实验学的要求

（一）实验前，认真作好准备工作

1. 仔细阅读教材中的有关内容，熟悉该实验的目的、要求、步骤和操作程序，对“注意事项”应予以特别的注意，因为这些往往是最容易出现问题的环节。

2. 复习及预习与该实验有关的理论知识。

3. 每个实验小组都应在实际操作前作好分工，并共同按照实验要求拟订好实验操作步骤，做到人人有角色、有任务、有收获。在进行不同实验时每个人的分工应做到互换，以求均衡发展。

（二）实验中，认真、规范地实施实验操作

1. 对实验器械，如手术剪刀、止血钳等应做到每次都有专人管理，负责器材的清洗和养护。

2. 对实验仪器，如计算机、721 型分光光度计、离心机等，应按规定独立操作，不应过分依赖教师，但在排除较大的仪器故障时应在教师的指导下进行。不得进行与本次实验无关的仪器操作以及无目的地摆弄仪器，不允许带外盘在计算机中存取信息。

3. 注意保护实验动物和实验标本，尽量节省实验药品和易耗物品。

4. 实验所用电子仪器一定要注意切实接地；使用刺激器时，刺激器的两个输出电极切勿接触，以免损伤刺激器，影响实验的进行。

5. 仔细耐心地观察实验过程中出现的现象，随时记录并联系相关的理论知识进行思考，出现了什么现象？为什么会出现这种现象？这种现象有什么生物学意义？总之，应密切注意实验过程中出现的任何情况，不管所出现的情况与现行理论知识相符还是相悖，都要及时进行分析和总结。

（三）实验后，做好实验结束的善后工作

1. 整理实验仪器，将所有电子仪器的旋钮调至零位，并按操作程序切断电源。

2. 清点、整理实验器材，所用器械洗净擦干，清点后，应请有关教师验收。如有损坏或丢失除了及时报告负责教师外，还应按有关规定处理。

3. 将废弃的试剂、药品、动物的毛发、器官以及尸体等分类归放到指定的器具，不得随意投放。

4. 值日的同学应负责将实验室清理干净，并将废弃物和垃圾携带到指定场所。

5. 收集、保管好实验资料，认真填写实验报告并按照要求按时呈交给教师评阅。

四、医学机能实验学的报告写作要求

（一）撰写实验报告的意义

实验报告是对实验的全面总结。通过撰写实验报告，可以学习和掌握科学论文书写的基本格式及图表绘制、数据处理、文献查阅的基本方法，可以提高分析、综合及概括问题的能力，为今后撰写科学论文打下良好的基础。

（二）实验报告的格式

医学机能实验学报告					
姓名	学号	专业班级	组别	日期	指导教师

实验题目：
实验目的：
实验对象：
实验器材及药品：
实验步骤：
实验结果：
实验讨论：
实验结论：
参考文献：

（三）实验报告书写要求

1. 填写报告 必须本人填写，不得互相抄袭，做到内容齐全、格式规范；字迹规整，文字精练，术语正确，使用规范英文缩写。

2. 实验步骤 每一项不必详述，如果所使用的仪器和方法与实验教材规定的有所不同时，可作简要说明。

3. 实验结果 应根据原始资料真实、准确、详细地记录所观察到的实验现象。如因操作失误或实验动物发生意外未能完成所需观察的实验结果，应在实验报告中如实说明，决不可伪造实验数据。

4. 实验讨论 撰写实验讨论的过程是从感性认识到理性认识的升华过程。实验讨论又是以实验结果为依据的科学的推理分析过程，推理要符合逻辑，结果务必真实。在对结果进行分析的基础上推导出恰如其分的结论，而不是用现成的理论对实验结果作一般性解释。如果本实验未能揭示实验结果产生的原因或已知的理论知识难以解释出现的现象，应查阅有关文献资料寻找可能的解释，也可提出自己的见解，但必须提供解释依据，并注明文献出处。

5. 实验结论 结论不是具体实验结果的再次罗列，也不是对今后研究的展望，而是针对这一实验所能验证的概念、原则或理论的简明总结，是从实验结果中归纳出的一般性、概括性的判断，要简练、准确、严谨、客观。

6. 参考文献 参考文献是实验报告引用他人的资料，在报告最后列出的文献目录，这既是为了反映实验报告的科学依据，表明作者尊重他人的研究成果，同时也向读者提供有关原文信息的出处。因此，参考文献不能省略，应标明参考文献引用处，在引用句末根据引用顺序用上标序号表示，用方括弧括住序号。参考文献的书写格式按 Vancouver 格式，主要的期刊、论文和书籍引用举例如下：

[1]黄敏，李冬冬．医学机能学实验[M]．北京：科学出版社，2002

[2]黎家华，石新兰，唐英卿．多个免疫组化指标检测效果的方法探讨[J]．湖北民族学院学报医学版，2002，19(10)：58～59

[3]Piao F, Ma N, Hiraku Y, et al. Oxidative DNA damage in relation to neurotoxicity in the brain of mice exposed to arsenic at environmentally elevant levels[J]. Occup Health, 2005, 47(5)：445～449

7. 其他 原始数据整理成表，原始记录曲线剪贴标注，放在报告的结果项。

第二章　实验动物基本知识及动物实验技术

在医学教学、科研中，掌握正确的实验动物的基本知识和基本操作技术，是实验人员必须具备的能力之一。针对机能实验教学的基本要求，我们列举如下几种最为基本的动物知识和操作技术。

一、实验动物的种类及选择

(一) 常用实验动物的种类和特点

机能学实验常用的动物有：蟾蜍、小白鼠、大白鼠、家兔、豚鼠、猫、狗等。它们大都属于哺乳动物，而且生理特性与人接近。

图 2-1　蟾蜍

1. 蟾蜍与蛙(toad and frog)　蟾蜍与蛙属于两栖纲、无尾目类、变温动物(图 2-1)。蟾蜍和蛙的一些基本的生命活动与恒温动物相似，而且离体组织器官所需的生活条件简单，易于控制和掌握，因此被广泛用于医学机能学的教学和科研中。用蟾蜍(蛙)腓肠肌和坐骨神经可观察外周神经及肌肉的功能，研究兴奋性、兴奋及其传导和传递、肌肉的收缩等基本生理现象。蟾蜍(蛙)离体心脏可用于研究药物治疗心功能不全的作用。利用蟾蜍(蛙)的整体实验可行脊休克、脊髓反射、反射弧、微循环等研究。蟾蜍还可用于生殖生理、药理、病理生理、胚胎发育及免疫学等的研究。

2. 小白鼠(mouse)　小白鼠属于哺乳纲、啮齿目、鼠科(图 2-2)。小鼠实验研究资料丰富，参考对比性强；其实验结果的科学性、可靠性和重复性高，被广泛用于各类科研实验中。在机能实验中，主要用于药物筛选、半数致死量、药物效价比较、抗感染、抗肿瘤、脊髓横切、半横切、缺氧等实验。

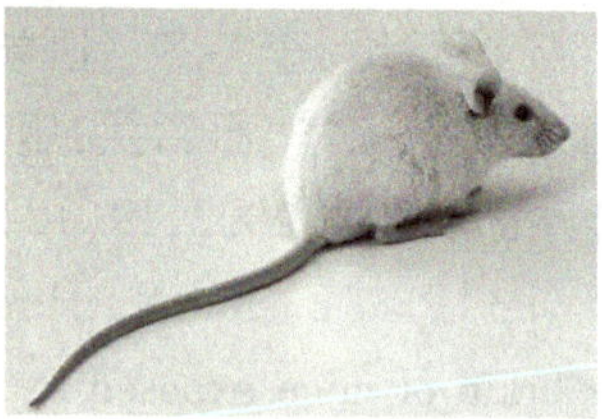

图 2-2　小白鼠

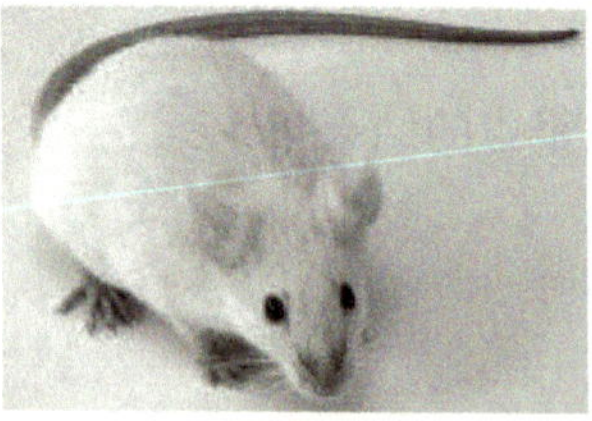

图 2-3　大白鼠

3. 大白鼠(rat)　大白鼠属于哺乳纲、啮齿目、鼠科(图 2-3)。大白鼠性情不如小白鼠温顺，它在受惊吓或被捕捉的方法粗暴时，表现凶暴、易咬人。但具有小白鼠的其他优点，一些在小鼠身上不便进行的实验可选用大鼠，如药物的抗炎作用、胆道插管、休克、水肿、缺氧及药物的亚急性或慢毒性实验，大鼠离体器官可进行大鼠离体静态肺顺应性实验；整体可用于胃酸分泌、胃排空、垂体、肾上腺的研究；大鼠大脑各部的生理功能立体定位相当成熟和标准化，是研究中枢神经系统的极好材料。

图 2-4　家兔

4. 家兔(rabbit)　家兔属于哺乳纲、啮齿目、兔科(图 2-4)。家兔性情温顺，灌胃、取血方便。兔耳缘静脉浅表,易暴露,是静脉给药的最佳部位。兔的减压神经在颈部与迷走神经、交感神经分开而单独成为一束,常用于心血管反射活动、呼吸运动调节、泌尿功能调节的研究;兔的消化管运动活跃、典型,可用于消化管运动及平滑肌特性研究。兔的大脑皮层运动区机能定位已具有一定的雏形,因此兔也常用于大脑皮层功能定位和去大脑僵直、神经放电活动等实验。

图 2-5　豚鼠

5. 豚鼠(guinea pig)　豚鼠属于哺乳纲、啮齿目、豚鼠科,又称荷兰猪(图 2-5)。豚鼠耳蜗管发达,听觉灵敏,在生理学用于耳蜗微音器电位的实验,也用于临床听力的实验研究。除此之外,还用于离体心脏及肠、子宫平滑肌实验,其心室乳头肌和心房肌常用于心肌电细胞电生理特点及动作电位的实验,也用于传染病、变态反应、维生素 C 缺乏等实验研究。

图 2-6　猫

6. 猫(cat)　猫属于哺乳纲、啮齿目、猫科(图 2-6)。猫的血压稳定,大脑及小脑均很发达,头盖骨和脑的形状固定,是脑神经生理学的较好的实验动物。同样在生理学实验中,用电极探针插入猫大脑各部位的生理学研究方面现已完全标准化,可以在清醒条件下研究神经递质等活性物质的释放和条件反射,外周神经与中枢神经的联系。还可做去大脑僵直,交感神经的瞬膜和虹膜反应以及呼吸、心血管反射的调节实验等。此外,猫也用于药理学和临床疾病的实验研究。猫眼能按照光线的强弱变化而灵敏地调节瞳孔大小,可用于 M 胆碱受体激动药和阻断药对眼睛作用的实验研究。

图 2-7　狗

7. 狗(dog)　狗属于哺乳纲、肉食目、犬科(图 2-7)。狗听觉、嗅觉灵敏,反应敏捷,对外界环境适应能力强,易饲养,可调教,能很好地配合实验研究的需要。狗具有发达的血液循环与神经系统,内脏构造,且其比例与人的相似,是较理想的实验动物。在生理学中常用于心血管系统、脊髓传导、大脑皮层功能定位、条件反射、内分泌腺摘除和各种消化系统功能的实验研究。狗还用于药理学、毒理学、行为学、肿瘤学、核医学以及临床某些疾病的研究。狗特别应用于实验外科学的研究,是临床探索新手术方法和观察手术疗效的首选实验动物。

【附注】常用实验动物临床生理指标(表 2-1)。

表 2-1　常用实验动物临床生理指标

动物种类	体温(℃)	呼吸数(次/分)	脉数(次/分)	血压(mmHg)	红细胞数(10^{12}/L)	血红蛋白量(g/100ml)	血细胞容量值(%)	红细胞直径(μm)
小鼠	38.0 37.7～38.7	128.6 118～139	485 422～549	C147 133～160	9.3 92～118	12～16	54.6	5.5
大鼠	38.2 37.8～38.7	85.5	344 324～341	107 92～118	8.9 7.2～9.6	15.6	50	6.6
豚鼠	38.5 38.2～38.9	92.7 66～120	287 297～350	75～90	5.6 4.5～7.0	11～15	33～44	7.0

续表

动物种类	体温（℃）	呼吸数（次/分）	脉数（次/分）	血压（mmHg）	红细胞数（10^{12}/L）	血红蛋白量（g/100ml）	血细胞容量值（%）	红细胞直径（μm）
家兔	39.0 38.5～39.5	38～51	205 123～304	89.3 59～119	5.7 4.5～7.0	110.4～156	33～44	7.0
犬	38.5 37.5～39.0	10～30	70～120	155	6.3 6.0～9.5	8～13.8	40.8	6.0
猫	39.0 38.0～39.5	20～30	120～140	140～170	8.0 6.5～9.5	8～13.8	40.8	6.0

（二）实验动物的选择

根据不同的实验目的，选择使用相应的种属、品系和个体实验动物，是实验研究成败的关键之处。教学实验所用的动物数量较少，因而实验动物选择正确与否则更为重要。

1. 种属的选择（genus excerpt） 在选用实验动物时，应尽可能选择其结构、功能和代谢特点接近于人类的动物。不同种属的动物对于同一疾病的刺激是有不同的反应程度的。例如，在进行过敏反应或变态反应实验时，应首选豚鼠；而做发热、热原检定、解热药的实验时应选择家兔、犬；家兔、大白鼠常用于高血压研究；小白鼠则适宜进行各类肿瘤的实验研究。

2. 品系的选择（strain excerpt） 同一种动物的不同品系，对同一致病刺激物的反应也不同。如津白Ⅱ号小鼠容易致癌，而津白Ⅰ号小鼠就不易致癌。

3. 个体的选择（individual excerpt） 同一品系的动物，对同一致病刺激物的反应也存在着个体差异，而这种个体差异往往与动物的年龄、性别、生理状态和健康情况有关。

（1）年龄（age）：根据实验要求选择适龄的动物。一般幼年动物较成年动物敏感，急性实验选用成年动物，慢性实验最好选用年轻一些的动物，减少同一批动物的年龄差别，可以增加实验结果的正确性。

（2）性别（sex）：不同性别的实验动物对同一致病因素的反应也不同。在实验研究中，应根据不同的实验来选择动物的性别。如对动物性别无特殊要求，也应在各组中选用雌雄各半。

（3）生理状况（physiological condition）：在选择个体时，应考虑动物的特殊生理状态，一般妊娠、哺乳期的动物不应选择。

（4）健康状况（health condition）：实验证明，动物处于衰弱、饥饿、寒冷、炎热、疾病等情况下，实验结果很不稳定。所以，健康状况不好的动物，不能用来做实验。

（三）实验动物健康状态的判断标准

1. 一般状态 发育良好、反应灵活、食欲好、眼睛有神、不打喷嚏、鼻黏膜无分泌物等。
2. 皮毛颜色 动物皮毛要光洁柔软，无脱毛、蓬乱和真菌感染的现象。
3. 腹部呼吸 动物腹部呼吸均匀，无膨大隆起的现象，肛门无稀便、无分泌物。
4. 爪趾特征 动物无咬伤、溃疡、结痂等情况。

二、实验动物的捉拿、固定及给药方法

捉拿与固定动物是为了更好地进行实验。在捉拿动物时应尽量使动物免受不必要的

刺激和损伤，同时也要防止被动物咬伤抓伤。在固定动物时一定要牢固又要减少动物的痛苦，维持动物的正常生理活动，从而不影响实验观察结果。可根据不同实验目的、所选用实验动物种类和药物剂型、剂量等不同情况，确定对实验动物实施不同的给药方法。

（一）蛙或蟾蜍

1. 捉拿与固定方法　捕捉蟾蜍时，左手握住蟾蜍，用食指压其头部使向前屈，拇指按住其背部，其余三指则握住四肢和腹部。作注射或其他简单操作时，实验者左手用拇指及食指夹蟾蜍头及躯干交界处，左手其他三指则握住其躯干及下肢，腹部（或背部）暴露时，背部（或腹部）紧贴手心（注意避免蟾酥射入眼睛内）。对蟾蜍进行手术或其他复杂操作时，则按实验需要的体位，用蛙钉将四肢钉于蛙板上（图 2-8）。

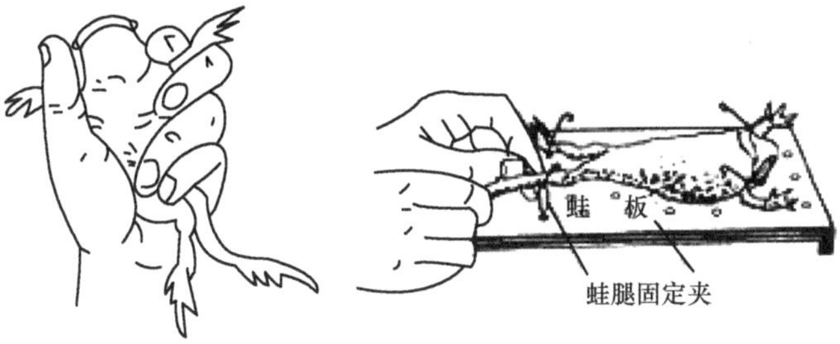

图 2-8　蟾蜍（或青蛙）的捉拿和固定法

2. 给药方法　蛙皮下有数个淋巴囊（图 2-9），注药易吸收，常用腹淋巴囊给药。注药时，将蛙四肢固定，使腹部向上，注射针头从蛙大腿上部刺入，经大腿肌层入腹壁肌层，再浅出至腹壁皮下，即是腹淋巴囊。此法可避免药液外漏。注药量一般为 0.25～1.0ml/只。

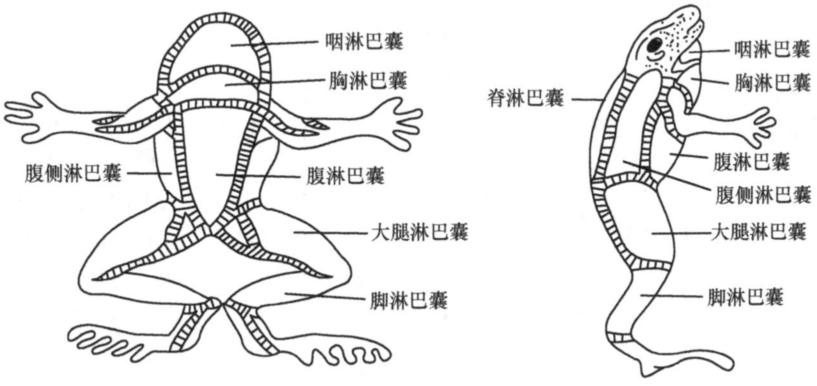

图 2-9　青蛙的淋巴囊分布

（二）小白鼠、大白鼠

1. 捉拿与固定方法

（1）小白鼠：右手拇指及食指轻抓住鼠尾，并令其在鼠笼上爬行，然后以左手之拇指、食指抓住小鼠两耳后其颈部皮毛与两耳，拉直鼠身，以左手中指抵住其背部，翻转左手，小鼠腹部向上，然后以左手之无名指及小指固定其躯干下部及尾部（图 2-10A）。右手可进行其他简单实验操作，也可在麻醉后固定于小鼠固定板上。

(2) 大白鼠:大白鼠在激怒后易咬人,所以实验前应尽量避免刺激它。捉拿时最好不用止血钳钳其皮肤(尤其勿夹其尾巴),可戴棉厚手套或用一块布盖住后捉拿,这样对大鼠的刺激小,而且可防咬伤。大鼠短时间固定:以一手抓其颈部皮肤,立即以另一手拉其尾部,将尾部拉紧拉直(图 2-10B),即可进行腹腔注射、灌胃等简单的操作。若对大鼠进行手术或舌下静脉注射等操作需较长时间的固定时,需用木板,常在全麻的情况下将四肢用粗棉线系牢、拉直、仰位或俯位固定于木板上用四只图钉钉牢或用粗线扎牢。

A　　　　B

图 2-10　鼠的捉拿法

A. 小白鼠捉拿法;B. 大白鼠捉拿法

2. 给药方法

(1) 小白鼠

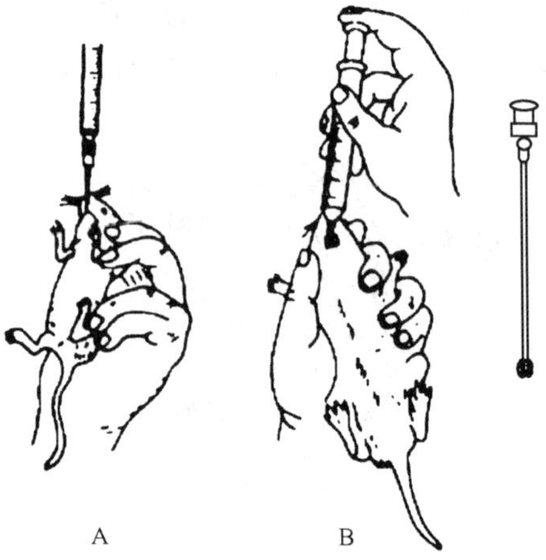

A　　　　B

图 2-11　灌胃方法

A. 小白鼠的灌胃方法;B. 大白鼠的灌胃方法

1) 灌胃法(p. o):左手固定小鼠,右手持灌胃器,将灌胃针头自一侧口角进入口腔,紧贴上腭插入食道(图 2-11A),如遇阻力,将灌胃针头抽回重插,以防损伤。常用灌胃量为 0.1 ~ 0.2ml/10g。

2) 皮下注射法(i. h):左手将注射部位附近皮肤提起,右手握住注射器,斜向刺入皱褶皮下。刺入后左手放开皮肤,先用左手将活塞回抽,若无血液流入注射器则表明并未刺伤血管,则可将注射器活塞徐徐推进,将预定剂量的药物注入。拔出针头后应轻轻按压针刺部位,以防药液漏出,并可促药物吸收(图 2-12)。选择在腹部、背部、腹股沟的皮下给药,此处皮肤比较松弛,也可由助手协助。注药量一般为 0.1 ~0.3ml/10g。

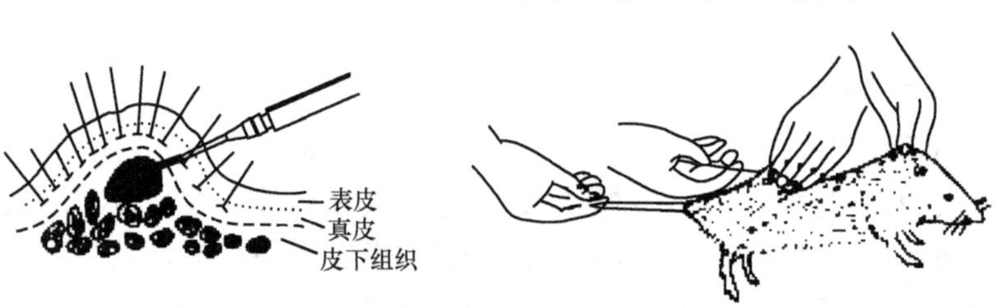

图 2-12　小白鼠皮下注射方法

3）肌内注射(i. m)：一人抓住小鼠头部皮肤和尾巴，另一人持连接4号针头的注射器，将针头刺入后腿外侧肌肉。注射量一般不超过0.1～0.2ml/只。

4）静脉注射(i. v)：将小鼠置入固定器，用乙醇溶液涂擦尾部，以使血管扩张。自尾部末端刺入，刺入血管后抽针芯可见回血(图2-13)。常用注射量为0.1～0.2ml/10g。

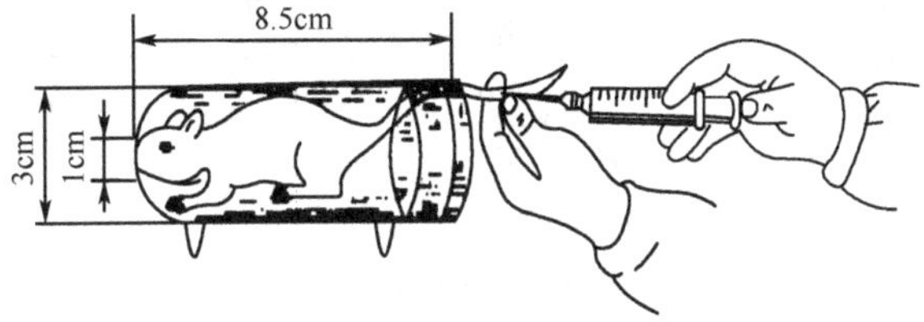

图2-13　小白鼠的尾静脉注射方法

5）腹腔注射法(i. p)：将小鼠固定后，从下腹部外侧进针，深度较皮下注射深(图2-14)。常用注射量为0.1～0.2ml/10g。

6）涂布给药法(spreading dose regimen)：主要用于鉴定药物经皮肤的吸收作用、局部作用、致敏作用和光感作用等。将药物均匀涂布于实验观察的部位，涂布的面积、药液与皮肤接触的时间可根据药物性质和实验要求而定。

大鼠、小鼠可采用浸尾方式经尾部组织给药，主要目的是定性地判断药物经皮肤的吸收作用。先将动物放入特制的固定盒内，露出尾部组织，再将尾部组织通过小试管软木塞小孔，插入装有药液或受检液体的试管内，浸泡2～6h，并观察其作用。

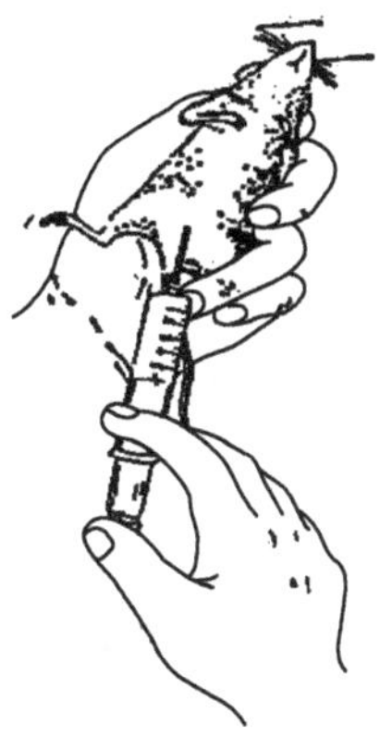

图2-14　小白鼠的腹腔注射方法

(2) 大鼠：灌胃(图2-11B)、腹腔注射、皮下注射及尾静脉注射与小鼠相似。静脉注射也可在麻醉下行舌下静脉注射。

(三) 家兔

1. 捉拿与固定方法　家兔比较驯服，不会咬人，但脚爪较尖，应避免家兔在挣扎时抓伤皮肤。常用的抓取方法是先轻轻打开笼门，勿使其受惊，随后把手伸入笼内，从头前阻拦它跑动。然后一只手抓住兔的颈部皮毛，将兔提起，用另一只手托其臀，或用手抓住背部皮肤提起来，放在实验台上，即可进行采血、注射等操作。因家兔耳大，故人们常抓其耳提起，或有人用手挟住其腰背部提起，均为不正确的操作(会被抓伤)。在实验工作中常用兔耳作采血、静脉注射等用，所以家兔的两耳应尽量保持不受损伤(图2-15)。作耳缘静脉注射时，可将家兔置于特制之家兔固定盒内。

(1) 家兔台固定：在需要观察血压、呼吸和进行颈、胸、腹部手术时使用。一般学生实验多采用仰卧位固定法。仰位固定时，用绳分别绑在兔踝关节上，然后将两后肢拉直，把绳固定捆于家兔手术台后缘的钩子上，再将捆绑前肢的绳子先在躯干下(即背部)穿过，并压住其对侧前肢，然后交叉地将绳固定捆于家兔手术台两侧的钩上(背位交叉固定)。最后在其头部套上兔头固定器，并将其固定于金属柱上(图2-16)。

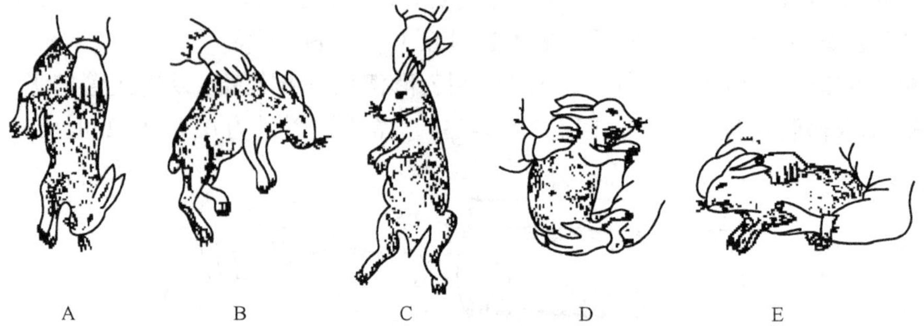

图 2-15　家兔的抓取方法

A、B、C 均是错误的方法；D、E 是正确的方法，其中以 D 常多用家兔的固定方法有盒式固定和台式固定

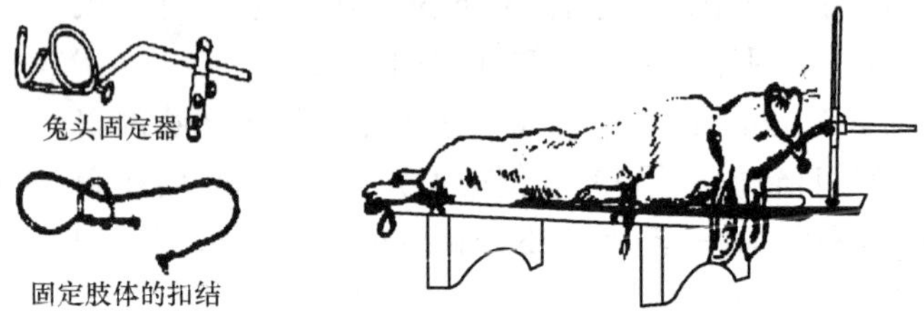

图 2-16　家兔头固定器及家兔的固定

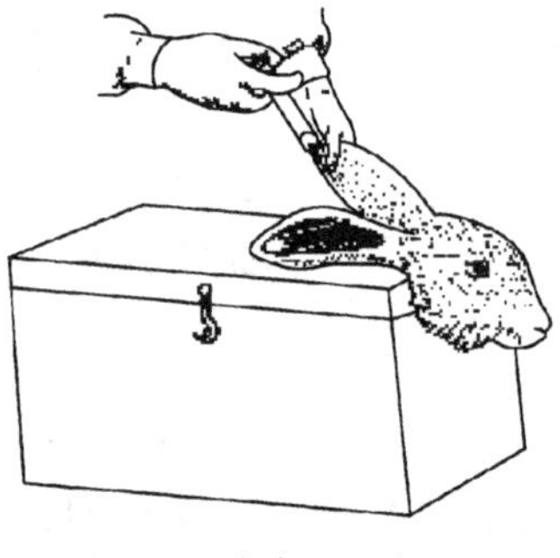

图 2-17　家兔盒固定和耳缘静脉注射

（2）家兔盒固定：作兔头部操作，如耳缘静脉注射或取血，将兔固定于盒内，使兔头伸出兔盒前壁凹形。关上兔盒盖即可（图 2-17）。

2. 给药方法

（1）灌胃：一人将家兔全身固定于腋下，一手固定兔头，另一手将开口器放入家兔口内。另一人将导尿管从开口器孔插入口内，再慢慢插入食道和胃（图 2-18）。为慎重起见，可将胃管外端放入水中，如无气泡，则可证实导尿管在胃内。家兔灌胃量一般为 10ml/kg。如用家兔固定盒，可由一人操作。

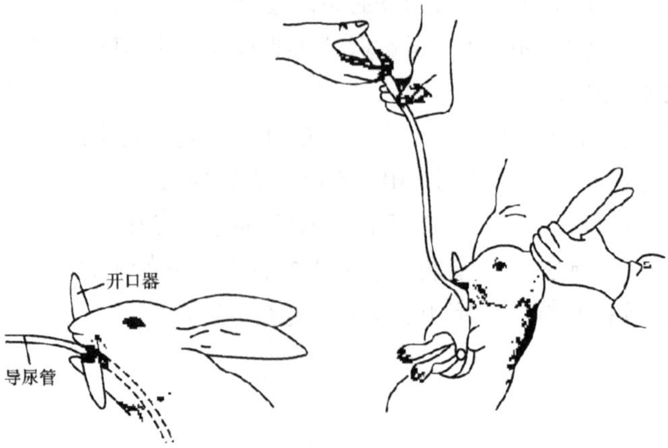

图 2-18　家兔的灌胃方法

(2) 静脉注射：一人固定家兔全身和家兔头部，另一人刺激家兔耳缘静脉使其扩张后，将注射器从静脉末端刺入血管，左手拇指和食指固定针头和兔耳，右手注药(图 2-19)。注药量一般为 2ml/kg，等渗液可达 10ml/kg。

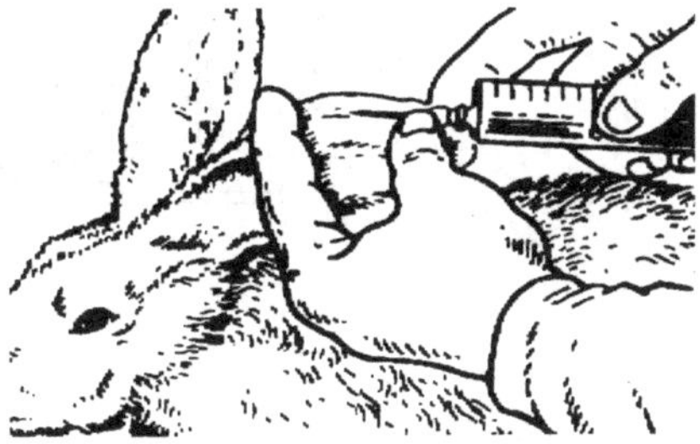

图 2-19　家兔的耳缘静脉注射方法

(3) 皮下注射、肌内注射、腹腔注射与小鼠相似。

(四) 豚鼠

1. 捉拿与固定方法　豚鼠性情温和，胆小易惊，一般不易伤人。捉拿时先用手掌扣住豚鼠背部，抓住其肩胛上方，拇、食指环扣颈部，另一只手托住臀部(图 2-20)。有时可用纱布将豚鼠头部轻轻盖住，操作人员轻轻扶住其背部或者让其头部钻到实验人员的臂下，然后进行实验操作。固定同大鼠。

图 2-20　豚鼠的捉拿方法

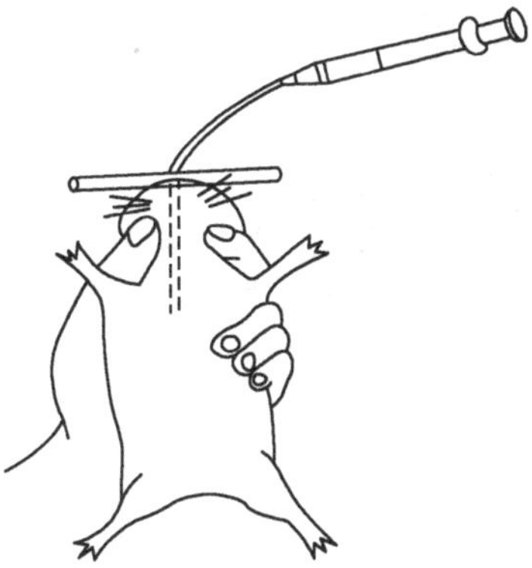

图 2-21　豚鼠的灌胃方法

2. 给药方法　灌胃(图 2-21)、皮下注射、肌内注射及腹腔注射方法基本同小鼠，给药量稍多，常用注药量分别 0.5ml/kg、1.0ml/kg、5.0ml/kg。静脉注射可选后脚掌外侧静脉或颈外静脉。

(五) 狗

1. 捉拿与固定方法　捉狗时，首先是用长柄狗头钳夹持其颈部，并按倒在地，以限制其头部的活动。用一根长棉带打一空结绳圈，从狗背面或侧面将绳圈套在其嘴面部，迅速拉紧绳结，将绳结打在上颌，然后绕到下颌再打一个结，最后将棉带引至后颈部打结，把带子固定好，防止被挣脱(图 2-22A)。也可用狗头钳捕捉后直接进行麻醉，待动物进入麻醉状态后，应立即松绑，以防窒息。

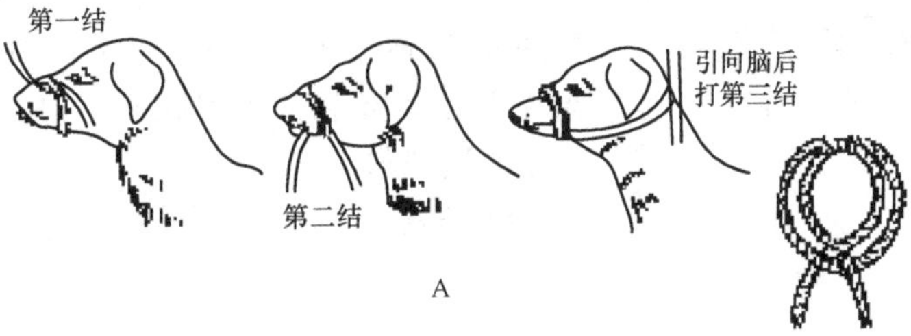

A

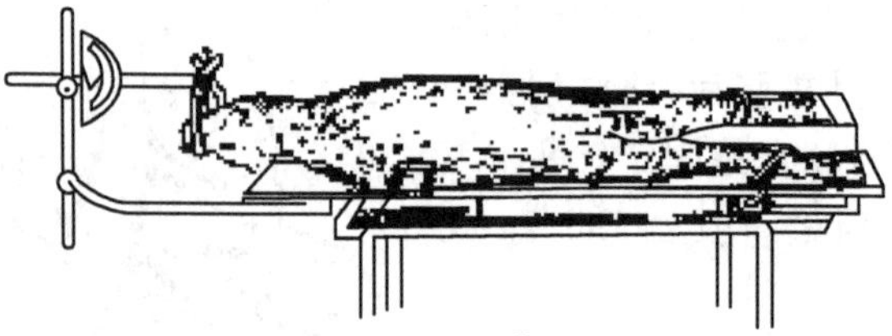

B

图 2-22 狗的固定

A. 狗嘴的固定;B. 狗台上的固定

将麻醉好的狗仰卧置于实验台上,用特制的狗头夹固定狗头部。固定前将狗舌拽出口外,以免堵塞气道。将狗嘴伸入铁圈,再将直铁杆插入上、下颌之间,再下旋铁杆,使弯形铁条紧压狗的下颌(仰卧固定)或压在鼻梁上(俯卧固定)。再将狗头夹固定在手术台上。固定好狗头后,取绳索用其一端分别绑在四肢的踝关节上部,绳索的另一端分别固定在实验台同侧的固定钩上。固定两前肢时,亦可采用背位交叉固定。若采用俯卧固定时,绑前肢的绳索可不交叉(图 2-22B)。

2. 给药方法

(1) 腹腔注射:狗被夹住后,用力将其颈、头压在地上,提起侧后肢,将药注入腹腔。

(2) 静脉注射:可从后肢外侧小隐静脉(图 2-23A)或前肢皮下头静脉注射(图 2-23B)。

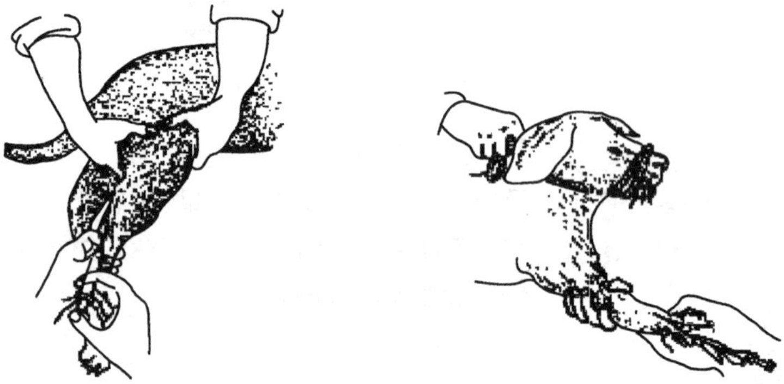

A B

图 2-23 狗的静脉注射

A. 狗后肢外侧小隐静脉注射法;B. 狗前肢背侧皮下头静脉注射法

(六) 猫

1. 捉拿与固定方法 猫较为温顺,可用一只手捉住猫的颈部皮肤,另一只手托起四肢部抱起(图 2-24)。对凶暴的猫,将手慢慢伸入笼内,轻抚猫的头、颈、背部。一只手抓住猫的颈部,取出笼外,另一只手捉住从背到腰部的皮肤。当猫不许手接触它的皮肤时,可用皮手套或用网捉拿。固定方法同狗。

2. 给药方法 与兔基本相同。

图 2-24 猫的捉拿方法

三、实验动物的编号及性别的辨别方法

(一) 实验动物的编号

实验时,为了分组和辨别的方便,常需要为实验动物进行编号。根据实验目的、动物种类和具备的条件选用,良好的标记方法,应满足标号清晰、耐久、简便和适用的要求。较大的实验动物,如狗,一般在实验中用量少,只记录它们的外表特征即可。而小鼠、大鼠等小动物,用量较多,外表又不易区别,故需采用特殊的标记方法。常用的编号标记方法有:

1. 染色法　标记时用毛笔或棉签蘸取化学剂,在动物身体的不同部位涂上斑点,以示不同号码。编号的原则是:先左后右,从上到下。该方法对于实验周期短的实验动物较合适,时间长了染料易退掉;对于哺乳期的子畜也不适合,因母畜容易咬死子畜或把染料舔掉。

2. 烙印法　用刺数钳在动物耳部上刺上号码,然后用棉签蘸着溶在乙醇溶液中的黑墨在刺号上加以涂抹,烙印前最好对烙印部位预先用乙醇溶液消毒,以免造成皮肤局部感染。

3. 针刺法　用七号或八号针头蘸取少量碳素墨水,在耳部、前后肢以及尾部等处刺入皮下,在受刺部位留有一黑色标记。该法适用于大鼠、小鼠、豚鼠等。在实验动物数量少的情况下,也可用于兔、狗等动物。

4. 号牌法　用金属制的号牌固定于实验动物的耳上。大动物可将号码烙压在圆形或方形金属牌上(最好用铝或不锈钢的,它可长期使用不生锈),或将号码按实验分组编号烙在栓动物颈部的皮带上,将此颈圈固定在动物颈部。该法适用于狗等大型动物。

5. 剪毛法　该法适用于大、中型动物,如狗、兔等。方法是用剪毛刀在动物一侧或背部剪出号码,此法编号清楚可靠,但只适于短期观察。

6. 打孔或剪缺口法　可用打孔机在兔动物耳部一定位置打一小孔来表示一定的号码。如若用剪子剪缺口,应在剪后用滑石粉捻一下,以免愈合后看不出来。该法可以编至 1 ~ 99 号,此种方法常在饲养大量动物时作为终身号采用。

7. 笼子编号法　这是一种替代方法。不在动物身上做标记,而把笼子作为个体编号。

此外,下附相关小鼠标记图片,以获得直观效果。

(1) 1 ~ 100 只小鼠的编号方法,适合于染色法(图 2-25)。

(2) 耳朵标记方法:编号 1 ~ 100(图 2-26)。

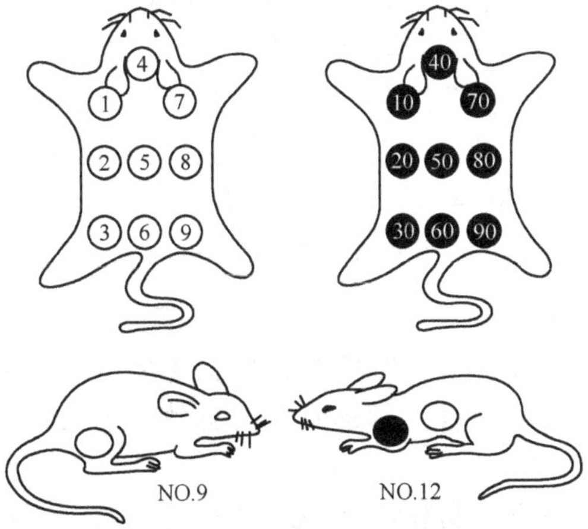

图 2-25　小白鼠染色标记法

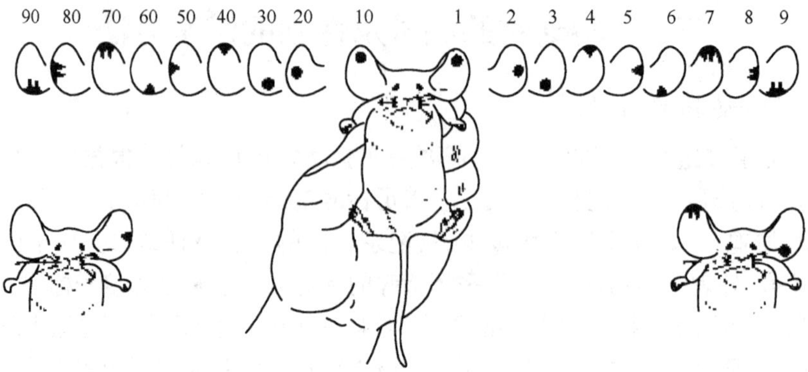

图 2-26　小白鼠耳朵标记法

（二）实验动物性别的辨别

动物实验中，经常要涉及雌、雄动物的鉴别。一般情况下，哺乳动物性别依据动物的肛门与外生殖器（阴茎或阴道）之间的距离加以区别，雄性比雌性的距离长。性成熟后的哺乳类动物性别一般易于区别，因为雄性动物睾丸已从腹腔下降至阴囊内，雌性动物的阴道已开口。但是，对于新生动物来说，性别鉴定较为困难。

1. 蟾蜍　雄性者背部有光泽，前肢的大趾外侧有一直径约1mm的黑色突起——婚垫，捏其背部时会叫，前肢多半呈曲环钩姿势；雌性者无上述特点。

2. 小白鼠　雄性者外生殖器与肛门之间的距离长，两者之间有毛生长；雌性者外生殖器与肛门之间的距离短，两者之间无毛，能见到一条纵形的沟。此辨别方式也适用于大白鼠。

3. 家兔　雄性可见阴囊及其内有睾丸，有突出的外生殖器，雌性者无上述特点。

四、实验动物的麻醉方法

进行在体动物实验时，宜用清醒状态的动物，这样将更接近生理状态，如有机磷中毒与解救的实验必须用清醒动物，观察其中毒时的表现。但在进行各类动物实验时，各种强刺激（疼痛）持续地传入大脑皮质，会引起大脑皮质的抑制，使其对皮质下中枢的调节作用减弱或消失，致使机体生理机能发生障碍，甚至发生休克及死亡；另一方面，许多实验动物性情凶暴，容易伤及操作者。因此，动物实验时，动物的麻醉是必不可少的。

实验动物的麻醉是用物理或化学的方法，使动物全身或局部暂时痛觉消失或痛觉迟钝，以利于进行实验。动物的麻醉与人类的麻醉有不同之处，特别是麻醉剂的毒性、副作用、使用剂量等方面是与人类有差别的，不能完全通用。

（一）常用麻醉方法

1. 局部麻醉（local anaesthesia）　局麻药能暂时、完全和可逆性地阻断神经冲动的产生和传导，在意识清醒的条件下可使局部痛觉等感觉暂时消失，同时对各类组织无损伤性影响。

动物实验中常用局部皮下浸润麻醉，常用麻醉药为普鲁卡因（5～10g/L）。注射时，随切口方向把全部针头插入皮下，回抽针筒芯无回血时即可推注麻醉液，应边注射边将针头向外抽，第二针可以从前一针所浸润的末端开始，直至切口部位全部浸润为止。剂量按所需麻醉面积的大小而定，一般不得超过50mg/kg。

2. 全身麻醉(general anaesthetics)　全身麻醉可使动物意识和感觉暂时不同程度地消失，麻醉动物肌肉充分松弛、感觉完全消失、反射活动减弱。全身麻醉有吸入麻醉和注射麻醉两种，一般吸入麻醉采用挥发性麻醉药，注射麻醉用非挥发性麻醉药。

(二) 麻醉效果的观察

动物的麻醉效果直接影响实验的进行和实验结果。如果麻醉过浅，动物会因疼痛而挣扎，甚至出现兴奋状态，呼吸、心跳不规则。麻醉过深，可使机体的反应降低，甚至消失，更为严重的是抑制延髓的心血管活动中枢和呼吸中枢，导致动物死亡。因此在麻醉过程中必须善于判断麻醉程度，观察麻醉效果。判断麻醉程度的指标有以下4方面。

1. 呼吸　动物呼吸加快或不规则，说明麻醉过浅；若呼吸不规则转变为规则且平稳，说明已到麻醉深度；若动物呼吸变慢，且以腹式呼吸为主，说明麻醉过深，动物有生命危险。

2. 反射活动　主要观察角膜反射和睫毛反射，若动物的角膜反射灵敏，说明麻醉过浅；若角膜反射迟钝，麻醉程度适宜；角膜反射消失，伴瞳孔散大，则麻醉过深。

3. 张力　动物肌张力亢进，一般说明麻醉过浅；全身肌肉松弛，麻醉合适。

4. 皮肤夹捏反应　麻醉过程中可随时用止血钳或有齿镊夹捏动物皮肤，若反应灵敏，则麻醉过浅；若反应消失，则麻醉程度合适。

总之，观察麻醉效果要仔细，上述4项指标要综合考虑，最佳麻醉深度的标志是：动物卧倒、四肢及腹部肌肉松弛、呼吸深慢而平稳、皮肤夹捏反应消失、角膜反射明显迟钝或消失并且瞳孔缩小。在静脉注射麻醉时还要边注入药物边观察，只有这样，才能获得理想的麻醉效果。

(三) 各种动物的麻醉方法

1. 小白鼠　根据需要选用吸入麻醉或注射麻醉。注射麻醉时多采用腹腔注射法。

2. 大白鼠　多采用腹腔麻醉，也可用吸入麻醉。

3. 豚鼠　可进行腹腔麻醉，也可将药液注入背部皮下。

4. 猫　多用腹腔麻醉，也可用前肢或后肢皮下静脉注射法。

5. 家兔　多采用耳缘静脉麻醉。

6. 犬　多用前肢或后肢皮下静脉注射。

(四) 麻醉动物的注意事项

1. 麻醉前应正确选用麻醉药品、用药剂量及给药途径。

2. 进行静脉麻醉时，先将总用药量的1/3快速注入，使动物迅速度过兴奋期，余下的2/3则应缓慢注射，并密切观察动物麻醉状态及反应，以便准确判断麻醉深度。

3. 如麻醉较浅，动物出现挣扎或呼吸急促等，需补充麻醉药以维持适当的麻醉。一次补充药量不宜超过原总用药量的1/5。

4. 在手术操作复杂、创伤大、实验时间较长或麻醉深度较浅的情况下，可配合局部浸润麻醉或基础麻醉。

(五) 异常情况的处理

在实验过程中，如果动物的呼吸、心跳、血压、体温等生理指标出现严重异常改变，应立即采用急救措施，避免动物死亡，以保证实验顺利进行。

1. 麻醉过量　给药速度过快或剂量过大可导致动物生命中枢麻痹,呼吸缓慢而不规则,甚至呼吸、心跳停止。一旦发现,应立即处理,不能拖延。根据过量的程度不同采取不同的处理方法。若呼吸慢而不规则,血压或脉搏仍属正常,一般施以人工呼吸,用手抓握动物胸腹部,使其呼气,然后快速放开,使其吸气,频率约每秒一次;或用小剂量可拉明肌内注射。若呼吸停止但仍有心跳,给苏醒剂并进行人工呼吸。人工呼吸机的吸入气最好用混合气体(95% O_2,5% CO_2)。呼吸、心跳均停止,心内注射 0.1% 的肾上腺素 1ml,用人工呼吸机人工通气,用拇指、食指、中指挤压心脏部位进行心脏按压,并肌内注射苏醒剂,静脉注射 50% 葡萄糖溶液。

2. 呼吸道阻塞　表现为呼吸困难,耳或唇发绀等。应立即将动物的舌头向一侧拉出,多可缓解。必要时立即剪开器官。如果已插入气管插管,可能因插管斜面贴于气管壁造成气道阻塞,应将插管旋转 180°即可缓解;如因分泌物过多阻塞气道,此时常伴有痰鸣音,可用注射器抽出分泌物,必要时拔出插管,用裹紧的小棉签轻轻擦去分泌物,再重新插入。

3. 大出血　手术过程中不慎损伤血管可导致大出血,应尽快用纱布压迫出血部位,并吸去创面血液,然后逐渐去除纱布,看清出血部位,用止血钳夹注出血的血管及周围少量组织,然后用丝线结扎出血点。若是因血管插管结扎不紧所致的出血,应重新结扎;若是因插管滑脱所致的出血,应用动脉夹夹闭血管,重新插管;若是因插管刺破血管壁所致的出血,应在破口近心端重新分离一段血管,然后再重新插管。若出血过多致血压下降,可静脉注入温热生理盐水,使血压恢复或接近正常水平。

五、实验动物的取血方法

(一) 剪尾取血法

主要用于需血量很少的小鼠、大鼠实验。将清醒鼠装入深颜色的布袋中,将鼠身裹紧,露出尾巴,用乙醇溶液涂擦或用温水浸泡使血管扩张,剪断尾尖后,尾静脉血即可流出,用手轻轻地从尾根部向尾尖挤捏,可取到一定量的血液(图 2-27)。取血后,用棉球压迫止血。也可采用交替切割尾静脉方法取血。用一锋利刀片在尾尖部切破一段尾静脉,静脉血即可流出,每次可取 0.3 ~0.5ml。

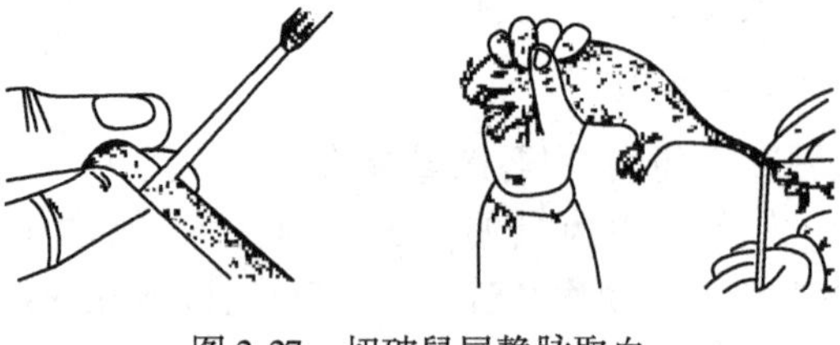

图 2-27　切破鼠尾静脉取血

(二) 眼球后静脉丛取血法

适用于小鼠、大鼠、豚鼠和家兔。在需要中等量血液的实验中,为避免实验动物死亡常用此法。左手持鼠,拇指与中指抓住颈部皮肤,食指按压头部向下,阻滞静脉回流,使眼球后静脉丛充血,眼球外突。右手持 1% 肝素溶液浸泡过的自制吸血器,从内眦部刺入,沿内下眼眶壁,向眼球后推进 4 ~5mm,旋转吸血针头,切开静脉丛,血液自动进入吸血针筒,轻轻抽吸血管(防止负压压迫静脉丛使抽血更困难),拔出吸血针,放松手压力,出血可自然停止(图2-28)。也可用特制的玻璃取血管(管长7~10cm,前端拉成毛细管,内径0.1~1.5mm,长为1cm,后端管径为0.6cm)。必要时可在同一穿刺孔重复取血。

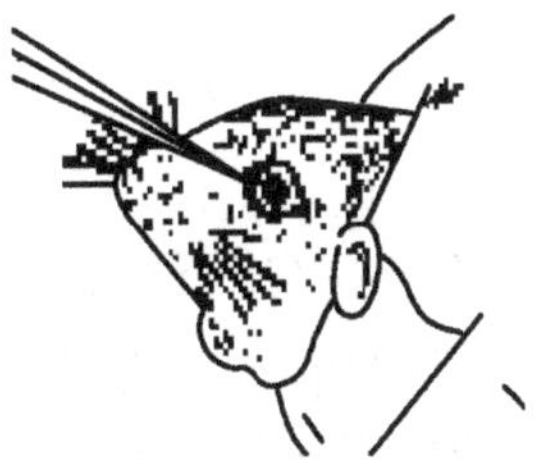

图2-28　鼠眼球后静脉丛取血法

(三)眼眶取血法

适用于小鼠、大鼠一次性取血。左手持鼠,拇指与食指捏紧头颈部皮肤,使鼠眼球突出,右手持弯镊或止血钳,钳夹一侧眼球部,将眼球摘出,鼠倒置,头部向下,此时眼眶很快流血,将血滴入预先加有抗凝剂的玻璃管内,直至流血停止。此法由于取血过程中动物未死,心脏不断跳动,一般可取鼠体重4%~5%的血液量。

(四)心脏取血

主要用于家兔、犬等较大动物。将动物仰卧在兔板上,剪去心前区毛,用碘酒、乙醇溶液消毒皮肤。左手触摸胸骨左缘第3~4肋间隙,选择心脏跳动最明显处作穿刺点,右手持注射器,将针头插入胸腔,通过针头感到心脏跳动时,再将针头刺进心脏,然后抽出血液,一次可取血20~25ml。

(五)断头取血

实验者带上棉手套,用左手抓紧鼠颈部位,右手持剪刀,从鼠颈部剪掉鼠头迅速将鼠颈端向下,对准备有抗凝剂的试管,收集从颈部流出的血液,小鼠可取血0.8~1.2ml,大鼠可取血5~10ml。

(六)大血管取血

可采用颈动(静)脉、股动(静)脉、腹主动脉等方法取血。在这些部位取血均须麻醉后固定动物,然后作动(静)脉分离手术,使其充分暴露,用注射器沿大血管平行方向刺入,抽取所需血量。或直接用剪刀剪断大血管吸取,但切断动脉时,要防止血液喷溅。20g小鼠可抽血0.6ml,300g大鼠可抽血8ml,家兔可抽血10ml以上。

(七)耳缘静脉取血

选好家兔耳缘静脉,拔去被毛,用二甲苯或75%乙醇溶液涂擦局部,小血管夹子夹紧耳根部,使血管充血扩张。术者持粗针头从耳尖部的血管逆回流方向入静脉取血,或用刀片切开静脉,血液自动流出,取血后用棉球压迫止血,一般取血量为2~3 ml,压住侧支静脉,血液更容易流出,取血前耳缘部涂擦液状石蜡,可防止血液凝固。

图2-29　家兔耳中动脉取血法

(八)耳中央动脉取血

家兔置入固定盒内,用手揉擦耳部,使中央动脉扩张。左手固定兔耳,右手持注射器,从中央动脉末端进针,与动脉平行,向心方向刺入动脉。一次取血量为15ml,取血后棉球压迫止血。注意兔中央动脉易发生痉挛性收缩。抽血前要充分使血管扩张,在痉挛前尽快抽血,抽血时间不宜过长。中央动脉末端抽血比较容易,耳根部组织较厚,抽血难以成功,也可用刀片切割法(图2-29)。

六、动物实验手术的基本操作技术

（一）皮肤切开(dissection)

组织切开应逐层进行，切开皮肤时，应尽量与该部血管、神经径路相平行，在切开各种组织时，应顺着其本身纤维方向，以便术后使局部组织功能得到充分恢复。

1. 皮肤切开原则　切口应选择在手术部位附近，要够大，便于显露和通过最短途径达到手术部位而不损伤重要解剖结构，愈合后不影响生理功能；还要考虑手术过程中操作方便、视野清晰，尽量减少对组织的损伤。

2. 皮肤切开方法　家兔切开皮肤前必须剪毛，以显露皮肤。剪毛用大剪刀、弯剪刀，不可用组织剪及眼科剪。剪毛部位和范围由拟订皮肤切口部位和大小而定，应大于切口长度。为避免剪伤皮肤，可一手将皮肤绷平，另一手持剪刀平贴于皮肤逆着毛的朝向剪毛。剪下的兔毛应及时放入盛水的杯中浸湿，以免到处飞扬。剪毛后用湿纱布擦拭局部，以清除剪落的被毛。

施行皮肤切开前，应首先根据实验需求确定切口的位置和大小，明确定位切口的解剖位置。常用的切口如颈部正中切口(以气管为标志)；上腹部正中切口(以剑突、腹白线为标志)；下腹部正中切口(以耻骨联合、腹白线为标志)；显露股动脉、股静脉的股部切口(以股动脉搏动为标志，切口与血管走行方向平行)；显露肾脏、肾神经应在(左)肋缘下、骶棘肌腹侧缘切口等。切口的大小便于操作，又不可损伤过大。位置一般均沿正中线，因正中线附近血管较少。切皮时术者右手执刀，左手拇指和食指分开紧紧固定切口上端(或由助手固定切开上端)，使切口两侧的皮肤绷紧，执刀与皮肤呈垂直切开，适当用力一刀切开皮肤全层，避免多次切割，不可使皮肤随刀移动；或者在切口沿线的中点两侧，分别用血管钳向两侧夹起皮肤，用手术剪在两血管钳之间的皮肤上剪一小口，将剪刀伸进切口，贴紧并挑起皮肤撑开剪刀以钝性分离皮下组织，然后小心剪开皮肤。切开皮肤时必须注意解剖结构特点，以避免切断神经、血管为原则；尽可能使切口与各层组织的纤维方向一致。若肌纤维走向与切口纵轴一致时，可剪开肌膜，用手术柄、止血钳或手指将肌纤维钝性分离至所需长度，需要时将肌肉横行切断。切口自外至内应外大内小，以便操作、观察和止血。

（二）分离(decollement)组织

1. 锐性分离(sharpdecollement)　常用刀、剪等器械，主要用于致密组织如鞘膜、腱膜或瘢痕组织。应用锐性分离必需在直视下进行，动作要精细、准确、以免误伤其他组织和器官。用剪刀分离时，可将锐性分离与钝性分离结合起来，先将剪刀闭合伸入欲分离组织中，将剪刀分开在直视下看准有无重要组织结构，再用剪刀尖端将组织剪开。

2. 钝性分离(bluntdecollement)　常用器械为刀柄、血管钳、玻璃分针、手指等。多用于分离疏松组织。钝性分离时动作应轻柔，不要粗暴。硬性勉强的分离易造成组织器官的撕裂和损伤。手指分离，可用于在非直视情况下深部组织的分离。借助于手指的“感觉”，分离手术周围的组织，动作不宜过大，否则可导致器官严重损伤或大出血。

（三）家兔颈部手术

颈部手术的目的在于暴露气管、颈部血管并作相应的插管以及分离神经等。颈部手术成败的关键在于熟悉动物颈部的组织结构及手术操作要领，防止损伤血管和神经。家兔颈部组织结构如下(图2-30)。

在实施颈部手术前应先完成以下操作:①正确捉拿动物,称重,用25%乌拉坦按4ml/kg经耳缘静脉或腹腔注射麻醉,也可选用局部浸润麻醉(在颈部正中线皮下注射1%普鲁卡因2~3ml)。②家兔背位固定于兔台上,颈部剪毛。

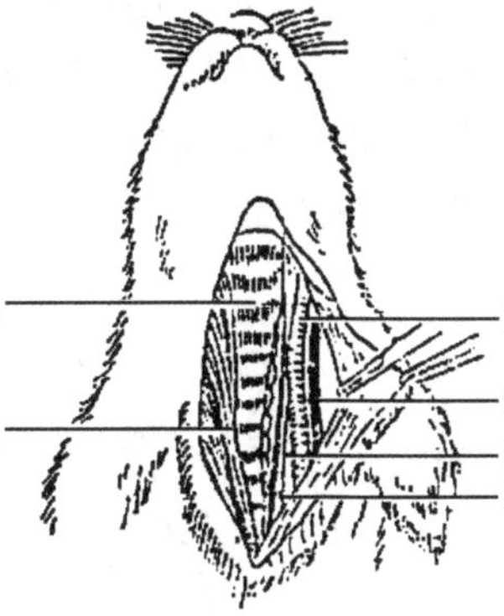

图2-30　家兔颈部血管神经解剖位置

1. 颈外静脉暴露术　颈外静脉浅,位于颈部皮下,由外腭静脉和内腭静脉汇合而形成。颈部正中切口后,用手指从皮肤外将一侧组织顶起,在胸锁乳突肌外缘,即可见粗而明显的颈外静脉。仔细分离长3~4cm的颈外静脉,穿两线备用。

2. 气管暴露术　用手术刀沿颈部正中线从甲状软骨处向下靠近胸骨上缘作一切口(家兔长4~6cm,狗的长约10cm);因兔颈部皮肤较松弛亦可用手术剪沿正中线剪开。切开皮肤后,以气管为标志从正中线用止血钳钝性分离正中的肌群和筋膜即可暴露气管,分离食道与气管,在气管下穿过一条粗线备用。

3. 颈部迷走神经、交感神经、减压神经分离术　于家兔颈部,找到颈动脉鞘以后,将颈总动脉附近的结缔组织薄膜镊住,并轻拉向外侧使薄膜张开,即可见薄膜上数条神经,根据各条神经的形态、位置和走向等特点来辨认:迷走神经最粗,外观最白,位于颈总动脉外侧,易于识别;交感神经比迷走神经细,位于颈总动脉的内侧,呈浅灰色;减压神经细如头发,位于迷走神经和交感神经之间,在家兔为一独立的神经,沿交感神经外侧后行走,但在人、狗此神经并不单独行走,而是行走于迷走、交感干中。将神经细心分离出2~3cm长即可,然后各穿细线备用。

4. 颈总动脉(common carotid artery)分离术　正中切开皮肤及浅筋膜,暴露肌肉。将肌肉层与皮下组织分开。此时清楚可见在颈中部位有两层肌肉。一层与气管平行,覆于气管上,为胸骨舌骨肌。其上又有一层肌肉呈V字形走行向左右两侧分开,为胸锁乳突肌。用镊子轻轻夹住一侧的胸锁乳突肌,用止血钳在两层肌肉的交接处(即V形沟内)将它分开(注意,切勿在肌肉中分,以防出血)。在沟底部即可见到有搏动的颈总动脉鞘。用眼科镊子(或蚊式止血钳)细心剥开鞘膜,避开鞘膜内神经,分离出长3~4cm的颈总动脉,在其下穿两根线备用。

5. 颈动脉窦分离术　位于颈内动脉基部的稍膨大处。在剥离两侧颈总动脉基础上,继续小心地沿两侧上方深处剥离至甲状腺附近处,注意勿损伤甲状腺前动脉,分离至下颌骨缘附近时,注意分离至颈总动脉分叉处,较粗大的一支为颈外动脉,较小的一支向深层移行为颈内动脉,在其起基部可见稍膨大部分,即为颈动脉窦,剥离时勿损伤附近的血管和神经。

(四) 家兔胸部手术

开胸手术主要用于心肌缺血再灌注、心外膜心电图记录等实验。

1. 胸部切开　将兔麻醉后仰卧固定于兔台上,剪毛,沿胸骨正中线切开皮肤直至剑突上,用止血钳分离皮下组织,暴露胸骨和左侧胸肌。沿胸骨左缘用手术刀刀刃向上挑断第2~5肋软骨,或用剪刀自肋间斜插入胸腔剪断肋软骨。然后用小拉钩或小开胸器牵开胸壁，这时可见心包及跳动的心脏。

2. 冠状动脉结扎术　用镊子提起心包膜，用眼科剪小心地将其前部剪开。有的兔前降支明显，有的前降支不明显，左室支粗大。用包裹湿纱布的左手拇指将心脏向右方翻动一个角度，可见一穿行于浅层心肌下、纵行至心尖的冠状动脉左室支，冠状动脉左室支较粗大，呈反"S"形（图 2-31）。

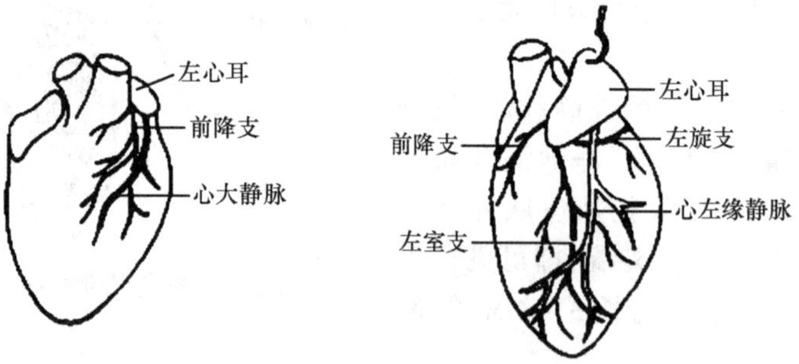

图 2-31　家兔心脏血管分布

左手食指将左心房推向上方，拇指和中指轻轻固定心脏，用小号持针器持眼科圆形弯针，在冠状动脉前降支根部下约 1cm 处左侧（或左室支管壁下）刺入，穿过血管下方心肌表层，引出一线（3-0 线）备用。为减少侧支循环，增加心肌缺血和心肌梗死范围，可在结扎线下约 0.5cm 处再穿第二根线。当结扎完毕后可迅速见到左室前壁、心尖区心肌颜色发绀，收缩力减弱。

（五）家兔腹部手术

主要用于分离回盲部肠系膜和做输尿管插管术等。

1. 肠系膜分离术　于中上腹距耻骨联合上方 2cm 处向上沿腹白线作一长 5～6cm 的切口，逐层分离进入腹腔，推开粗大深灰色的大肠，找到灰色的回肠，顺着回肠轻轻地找出近回盲部的一段小肠，此处肠系膜长，脂肪少，血管丰富，便于观察，将此段小肠取出，将其余肠管纳回腹腔，用血管钳夹闭肠段两侧的皮肤切口。将此段小肠展开置于肠系膜灌流盒中，用于肠系膜微循环观察。

2. 输尿管（ureter）分离术　在耻骨联合上缘沿正中线向上作 5cm 长的纵行皮肤切口，沿腹白线切开腹腔，将膀胱慢慢移出体外，暴露膀胱三角，仔细辨认输尿管，将一侧输尿管与周围组织轻轻分离，穿双线备用。

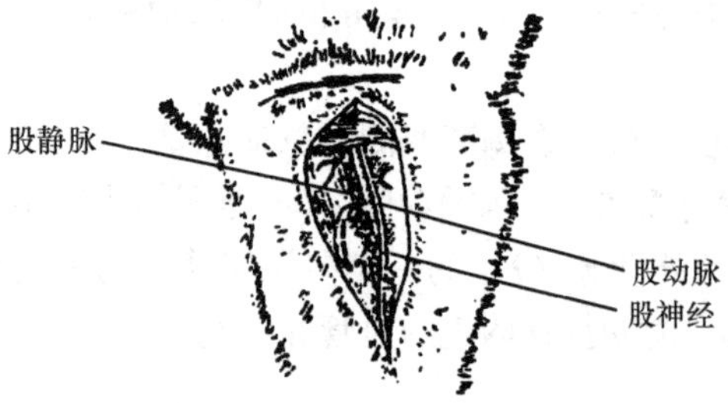

图 2-32　家兔股三角血管神经分布

（六）家兔腹股沟手术

主要用于作股动脉或股静脉插管。股动脉和股静脉插管与颈总动脉插管类似，所不同的是位置的区别。先在大腿根部近腹股沟处摸到股动脉搏动点，局部剪毛，以搏动最明显处为中点沿血管走行的方向作长约 4cm 的切口，股动脉、股静脉、股神经行走于同一鞘内，位置比较表浅，向下分离后很快就能见到。股静脉呈紫蓝色，壁较薄，较粗；股动脉被股静脉掩盖，呈粉红色，壁较厚，有搏动（图 2-32）。用玻璃分针顺血管方向轻轻划开神经、血管之间的结缔组织。游离股动脉和股静脉 2～2.5cm，并在其下方穿两根丝线备用。

（七）神经和血管分离术

分离神经、血管应按照先辨认后分离，先分离神经，后分离血管，即先细小后粗大组织的原则进行。首先明确其解剖位置及其组织器官之间的关系（图 2-33），仔细辨认所要分离的神经、血管，确定后再行分离。例如分离家兔颈部神经、血管时，应首先用左手拇指、食指捏住颈部切口皮缘和部分肌肉向外侧牵拉，用中指和无名指从外面背侧皮肤处向腹侧轻轻提起，以显露颈总动脉及其相伴行的迷走神经、交感神经及减压神经。其中迷走神经最粗，交感神经次之，减压神经最细（细如兔毛）且常于交感神经或迷走神经紧贴，这时可变换中指位置，使减压神经清晰显露，然后按照减压神经、交感神经、迷走神经、颈总动脉的顺序分离各血管和神经，并穿不同颜色的彩线做标记。

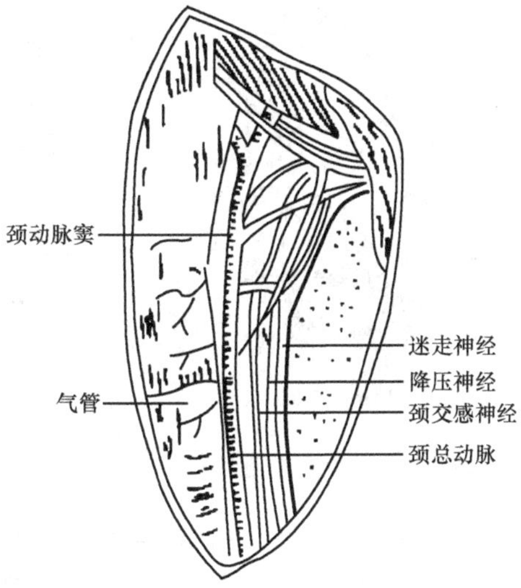

图 2-33　家兔颈部的血管神经分布

神经和血管都是比较娇嫩、易受损伤的组织。因此，在分离过程中要耐心、仔细、动作轻柔，切不可用手术刀、剪刀或带齿的镊子进行剥离，也不能用止血钳或镊子夹持，以免损伤其结构和机能。分离狗的较大的神经、血管时（如颈总动脉和迷走神经），可用止血钳分离，方法是顺着神经、血管走行方向轻轻反复撑开止血钳，将其与周围组织分离。如遇较大阻力，应仔细检查是否有血管分支，不可盲目用力，可改变分离部位，直到将神经、血管分离。分离家兔和大白鼠的较细神经、血管时，宜用玻璃分针完成，方法是用玻璃分针顺着神经、血管走行方向轻轻划开神经-血管之间、神经-神经之间、动脉-静脉之间及其周围的结缔组织，使神经、血管游离。如果要引导神经干放电，分离时玻璃分针的划向应与神经冲动传导方向相反，例如分离减压神经时应划向外周端，分离膈神经和肾神经时应划向中枢端，以减轻分离时对冲动来源神经段的牵拉，而且应尽量减少附着于神经干的结缔组织，分离段也不宜过长。

七、各种插管技术

在前述分离术的基础上，按需要选做下列插管术。

（一）气管插管术

1. 方法　在急性实验中为了保持呼吸通畅常需做气管插管术（tracheal cannula）。暴露气管后在气管中段，于甲状软骨下 1～3cm 处横切气管软骨环，再用剪刀沿正中线向头端剪开气管约 1cm 长，使气管切口呈倒“T”形。然后迅速、轻巧地将气管插管向肺方向插入气管内（注意：插管口斜面向下，插入后再将斜面转向上方），用事先穿好的粗棉线，在切口下方将插管与气管结扎，同时将线固定于插管交叉处，以防插管滑出。

2. 注意事项

（1）术中注意及时止血，若出现渗血，可用湿温生理盐水纱布压迫止血。少量出血时，可用止血钳夹闭出血点。大血管出血时，应立即结扎出血管。

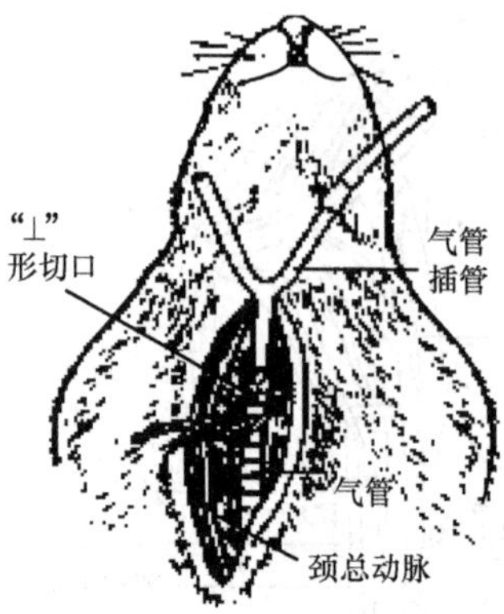

图 2-34　家兔气管插管

(2) 插管前,如气管内有血液或分泌物要用棉球吸净,以保证呼吸道通畅。

(3) 插管后,如动物突然出现呼吸急促,常提示气道内有血液或血块堵塞,应迅速拔出插管,去除堵塞物重插。实验中应始终保持气管插管与气管走向平行(图 2-34)。

(二) 颈总动脉插管术

1. 方法　颈总动脉插管术(artery intubatton)主要用于测量颈动脉压。为此,在插管前需使动物全身肝素化,并将口径适宜的充满抗凝液体的动脉套管(也可用塑料管)准备好,将颈总动脉离心端用结扎线结扎。插管时以左手拇指及中指拉住离心端结扎线头,食指从血管背后轻扶血管。右手持锐利的眼科剪,使之与血管呈 45°,在紧靠离心端结扎线处向心剪一小口,为动脉管壁的 1/2 ~ 1/3 左右(若重复剪易造成切缘不齐,当插管时易造成动脉内膜内卷或插入层间而失败),然后持动脉套管,以其尖端斜面与动脉平行地向心方向插入动脉内,用细线扎紧并在套管分叉处打结固定。最后将动脉套管作适当固定,以保证测压时血液通畅地进出套管。然后放开动脉夹,即可看到导管内血液随心跳而搏动。

2. 注意事项

(1) 颈总动脉剪口不宜过大或过小,过小时导管不易插入,过大时易使颈总动脉插断,一般剪口为血管口径的 1/2 ~ 1/3 为宜。如不小心将颈总动脉插断,可将剪口处结扎,再向心脏端分离一段颈总动脉,重新剪口插管。

(2) 动脉导管顶部要光滑,不能过尖,以防刺破动脉管壁,引起大出血。如刺破动脉壁,应立即用动脉夹夹闭颈总动脉,再向心脏端分离一段颈总动脉,重新插管,必要时改插对侧颈总动脉。

(3) 导管内充满枸橼酸钠,导管尖部充满肝素,以防凝血,堵塞导管。如已出现凝血,可使劲用手捏导管,冲出凝血块;必要时要拔出导管,清除凝血块,冲洗后重新插管(图 2-35)。

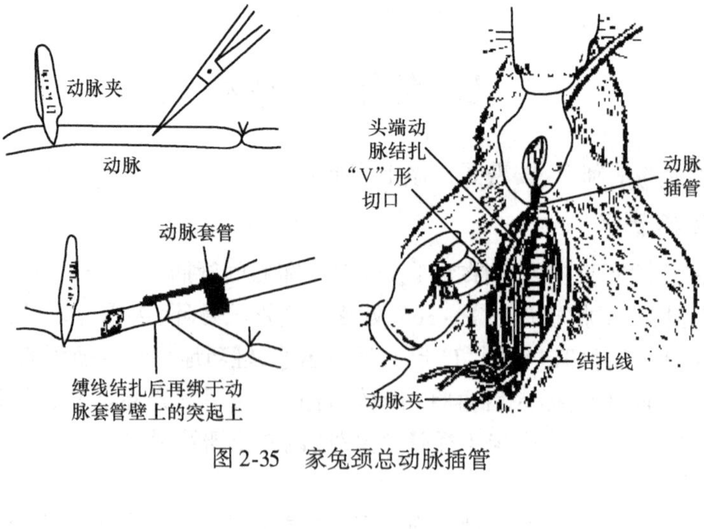

图 2-35　家兔颈总动脉插管

（三）颈外静脉插管术

1. 方法　颈外静脉位于颈部左、右两侧皮下，可建立一个通道，用于注射、输液和中心静脉压的测量。血管套管插入方法与股静脉相似，中心静脉压测量插管方法如下：

在插管前先将家兔肝素化，并将连接静脉压检压计的细塑料导管充盈含肝素的生理盐水，在导管上作一长 5 ~ 8cm 的记号。导管准备好后，先将静脉远心端结扎，靠近结扎点的向心端作一剪口，将导管插入剪口，然后一边拉结扎线头使颈外静脉与颈矢状面、冠状面各呈 45°，一边轻柔地向心方向缓慢插入，遇有阻抗即退回改变角度重插，切不可硬插（易插破静脉进入胸腔）一般达导管上记号为止，此时可达右心房入口处。若导管插管成功，则可见静脉压检压计水面或漂浮于中心静脉压数值附近随呼吸而上下波动。

2. 注意事项

（1）颈外静脉与皮肤粘连较紧密，没有弹性，分离时应仔细、耐心，以防撕破血管。

（2）管壁较薄，插管尽量一次成功。

（四）胆总管插管术

1. 方法　沿剑突下正中切开长约 10cm 的切口，打开腹腔，沿胃幽门端找到十二指肠，于十二指肠上端背面可见一黄绿色较粗的肌性管道，则为胆总管。在近十二指肠处仔细分离胆总管，并在其下方置一棉线，于靠近十二指肠处的胆总管上剪一小口，向胆囊方向插入细塑料管结扎固定。塑料管插入胆总管后，立即可见绿色胆汁从插管流出，如不见胆汁流出，则可能是未插入胆总管内，应取出重插。

2. 注意事项　胆总管壁薄，宜用玻璃分针仔细分离；插管应基本与胆总管平行，防止扭曲，保证引流通畅。

（五）膀胱插管术

1. 方法　可用于收集尿液和观察尿量的变化。动物的麻醉、固定、耻骨联合上部切口、暴露膀胱并移出与前面所述输尿管分离术相同。将膀胱上翻，先用丝线结扎尿道出口，以阻断其与尿道的通路，然后用止血钳将膀胱底部轻轻提起，用手术剪在膀胱顶部血管较少的部位纵向剪一小口，将蕈状膀胱插管插入膀胱，再将膀胱顶部与插管一起用丝线结扎固定。蕈状头应对着输尿管开口处，另一端下方接于计滴器（或量筒）。手术完毕后，将膀胱送回腹腔，用皮钳夹合腹部切口，以保持腹腔温度，并防止水分过多丢失。等待片刻，可见尿液从膀胱插管流出。

2. 注意事项　用止血钳钳夹不宜太多，插管应顺尿道方向，以利尿液的收集（图 2-36）。

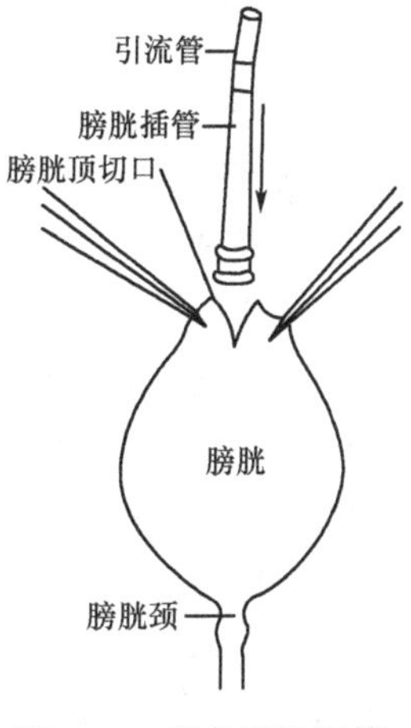

图 2-36　家兔膀胱插管

（六）输尿管插管术

1. 方法　输尿管插管是引流尿液的方法之一。于输尿管下方穿二根丝线，将近膀胱端的输尿管用一丝线结扎，另一丝线备用。一手小指挑起输尿管，用眼科剪于结扎线处剪切输尿管一斜形切口，将充满肝素生理盐水的细塑料管向肾脏方向插入输尿管内，用备用丝线结扎固定。调整、固定插管，使其与输尿管保持同一走向，防止插管尖端翘起成夹角，影响尿液的流出。

2. 注意事项

（1）腹壁切口时勿伤及腹腔内脏。仔细辨认输尿管与输精管、输卵管的区别。

（2）分离输尿管时不要伤及周围血管，以防出血模糊手术视野。分离尽量干净，以便剪口和插管时看得清楚。

（3）插管时，掌握轻、准、快的原则。手术操作除掌握轻巧、快速的原则外，更应注意不能过度牵拉输尿管，防止输尿管痉挛导致尿液排出受阻；插管防止插入管壁肌层和黏膜之间。

（4）输尿管插管易引起输尿管出血，血凝块阻塞导管，可用肝素生理盐水或枸橼酸钠液冲洗，保持输尿管通畅。

（5）输尿管插管时易扭曲，使输尿管堵塞，纠正扭曲后，可用胶布将导管固定于手术台上，以防再度扭曲。

（6）术后用温热盐水纱布覆盖切口，避免损伤性尿闭的发生（图 2-37）。

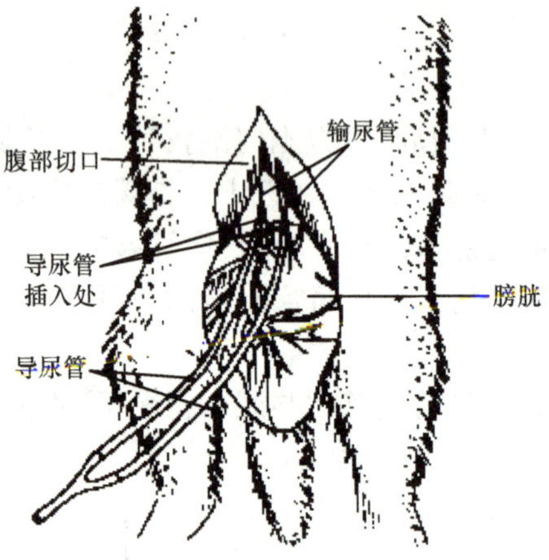

图 2-37 家兔输尿管插管法

（七）股动、静脉脉插管术

1. 方法 可用于放血、输血及注射药物。以家兔为例，具体操作方法如下。

（1）股动脉插管术：于股动脉近心端用动脉夹夹住，远心端用细线结扎，牵引此线在贴近近心端结扎处剪开血管向心插入动脉套针或塑料管（需肝素化），结扎固定。

（2）股静脉插管术：股静脉插管术，除不需用动脉夹外，基本与股动脉插管相同。但因静脉于远心端结扎后静脉塌陷呈细线状，较难插管，因此可试用静脉充盈插管法。即：在股静脉近心端用血管夹夹住（也可用线提起），活动肢体使股静脉充盈，股静脉远心端结扎线打一活扣，待手术者剪口插入套针后，再由助手迅速结扎紧。

2. 注意事项

（1）腹股沟区股动脉段常有分支，如分离遇较大阻力，应注意是否由于分支，不可盲目用力，以防撕破血管，引起出血。遇到分支时，不必处理，可继续分离下段血管。

（2）股静脉壁较薄，且该段股静脉的纵向张力较大，弹性小，容易撕破出血，故分离时一定仔细、耐心、轻柔，以防出血。

（3）插管前一定检查导管顶部是否光滑，是否过尖，过尖时虽易于插入，但插入时或插入后易刺破血管壁，引起插管失败。因股动、静脉的可分离段较短，再分离及再插管较为困难，故要求一次成功插管。

八、手术操作的止血

组织切开、分离过程中常会造成细小血管损伤破裂而出血，出血一方面造成手术视野模糊，细微结构看不清楚；另一方面，如果出血量较大，还会对机体功能造成严重影响。因此必须及时止血（hemostasia）。常用的止血方法如下：

1. 压迫止血法 是用纱布或止血海绵压迫出血部位，以清除手术部位的血液，辨清出血点，以便进行止血。在毛细血管渗血和小血管出血时，经压迫片刻，出血即可停止。在压迫止血时,必须是按压,不可用擦拭,以免损伤组织或使血凝块栓脱落。

2. 钳夹止血法 是用止血钳夹住血管的断端,钳夹的方向应与血管垂直。夹的组织要少,切不可做大面积钳夹。钳夹捻转止血是用止血钳夹住血管断端,扭转止血钳1~2周,松开止血钳,则断端血管闭合止血。

3. 结扎止血法 是手术进行过程中最常用的止血方法,不仅可以减少失血,而且还能保持手术野的清晰。此法的优点是经济,止血可靠。止血应该分层次进行。皮下组织完全切开后即可进行止血,首先用纱布压迫出血点,用血管钳尖端斜着夹住出血点,应尽量少夹出血点周围的组织,然后用单纯结扎或缝合结扎的方法止血。

4. 止血剂止血法 用于手术中止血。包括用新的止血剂制成的薄膜、绒片、喷雾胶等制剂覆盖出血点或创面。大多数止血剂以胶原或纤维素诱导作为基质,促使血凝块形成。

(1) 纤维蛋白黏合剂:由黏合蛋白和凝血酶组成,它含有适当比例的纤维蛋白原、凝血酶、第Ⅷ因子、钙离子等成分,有效地发挥止血作用。此外,它还有封闭缺损组织,促进创伤愈合,防止组织粘连等功效。

(2) 细微纤维胶原:是由哺乳动物体内提取的变性胶原纤维制成的薄膜和绒片。

(3) 合成黏合剂如:α-氰基丙烯酸、正辛脂、PW雾胶等。

5. 电凝止血法 对于较多较小的出血部位可用电凝法。即在直视下应用高频电刀直视电灼出血点,多用于皮肤切开后的皮下止血。其优点是可节省手术时间。

九、动物的安乐死方法

安乐死是动物实验中处死实验动物的一种手段,这是从人道主义和动物保护角度,在不影响实验结果的同时,尽快让动物无痛苦死去的方法。实验动物安乐死,有的是因为中断实验而淘汰动物的需要,有的是因为实验结束后做进一步检查的需要,有的是因为保护健康动物而处理患病动物的需要。实验动物安乐死常用方法有:颈椎脱臼法、空气栓塞法、放血法、断头法、药物法等。选择哪种安乐死方法,要根据动物的品种或品系、实验目的、对脏器和组织细胞各阶段生理生化反应有无影响来确定。确保时间短,无痛苦。一般应遵循以下原则:①尽量减少实验动物的痛苦,尽量避免实验动物产生惊恐、挣扎、喊叫;②注意实验人员的安全,特别是在使用挥发性麻醉剂(如乙醚、安氟醚、三氟乙烷)时,一定要远离火源;③方法容易操作;④不能影响动物实验的结果;⑤尽可能地缩短致死时间,即安乐死开始到动物意识消失的时间;⑥判定动物是否安乐死,不仅要看实验动物呼吸是否停止,还要看神经反射、肌肉松弛等状况。

(一) 颈椎脱臼法

颈椎脱臼就是用外力将动物颈椎脱臼,使脊髓与脑髓断开,致使实验动物无痛苦死亡。由于其能使实验动物很快丧失意识,减少痛苦,容易操作,动物内脏未受损害等优点被认为是很好的实验动物安乐死方法。颈椎脱臼法常用于小鼠、大鼠、沙鼠、豚鼠、家兔等小型实验动物。

1. 小鼠的颈椎脱臼 将小鼠固定在饲养盒盖上,一手抓住老鼠尾巴,稍用力向后拉,另一只手的拇指和食指迅速用力往下按住其头部,或使用手术剪刀或镊子快速压住小鼠的颈部,两只手用力,使之颈椎脱臼,从而造成脊髓与脑髓断离,小鼠立即死亡(图2-38)。

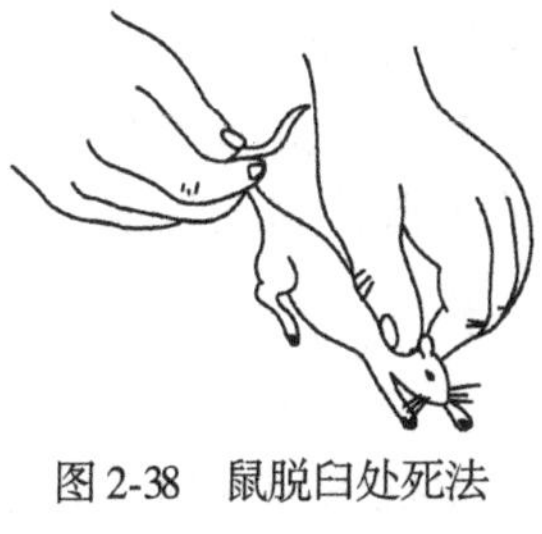

图2-38 鼠脱臼处死法

2. 大鼠的颈椎脱臼 基本上与小鼠的方法相同,但是需要较大的力,并且要抓住大鼠尾的根部(尾中部以下皮肤易拉脱,不好用力),最好旋转用力拉。

3. 家兔的颈椎脱臼 1kg以下的家兔可用一只手在腰部抓住其后肢,另一只手抓住其头颅,并用力拉伸其颈部。1kg以上的家兔,需要两个人来操作,一人用两手于耳后抓紧其头部,另一人用两手紧紧握住其后腿,然后同时旋转用力拉。

(二) 断头法

断头法是指用剪刀在动物颈部将其头剪掉,大量失血而死亡。断头法看起来残酷,但因是一瞬间的经过,动物的痛苦时间不长,并且脏器含血量少,便于采样检查,所以也被列为安乐死方法的一种。断头法适用于小鼠、大鼠、沙鼠等动物。

1. 小鼠、沙鼠的断头方法 用左手拇指和食指夹住小鼠或沙鼠的肩胛部,固定,右手持剪刀垂直剪去其头部。

2. 大鼠的断头方法 操作者戴上棉纱手套,用右手握住大鼠头部,左手握住背部,露出颈部,助手用剪刀在鼠颈部将鼠头剪掉。注意防止血液地喷出对实验人员的影响。

(三) 放血法

所谓放血法就是一次性放出动物大量的血液,致使动物死亡的方法。由于采取此法,动物十分安静,痛苦少,同时对脏器无损伤,对活杀采集病理切片也很有利。因此,放血法是安乐死时常选用的方法之一。放血法常用于小鼠、大鼠、豚鼠、兔、猫、犬等。小鼠、大鼠可采用摘眼球大量放血致死。豚鼠、兔、猫可一次采取大量心脏血液致死。犬可采取颈动脉、股动脉放血。

(四) 吸入法

实验动物安乐死二氧化碳处死箱:将待安乐死的实验动物置于箱中后,释放二氧化碳使实验动物窒息而亡。此法较常用于哺乳纲啮齿目、兔形目、两栖纲、鸟纲、鱼纲等实验动物的安乐死。

实验动物简易处死箱:可以将实验动物投入盛有乙醚、氟烷挥发性气体的干燥器或玻璃缸中,使实验动物过量接触麻醉剂而死亡。注意液态麻醉剂应不与实验动物身体接触。

(五) 空气栓塞法

空气栓塞法是将一定量的空气,由静脉推入动物循环系统内,使其发生栓塞而死。当空气注入静脉后,可在右心随着心脏的跳动使空气与血液相混致血液呈泡沫状,随血液循环到全身各处。空气进入肺动脉可阻塞其分支,进入心脏冠状动脉可造成冠状动脉阻塞,发生严重的血液循环障碍,动物很快死亡。空气栓塞法主要用于较大动物的安乐死,如兔、猫、犬等。操作时用注射器将空气急速注入静脉。一般兔、猫需要注入空气10~20ml,犬需要注射70~150ml。

(六) 药物注射法

实验动物注射法安乐死的主要化学物有巴比妥钠类、乌拉坦类、甲磺酸三卡因等化学物。常见化学药物安乐死主要有戊巴比妥钠注射法等。

1. 小鼠、大鼠、豚鼠、沙鼠、仓鼠的戊巴比妥钠注射法 使用腹腔注射该药物150~200mg/kg可产生呼吸停止,必要时要检查实验动物心脏是否跳动。

2. 家兔的戊巴比妥钠注射法 静脉注射为首选给药途径,腹腔、胸腔、心内注射也可。使用静脉注射100mg/kg处死家兔,即人道,又安全有效。

十、实验动物常用手术器械

机能实验常对动物进行手术,因此识别和正确使用各种手术器械,既关系到操作能力的培养和实验的成败，也为今后完成动物外科手术学打下良好的基础。现将常用的手术器械种类及使用简述如下（图2-39）。

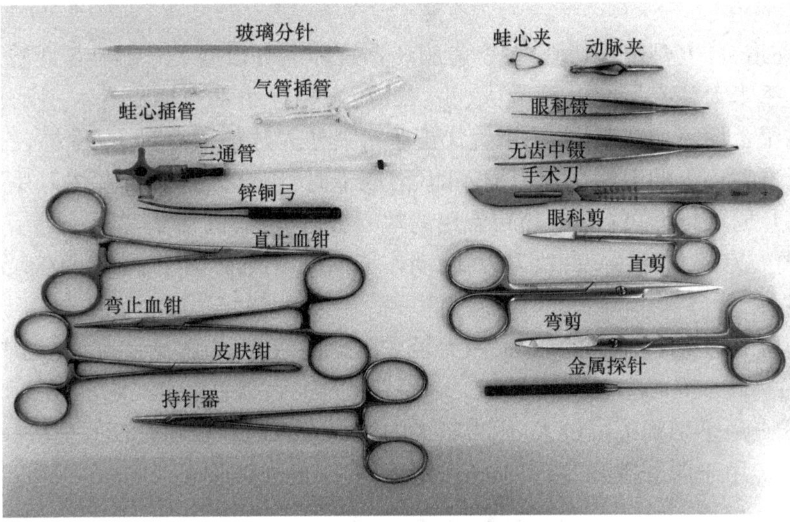

图2-39　常用的机能实验学手术器械

（一）剪刀

1. 手术剪（组织剪，scissors）　有直、弯两型，又分圆头和尖头两种。手术剪用于剪肌膜、浅筋膜、神经和血管等软组织，也可用于剪手术线。弯剪主要用于剪毛。持剪方法是以拇指和无名指分别插入剪柄的两环，中指放在无名指的前方剪柄上，食指轻压在剪柄和刀口的轴节处（图2-40）。禁用手术剪剪骨骼等坚硬组织。

2. 眼科剪（小剪刀，small scissors）　多用于剪较小范围内的神经和血管等软组织。禁止剪线、毛发及坚韧的结构。

3. 粗剪刀（普通剪刀，big scissors）　可用于剪蟾蜍皮肤，蛙类骨骼与肢体等较坚韧的结构，或在实验中作杂用。

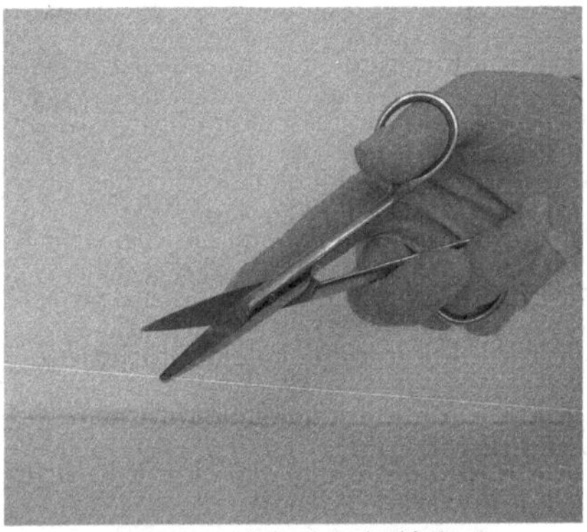

图2-40　手术剪的握持方法

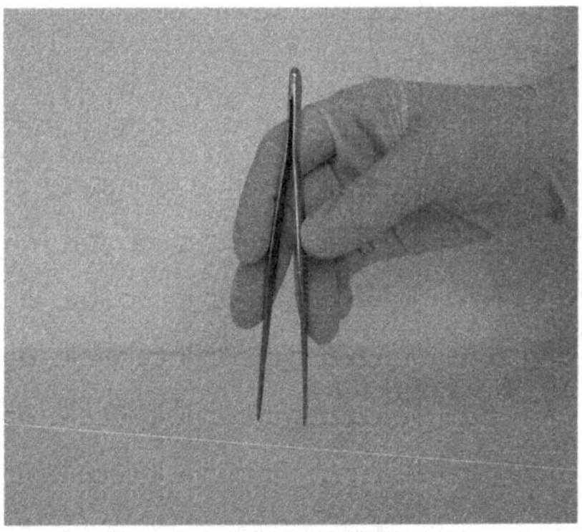

图2-41　镊子的握持方法

（二）手术镊

手术镊（forceps）有圆头与尖头、有齿与无齿、大与小多种规格。有齿镊用于夹持皮肤、韧带等坚韧的组织。无齿镊用于夹持较脆弱的组织，如血管、神经、黏膜等。另有一种较小的眼科镊,用于夹持细微结构的软组织或在动静脉插管时扩张切口便于导管插入。正确的执镊姿势如(图 2-41)。

(三) 手术刀

手术刀(scalpel)主要用于切开皮肤、骨膜和器官等。可根据手术部位与性质,更换大小不同的刀片。手术刀片有圆、尖、弯及大、小、长、短之分。手术刀柄也有大小及长短之分。刀柄和刀片在手术前需要安装,右手用直式止血钳夹住刀片前段背部,左手握住刀柄,将刀片上的空隙对准刀柄上的刀楞稍用力推入即可;取下时,用直式止血钳夹住刀片尾部背端,稍用力提起刀片向前推即可(图 2-42),常用的执刀方法有四种(图 2-43)。

1. 执弓式　为最常用的一种执刀方式,动作范围广而灵活,用于腹部、颈部或股部的皮肤切开。

2. 执笔式　用于切割短小的切口,用力轻柔而操作精确,如解剖血管、神经或行腹膜小切口等。

3. 握持式　用于切割范围较大、用力较大的切口,如截肢、切开较长的皮肤等。

4. 反挑式　用于向上挑开,以免损伤深部组织,如挑开脓肿等。

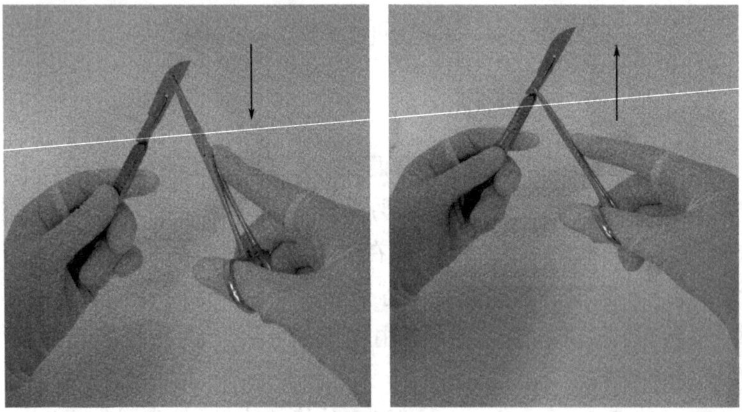

图 2-42　安装、取下刀片法

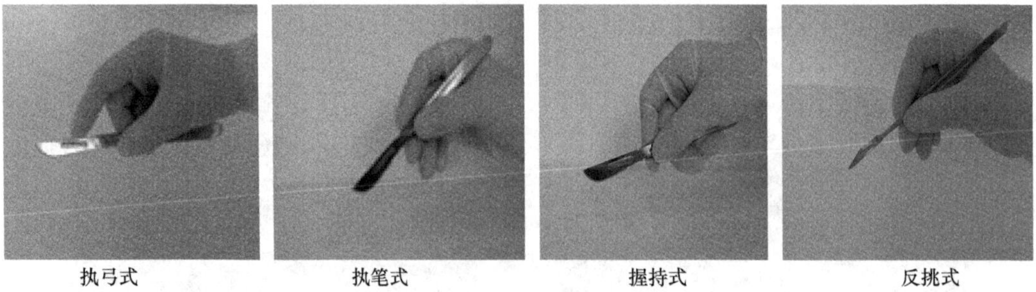

图 2-43　执刀的常用方法

(四) 止血钳

止血钳(hemostat)分直钳与弯钳及大、中、小号规格,又分有齿和无齿两类。根据不同的操作部位选用不同的止血钳。

1. 直止血钳和无齿止血钳　用于手术部位的浅部止血和组织分离。

2. 有齿止血钳　主要用于强韧组织的止血、提拉切口处的部分组织等，不宜夹持血管、神经等。

3. 弯止血钳　用于手术深部或内脏的止血。

4. 蚊式止血钳　较细小，适于分离血管及神经周围的结缔组织，用于小血管的止血，不适宜夹持大块或较硬的组织。

正确的执钳姿势是：以一手的拇指和无名指分别插套在止血钳的两个握环内，中指紧靠在无名指前的环柄上，食指贴压在止血钳关节的开合处作依托，以便准确地改变和控制止血钳尖端的用力方向、角度、力量和稳定性（图 2-44）。

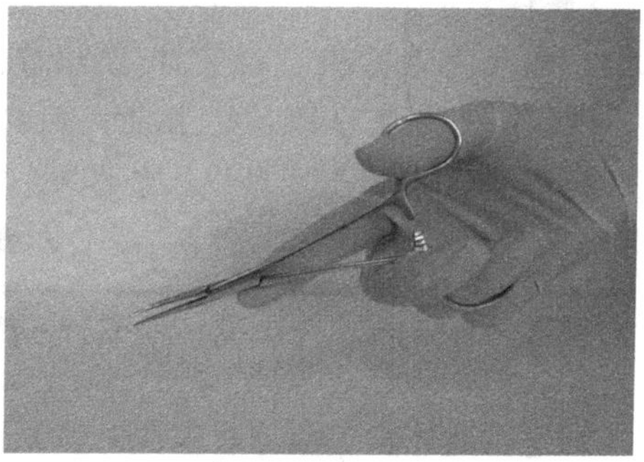

图 2-44　持钳法

（五）组织钳

组织钳（organizc clamp）包括皮肤钳、敷料钳。皮肤钳主要用于切开皮肤后的外翻式固定皮肤。敷料钳主要用于钳夹敷料和各种导管。使用方法：组织钳的基本构件与止血钳大致相同，使用方法基本一致。只是皮肤钳的头部较平，有齿，而且宽大，便于牢固地钳夹皮肤组织。敷料钳头部呈圆形结构，钳夹敷料时接触面积大，不易脱落。

（六）持针器

持针器（needle holder）是专门咬合缝合针的一种器械。使用方法：持针器的基本构件与止血钳大致相同，使用方法基本一致，一般用于夹持缝合针的近尾端 1/3 处。

（七）咬骨剪与咬骨钳

咬骨剪与咬骨钳（bone forceps）用于打开颅腔、骨髓腔和暴露脊髓时咬剪骨质，以及开胸时修剪肋骨的断端。

（八）颅骨钻

颅骨钻（cranial drill）用于开颅时钻孔。

（九）其他

1. 金属探针（metal probe）　用于破坏蛙的脑和脊髓。

2. 玻璃分针（glass separating needles）　可用于分离神经，血管和肌肉等组织，主要用来分离神经；因其光滑故对组织不易产生损伤。用时应沾少许生理盐溶液，如任氏液或生理盐水。

3. 锌铜弓（zinc-cuprum bow）　用于对蛙类的神经和肌肉标本施加刺激，以检查其兴奋性。这种刺激仅在锌铜弓与神经或肌肉接触瞬间产生，持续接触不能使神经或肌肉兴奋。

4. 蛙心夹（toad heart clip）　使用时，以其尖端在蛙心舒张期夹住心尖处，其尾端环孔借手术线连接于张力换能器或描记杠杆上，用于描记蛙心的舒缩活动。

5. 蛙板（frog board）　用于固定蛙类，以便解剖操作。中央有 2cm 孔的小蛙板，用于蛙类的微循环观察。

6. 玻璃板（glass board）　在剥去皮肤后的蛙类神经和肌肉标本制作时使用。

7. 蛙心插管（toad heart cannula）　蛙心插管有斯氏和八木氏插管两种。斯氏蛙心插管用玻璃制成，尖端插入蟾蜍或青蛙的心室，突出的小钩用于固定离体心脏，插管内充灌任氏液。

8. 动脉夹（artery clamp）　主要用于夹闭血管，暂时阻断血流，以便进行血管插管。动脉夹有大、中、小之分，可用于不同的动物。如大号用于狗，中号用于兔、猫等，大鼠、小鼠只能用小号的。

9. 三通阀(three limb tube)　可根据实验需要改变液体流动方向,以便给药和输液。

【附注】

1. 蛙类手术器械　粗剪刀、组织剪、眼科剪、组织镊、眼科镊、金属探针、锌铜弓、蛙心夹、蛙板各一,玻璃分针2支,图钉或固定钉4枚,丝线1卷。

2. 哺乳类动物手术器械　手术刀、粗剪刀、组织剪、组织镊、眼科镊、眼科剪各一,直止血钳、弯止血钳、蚊氏止血钳各二,气管插管,玻璃分针,缚绳,丝线等。

十一、常用生理盐溶液的成分及用途

在进行离体组织或器官实验时,为了维持标本“正常”功能活动,故需尽可能地使标本所处的环境因素与体内相似。这些因素包括电解质成分、渗透压、酸碱度、温度,甚至某些营养物质,这样的溶液称为生理盐溶液(physiologic salt solution)。生理盐溶液的理化性质如各种离子、渗透压、酸碱度、温度等与离体标本或机体的组织液相似。

(一)常用生理盐溶液配制

生理盐溶液由无机盐、葡萄糖和水配制而成(表2-2)。配制生理溶液方法如下。

根据用量按表计算各种成分的量:用天平称取各种成分溶解于蒸馏水($CaCl_2$单独用一容器溶解),将溶液用蒸馏水稀释至配制量的80%左右,再将$CaCl_2$溶液一边搅拌一边缓慢加入。葡萄糖应在临用时加入,加入葡萄糖的溶液不能久置,否则会发生变质。

表2-2　常用生理盐溶液的成分及配制

成分	任氏液 两栖类用	乐氏液 哺乳类用	台氏液 哺乳类用	生理盐水	
				两栖类	哺乳类
NaCl(g)	6.5	9.0	8.0	6.5~7.0	9.0
KCl(g)	0.14	0.42	0.2	–	–
$NaHCO_3$(g)	0.20	0.1~0.3	1.0	–	–
NaH_2PO_4(g)	0.01	–	0.05	–	–
$MgCl_2$(g)	–	–	0.1	–	–
葡萄糖(g)	2.0	1.0~2.5	1.0	–	–
$CaCl_2$(g)	0.12	0.24	0.2	–	–
加蒸馏水至(ml)	1000	1000	1000	1000	1000
pH	7.2	7.3~7.4	7.3~7.4		

注:表内各药物质均以g为单位,$CaCl_2$要在其他试剂溶解之后加入,防止Ca^{2+}与HCO_3^-产生沉淀。

(二)生理盐溶液的用途

各种生理盐溶液都有其适当的对象,实验时应根据实验对象选择合适的生理溶液。

1. 生理盐水(normal saline)　0.9% NaCl溶液适用于哺乳动物的输液、手术部位的湿润等;0.65% NaCl溶液适用于蟾蜍等变温动物器官组织的湿润。

2. 任氏液(Ringer's solution)　适用于蛙类动物组织器官的湿润、离体器官的灌流。

3. 乐氏液(Locke's solution)　适用于哺乳动物心脏、子宫等。

4. 台氏液(Tyrode's solution)　适用于哺乳动物,特别适用哺乳类动物的小肠。

(刘克敏)

第三章 机能实验计算机教学系统和常用仪器

一、BL-420 生物机能实验系统

（一）系统概述

BL-420 生物机能实验系统是配置在微机上的 4 通道生物信号采集、放大、显示、记录与处理系统。它由以下三个主要部分构成：①PC 机；②BL-420 系统硬件；③TM_WAVE 生物信号采集与分析软件。

BL-420 系统硬件是一台程序可控的，带 4 通道生物信号采集与放大功能，并集成高精度、高可靠性以及宽适应范围的程控刺激器于一体的设备。TM_WAVE 生物信号采集与分析软件利用微机强大的图形显示与数据处理功能，可同时显示 4 通道从生物体内或离体器官中探测到的生物电信号或张力、压力等生物非电信号的波形，并可对实验数据进行存储、分析及打印。

（二）硬件安装

BL-420 生物机能实验系统硬件无需打开计算机机箱进行安装，只需使用 USB 接口连线将 BL-420 系统与计算机相连，并接好 BL-420 系统电源线即完成系统的硬件连接。

1. BL-420 生物机能实验系统的前面板　参见图 3-1，其具体功能介绍见表 3-1。

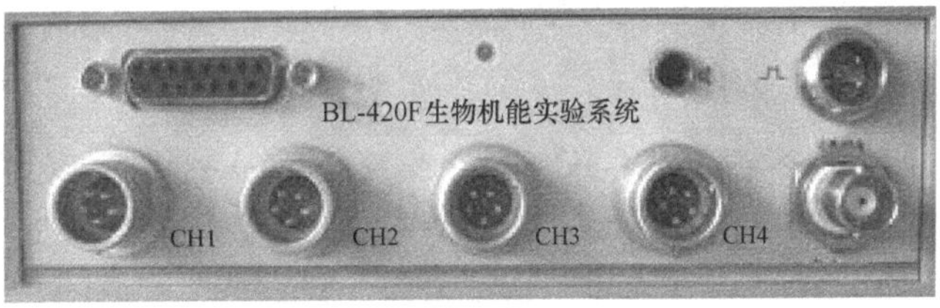

图 3-1　BL-420 系统的前面板

表 3-1　BL-420 系统的前面板的功能介绍

CH1、CH2、CH3、CH4	5 芯生物信号输入接口（可连接引导电极、压力传感器、张力传感器等，4 个输入通道的性能完全相同）
全导联心电输入口	用于输入全导联心电信号（BL-420 系统独有）
触发输入	2 芯外触发输入接口，触发输入接口用于在刺激触发方式下，外部触发器通过这个输入口触发系统采样
刺激输出	3 芯刺激输出接口
记滴输入	2 芯记滴输入接口
电源指示	发光二极管

2. BL-420 生物机能实验系统的背面板　参见图 3-2。背面板中包含有电源开关、电源插座、接地柱、监听输出和 USB 接口 5 个部分。

图 3-2　BL-420/820 系统的后面板

（三）软件概述

1. TM_WAVE 生物信号采集与分析软件的主界面　如图 3-3 所示。

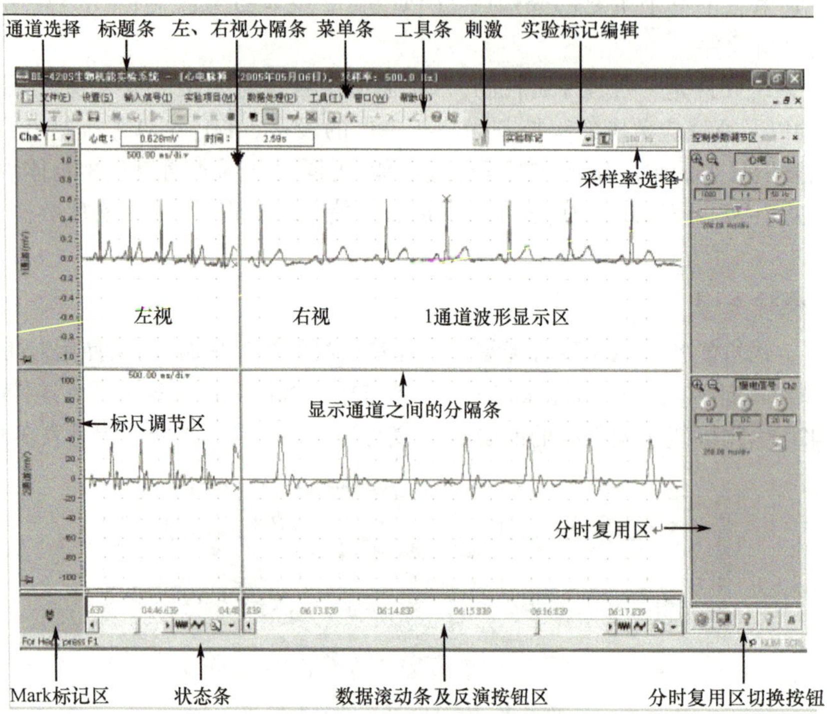

图 3-3　TM_WAVE 生物信号采集与分析软件主界面

2. 主界面上各部分功能　参见表 3-2。

表 3-2　TM_WAVE 软件主界面上各部分功能一览表

名称	功能	备注
标题条	显示 TM_WAVE 软件的名称及实验相关信息	软件标志
菜单条	显示所有的顶层菜单项，您可以选择其中的某一菜单项以弹出其子菜单。最底层的菜单项代表一条命令	8 个顶层菜单项
工具条	一些最常用命令的图形表示集合	22 个命令
左、右视分隔条	用于分隔左、右视，也是调节左、右视大小的调节器	左、右视面积之和相等
特殊实验标记编辑	用于编辑特殊实验标记，选择特殊实验标记，然后将选择的特殊实验标记添加到波形曲线旁边	包括特殊标记选择列表和

续表

名称	功能	备注
标尺调节区	选择标尺单位及调节标尺基线位置	
波形显示窗口	显示生物信号的原始波形或数据处理后的波形,每一个显示窗口对应一个实验采样通道	
显示通道之间的分隔条	用于分隔不同的波形显示通道,也是调节波形显示通道高度的调节器	4/8 个显示通道的面积之和相等
分时复用区	包含硬件参数调节区、显示参数调节区、通用信息区、专用信息区和刺激参数调节区五个分时复用区域	这些区域占据屏幕右边相同的区域
Mark 标记区	用于存放 Mark 标记和选择 Mark 标记	Mark 标记在光标测量时使用
时间显示窗口	显示记录数据的时间	在数据记录和反演时显示
数据滚动条及反演按钮区	用于实时实验和反演时快速数据查找和定位,可同时调节四个通道的扫描速度。	
切换按钮	用于在五个分时复用区中进行切换	
状态条	显示当前系统命令的执行状态或一些提示信息	

(四) BL-420 生物机能实验系统操作步骤

1. 启动软件

(1) 进入 WinXP 操作系统。

(2) 双击 TM_WAVE 软件的启动图标即可以启动该软件(图 3-4)。

图 3-4 WinXP 桌面上的"BL-420 生物机能实验系统"启动图标

2. 选择实验项目 用鼠标单击顶级菜单条上的"实验项目"菜单项时,"实验项目"下拉式菜单将被弹出,参见图 3-5。

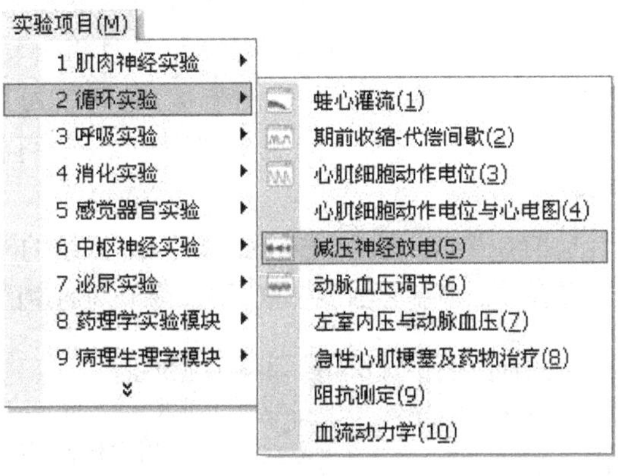

图 3-5 实验项目下拉式菜单

说明:这些实验项目组将生理及药理实验按性质分类,在每一组分类实验项目下又包含有若干个具体的实验模块，当您选择了一个实验模块之后，系统将自动设置该实验所需的各项参数，并且将自动启动数据采样，使实验者直接进入到实验状态。当完成实验后，根据不同的实验模块，打印出的实验报告包含有不同的实验数据。

3. 参数调节　在 TM_WAVE 软件主界面的最右边是一个分时复用区，参见图 3-6。在该区域内包含有五个不同的分时复用区域，它们通过分时复用区底部的切换按钮进行切换。①“ ”按钮用于切换到控制参数调节区；②“ ”按钮用于切换到显示参数调节区；③“ ”按钮用于切换到通用信息显示区；④“ ”按钮用于切换到专用信息显示区；⑤“ ”按钮用于切换到刺激参数调节区。

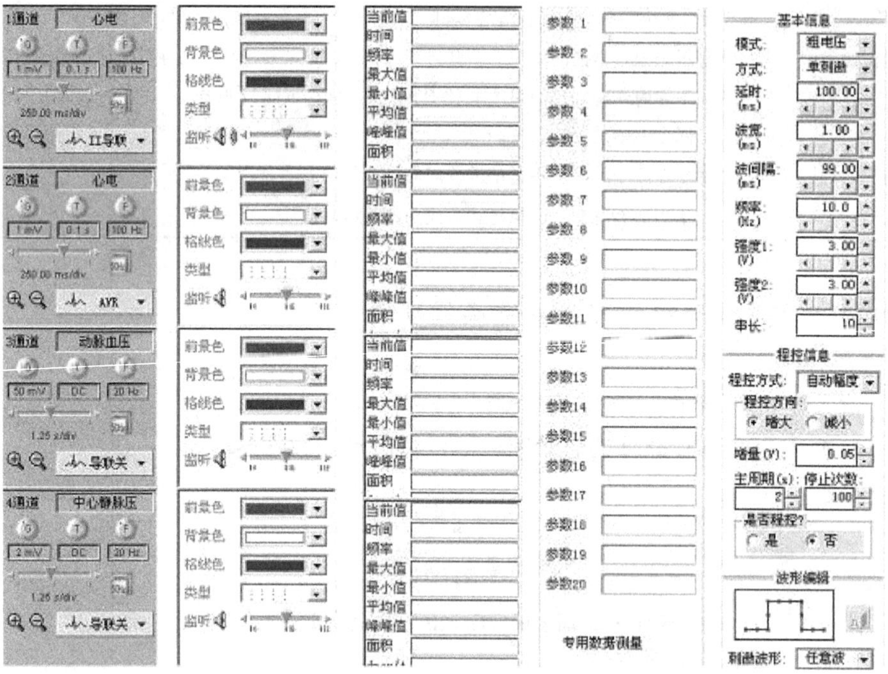

图 3-6　分时复用区

注意：当选择了一个实验模块之后，系统将自动设置该实验所需的各项参数，包括采样通道、采样率、增益、时间常数、滤波以及刺激器参数等，并且将自动启动数据采样，使实验者直接进入到实验状态，基本上就不需要再进行调节了，这时就可以切换到信息区同时观察 4 个通道的测量结果了。但是由于有时不能观察到理想结果，可根据实验需要手动进行调节，以下即为常用调节区。

(1) 控制参数调节区：是 TM_WAVE 软件用来设置 BL-420 系统的硬件参数以及调节扫描速度的区域，对应于每一个通道有一个控制参数调节区，用来调节该通道的控制参数，参见图 3-7。

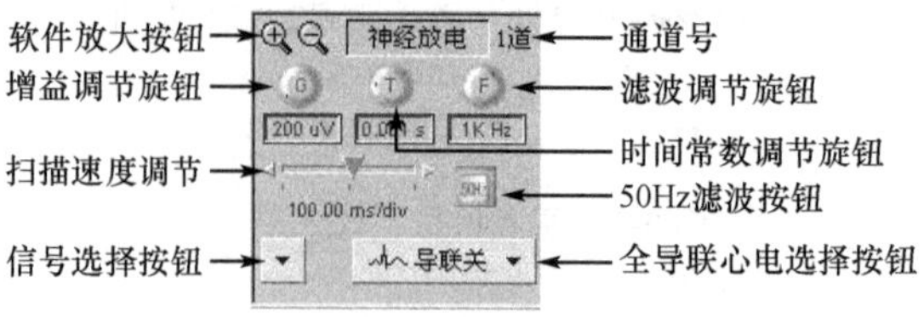

图 3-7　一个通道的控制参数调节区

1）软件放大和缩小按钮：用于实现信号波形的软件放大和缩小；最大软放大倍数为 16 倍，最大软缩小到原来波形的 1/4。

2）增益调节旋钮：用于调节通道增益(放大倍数)档位。具体的调节方法是：在增益调节旋钮上单击鼠标左键将增大一档该通道的增益，而单击鼠标右键则减小一档该通道的增益。

3）时间常数调节旋钮：用于调节时间常数的档位。具体的调节方法是：在时间常数调节旋钮上单击鼠标左键将减小一档该通道的时间常数，而单击鼠标右键则增大一档该通道的时间常数。

图 3-8　扫描速度调节器

4）扫描速度调节器：其功能是改变通道显示波形的扫描速度，参见图 3-8。将鼠标指示器指在该通道的扫描速度调节器的绿色向下三角形上，按下鼠标左键，然后用鼠标左右拖动这个绿色的三角形即可。当您向右移动绿色三角形时，扫描速度将增大，反之则减小；另外，如果您在绿色三角形的右边单击鼠标左键，扫描速度将增加一档，在绿色三角形的左边单击鼠标左键，扫描速度将减小一档。

（2）刺激参数调节区：刺激参数区由上至下分为 3 个部分，包括：基本信息、程控信息、波形编辑。可以根据实际的实验内容要求来调节刺激参数，参见图 3-9。

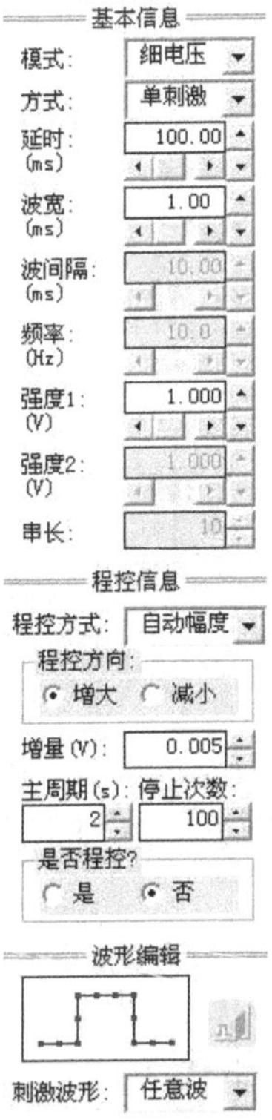

图 3-9　刺激器参数调节区

在波形编辑区中，还有一个启动刺激器按钮。当您设定好刺激参数后，按下此按钮将启动一次刺激。当然，启动刺激器最简单的方法还是按下键盘上的“Enter”键。

4. 工具条说明　工具条上的每一个工具条按钮对应一条命令，当工具条按钮以雕刻效果的图形方式显示时，表明该工具条按钮不可使用；否则，它将响应用户输入(图 3-10)。

（1）“　”打开反演数据文件：该命令与“文件”菜单中的“打开”命令功能相同。

（2）“　”另存为：该命令与“文件”菜单中的“另存为”命令功能相同。

（3）“　”记录：“记录”命令是一个双态命令，当记录命令按钮的红色实心圆标记处于蓝色背景框内时，说明系统现在正处于记录状态，否则系统仅处于观察状态而不进行观察数据的记录。

（4）“　”启动：选择该命令，将启动数据采集，并将采集到的实验数据显示在计算机屏幕上；如果数据采集处于暂停状态，选择该命令，将继续启动波形显示。

（5）“　”暂停：选择该命令后，将暂停数据采集与波形动态显示。

（6）“　”停止实验：选择该命令，将结束当前实验，同时发出“系统参数复位”命令，使整个系统处于开机时的默认状态，但该命令不复位您设置的屏幕参数，如通道背景颜色，基线显示开关等。

（7）“　”切换背景颜色：选择该命令，显示通道的背景颜色将在黑色和白色这两种颜色中进行切换。

图 3-10　工具条

（8）“　”格线显示：这是一个双态命令，当波形显示背景没有标尺格线时，单击此按钮可以添加背景标尺格线；当波形显示背景有标尺格线时，单击此按钮可以删除背景标尺格线。

5. 顶部窗口　由 4 部分组成：当前选择通道的光标测量数据显示，启动刺激按钮，特殊实验标记编辑以及采样率选择按钮等，参见图 3-11。

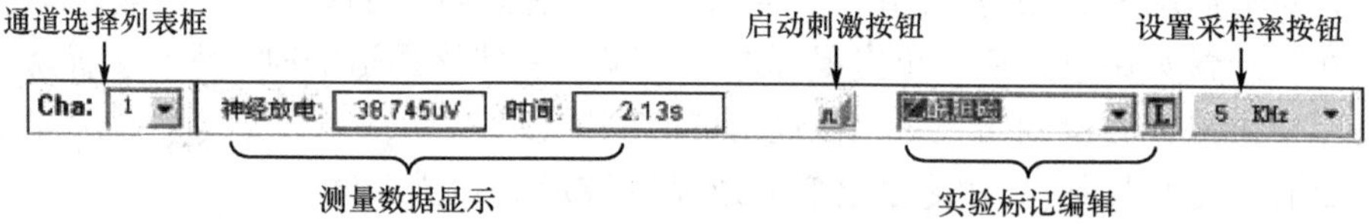

图 3-11　顶部窗口

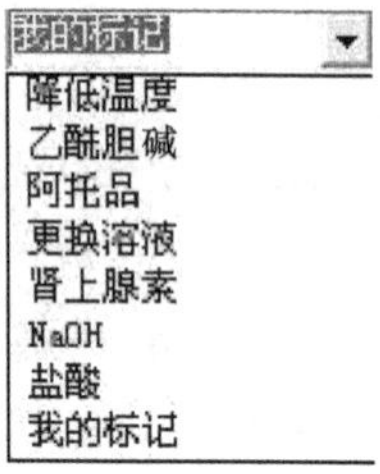

图 3-12　实验标记

（1）启动刺激按钮：用于启动刺激器，该按钮只有在实时实验的状态下可用。最简单的方式是按键盘上的“Enter”键来启动刺激。

（2）实验标记编辑区

1）选择实验标记：可以从实验标记编辑组合框中选择已有的实验标记，也可以按照自己的需要随时输入，然后按“Enter”键确认新的输入，新的输入自动加入到标记组中，参见图 3-12。

2）添加实验标记的方法：先在实验标记编辑组合框中选择一个实验标记，或者直接输入一个新的实验标记并按下“Enter”键；然后在需要添加实验标记的波形位置单击鼠标左键，实验标记就添加完成了（图 3-13）。

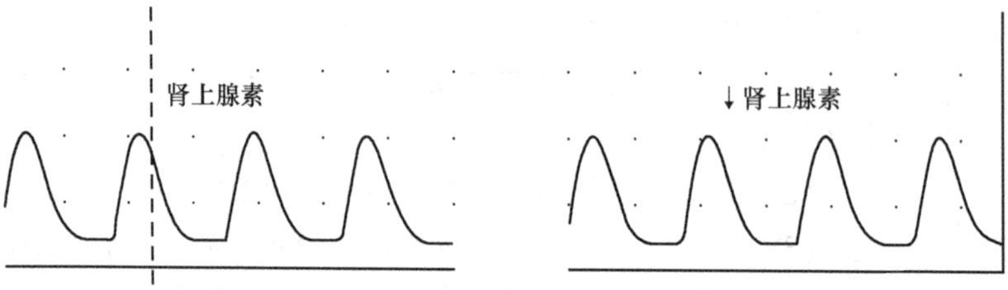

图 3-13　实验标记的标记方式

注意：使用这种方式添加特殊实验标记只能在实时实验过程中使用，并且添加一个标记后，如果要添加同样标记还需要再选择一次。以后可以通过显示窗口快捷菜单上的命令修改或删除已添加的特殊实验标记。

6. 图形剪辑及打印

（1）在实时实验过程或数据反演中，按下“暂停”按钮使实验处于暂停状态，此时，工具条上的图形剪辑按钮“”处于激活状态，按下该按钮将使系统处于图形剪辑状态。

（2）对感兴趣的一段波形进行区域选择，可以只选择一个通道的图形或同时选择多个通道的图形，参见图 3-14。

（3）当进行了区域选择以后，图形剪辑窗口出现，上一次选择的图形将自动粘贴进入到图形剪辑窗口中，参见图 3-15。

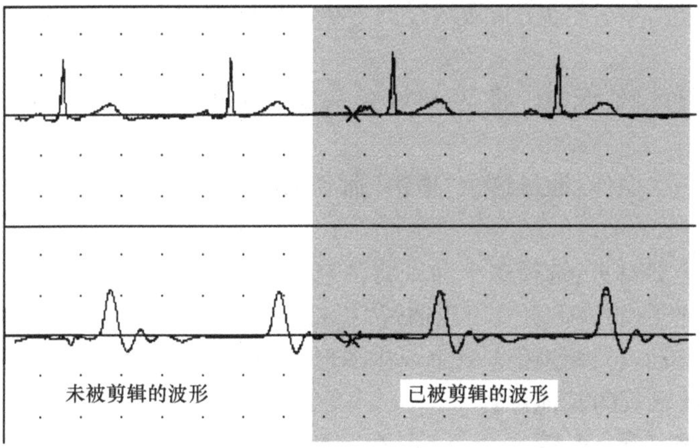

图 3-14　图形剪辑

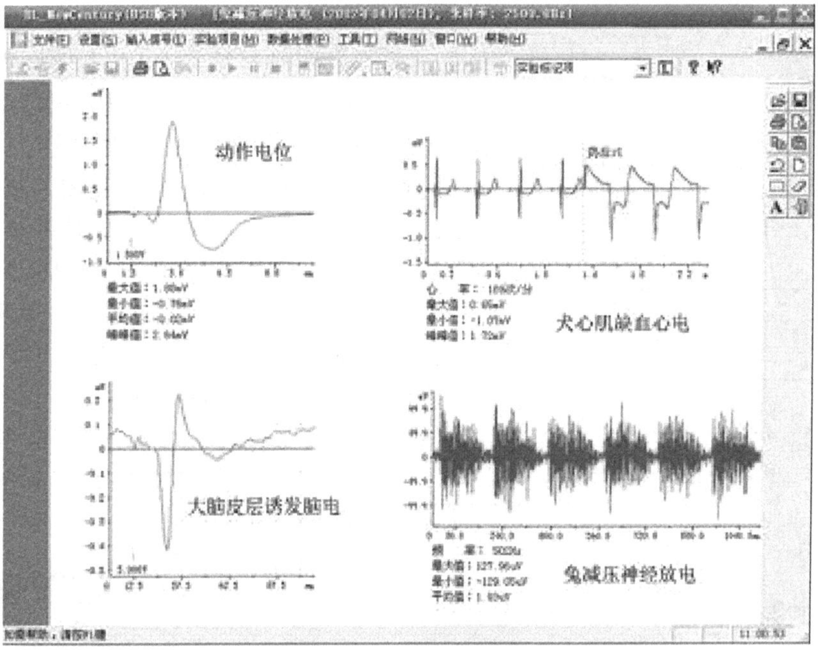

图 3-15　图形剪辑窗口

图形剪辑窗口:分为图形剪辑页和图形剪辑工具条两部分。

1) 图形剪辑页:在图形剪辑窗口的左边,占图形剪辑窗口的大部分空间,图形剪辑页用于拼接和修改从原始数据通道剪辑的波形图。剪辑的图形只能在剪辑页的白色区域内移动。

2) 图形剪辑工具条:占据图形剪辑窗口的右边,包含 12 个与图形剪辑相关的命令按钮。

“”打开已存储位图文件(bmp 文件):选择该命令,将弹出“打开”对话框,该对话框只显示以 bmp 为后缀名的文件。

“”另存为:它将把图形剪辑页中的当前图形存储到文件中保存。

“”打印当前剪辑页:选择这个命令,将打印当前剪辑页中的图形。会弹出这个对话框,选择张数后点确定,接着点打印即可(图 3-16)。

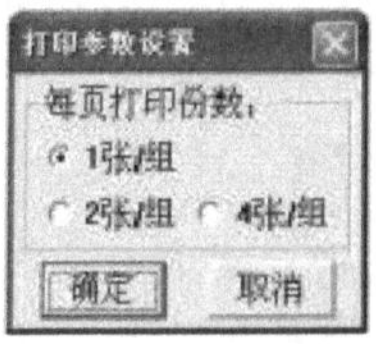

图 3-16　打印参数窗口

“”打印预览:用于显示图形剪辑页中图形的打印预览波形。

“”复制选择图形：该命令将您选择的一块图形区域复制到 Windows 公共数据存储区剪辑板中。

“”粘贴选择区域：该命令将 Window 公共数据存储区剪辑板中的数据插入到图形剪辑页中。

“”撤销上一次操作：通过这个“撤销”命令来取消上一次的操作，这样，剪辑页将恢复到原来的显示。

“”刷新整个剪辑页：选择这个命令将清空整个剪辑页，即将剪辑页上所有图形全部擦掉，只留下一张空白的剪辑页。可以通过“撤销”命令取消上一次的“刷新”操作。

“”选择并移动：可以使用这个命令在图形剪辑页上选择一块区域，然后复制它或者将其移动到图形剪辑页的其他位置。

“”擦除选择区域：选择该命令后，在剪辑页中移动的鼠标将变为一个中空的十字，使用与“选择并移动”命令相同的方法选择需要擦除的区域，松开鼠标左键将擦除选择的区域。您可以通过“撤销”命令取消上一次的“擦除”操作。

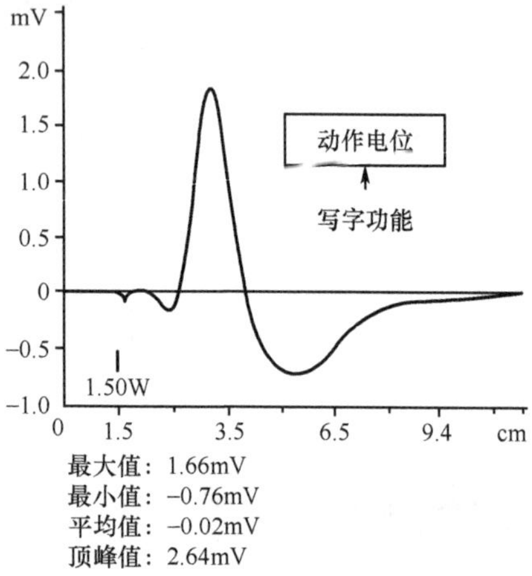

图 3-17　添加文字窗口

“A”写字：选择该命令后，在剪辑页中移动的鼠标将变为一个中空的十字，松开鼠标左键将出现一个矩形的写字区域，有一个文本光标在写字区域内闪烁，它指定写字的位置，参见图 3-17，只需在选定的写字区域内书写注释，如果需要书写中文，按下右 Ctrl 键的同时按下空白键，将切换到中文输入方式。书写完注释后，在剪辑页上写字区域以外的任何地方单击鼠标左键，将完成本次写字操作，写字区域消失，而您写的注释加在剪辑页上。可以通过“撤销”命令取消上一次的“写字”操作。

(4) 选择图形剪辑窗口右边工具条上的退出按钮“”退出图形剪辑窗口。

7. 实验结束　鼠标单击工具条的“”停止键，会弹出下图对话框，点击“是”(图 3-18)。

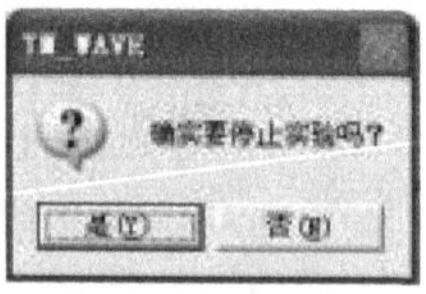

图 3-18　停止窗口

如需将实验结果存盘，可以在下图对话框中点击“保存”，否则点击“取消”。需要反演本次实验数据，只需从工具条上选择“”打开反演数据命令，然后选择需要反演的文件名，点“确定”按钮即可(图 3-19)。

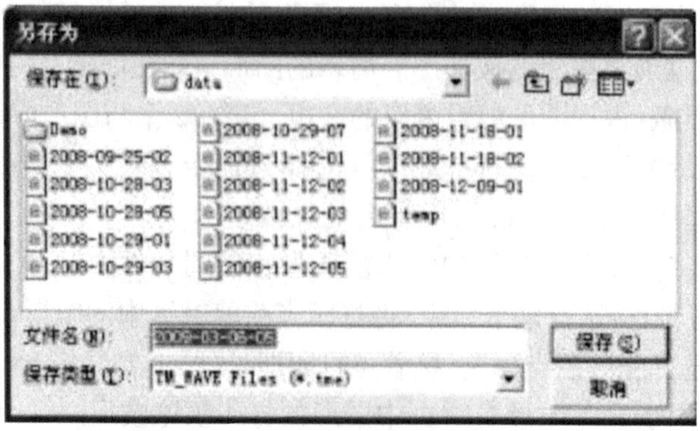

图 3-19　保存文件窗口

【注意事项】

1. 在开机状态下,不要随意插入或拔出仪器各插口连线。

2. 每次实验前,认真调试仪器,确保标本与系统接口连线可靠。

3. 实验开始记录时,注意是否在记录状态下(记录钮变红),否则不能进行数据存盘,反演时无记录图形数据。

4. 在选择工具条的某些功能时,注意该通道是否在当前通道状态下,否则调节无效。

5. 切忌将液体滴入计算机及附属设备内。

6. 必须避免刺激输出短路。

7. 未经允许,不得随意改动计算机系统设置。

8. 未经允许,不得随意插入与实验内容无关的各种软盘、闪存以及移动硬盘。

【附录】BL-420 生物机能实验系统操作流程(附图)

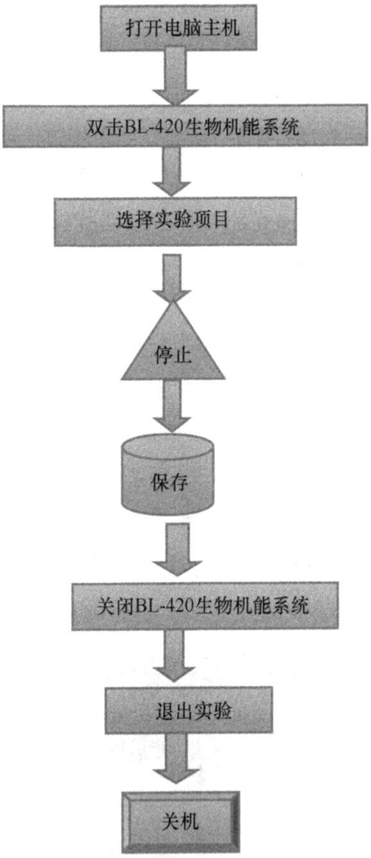

附图　BL-420 生物机能实验系统操作流程

二、刺　激　器

(一) 锌铜弓

锌铜弓是生理学实验中常用的最简单的刺激器,用于对神经肌肉标本施加刺激,以检查其有无兴奋性。其刺激原理为:锌和铜同时与湿润组织接触时,锌失去电子成为正极,铜获得电子成为负极,电流从锌→活体组织→铜的方向流动,对组织施加刺激。

(二) 电子刺激器

电子刺激器是能产生一定波形(多为方波)电脉冲的仪器。供生理学实验中刺激神经肌肉使用。它的强度、时间、频率等刺激参数易于控制。常用的可调节参数有手控单刺激和连续刺激两种刺激方式。可调结波幅(刺激强度)、波宽(刺激作用时间)和刺激频率。与示波器配用,具备同步输出和延时设置,前者使扫描同步,波形稳定清晰,后者调节波形于荧光屏的适合位置。

(三) 刺激电极

在检测生物电或进行电刺激时,电极(electrode)是仪器系统与生物体连接的环节。常用的电极有:

1. 普通电极　其金属导体裸露少许,用以与组织接触而施加刺激。

2. 保护电极　其金属导体一侧裸露少许,其他部分用绝缘材料包裹,用于刺激在体神经干,以保护周围组织免受刺激。

3. 微电极　一般把电极的尖端直径在微米数量级的电极称为微电极。根据制作的材料不同可分为金属微电极、碳纤维微电极和玻璃微电极。其中又以玻璃微电极最常用。在现代细胞生理学的实验中微电极可用于刺激单个细胞或神经核团,也可用来引导单个细胞或神经核团的电变化。

三、换 能 器

在生物医学中换能器(transducer)又称传感器,是将非电生理信号转换为电信号的实验装置。各种非电生理信号的测量,一般须先将其转换成电信号的形式,才便于系统的测量与处理。因此换能器在各种生理信号的测量中有着重要的作用。换能器的种类很多,原理,性能各不相同,机能实验学中最常用的换能器是把机械能转换成电能的机-电换能器。在实际工作中常根据实验的目的和用途的不同,选用合适的换能器。

下面介绍几种在教学、科研实验中常用的换能器。

(一) 压力换能器

压力换能器是机能实验学中最常用的换能器,主要用于测量动物的动脉和静脉血压,还可用于胸膜腔负压的测量等(图 3-20)。

【使用方法】

1. 将换能器与放大器相连,并固定在铁架上。
2. 将动脉插管与换能器相连,并将盛满肝素生理盐水的注射器(容量少于 10ml)通过三通管将换能器腔内和动脉插管内的空气完全排出。
3. 调零,定标。

【注意事项】

1. 确保换能器腔内和动脉插管内没有气泡。
2. 当换能器不用的时候,确保换能器腔内与大气相通。
3. 固定动脉插管时,结扎要适度,以免将动脉插管压扁,影响实验结果。
4. 避免撞击换能器,以免损坏换能器。

(二) 肌肉张力换能器

肌肉张力换能器主要用于测量肌肉张力、呼吸等生理信号。根据量程不同又分为 0 ~ 10g、0 ~ 30g、0 ~ 50g、0 ~ 100g 等几种型号(图 3-21)。

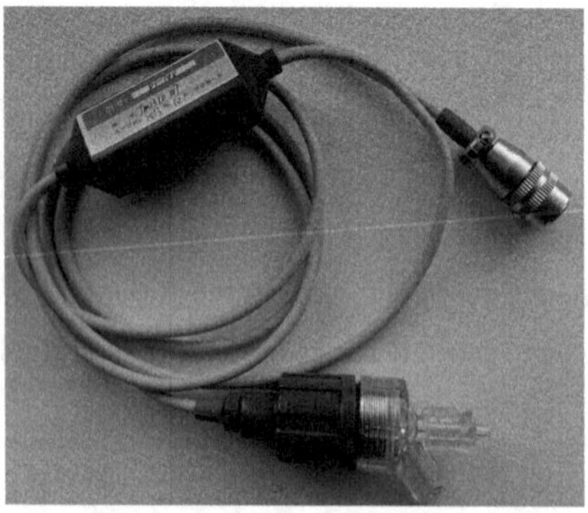

图 3-20 生物血压传感器

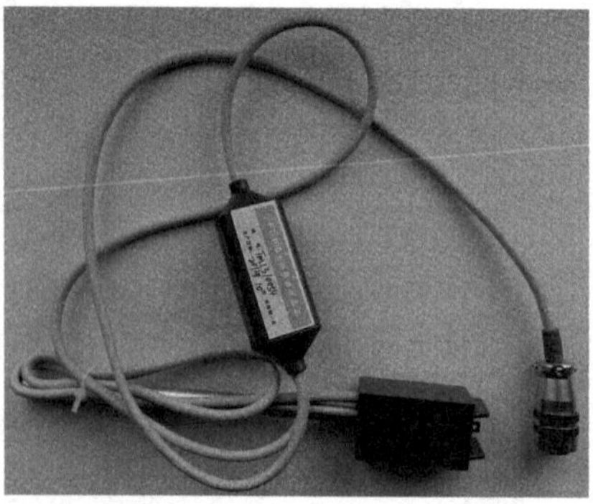

图 3-21 生物张力传感器

【使用方法】

1. 将换能器与放大器相连,并固定在铁架上。
2. 将换能器与被测对象相连,并使连接线保持适当的张力。
3. 调零,定标。

【注意事项】

1. 换能器与被测对象相连时禁用暴力,前负荷要适度,以免损坏换能器,以免损坏换能器。

2. 防止液体进入换能器内和避免碰撞。

3. 根据实验要求选用适当量程的换能器,以免过负荷而损坏换能器。

(三) 呼吸换能器

本换能器是供无损伤检测人或动物的呼吸波形。该传感器使用方便,稳定可靠,灵敏度高,频率响应好(图3-22)。

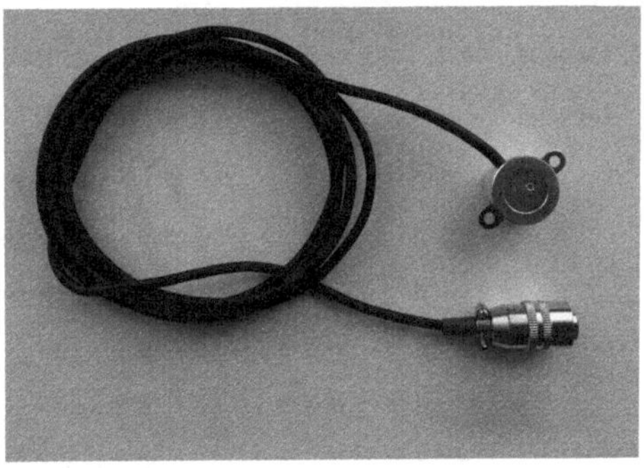

图3-22　呼吸波传感器

【使用方法】

在供人体使用时,只要将传感器用袋子系于被试者的腹部或胸部,再将传感器与合适的记录设备相连,即可顺利地记录呼吸波。若要记录动物呼吸波,可以同法处理。

【注意事项】

1. 固定于被测部位时系紧力要合适,不能太紧或大力系紧力而损坏传感器。也不能太松,否则传感器不能测得腹部的活动。一般以记录器上能看到完整的呼吸波时的系紧力为准。

2. 不可用手强拉传感器的固定带,以免损坏。

四、神经标本屏蔽盒

神经标本屏蔽盒的外壳材质一般为不锈钢、铜质或者有机玻璃,能有效屏蔽静电和交流电场的干扰,盒内部由两个刺激电极,一个接地线和四个引导电极构成,这七个银质电极绝缘固定于盒的一侧内壁,并可以滑动。有的屏蔽盒的接地线为一组可变电阻构成,以调节刺激伪迹的大小。在进行蟾蜍坐骨神经干实验动作电位的引导、传导速度以及兴奋不应期测定实验中,为了保持神经干的良好机能状态,必须使用神经标本屏蔽盒(图3-23)。

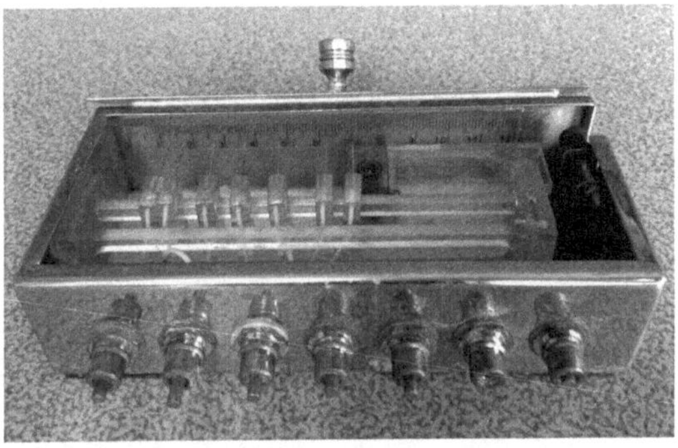

图3-23　神经标本屏蔽盒

【使用方法】

盒内由不同导电材料为支撑,上面有三对银丝电极,均伸出于标本盒侧壁,其中一对为刺激电极,另外两对为记录电极,可根据神经标本的长短选择不同对记录电极,标本盒侧壁配有金属螺旋调节钮,位于刺激电极与记录电极间,可进行接地处理。

【注意事项】

1. 实验时,接地要良好。

2. 盒内底部要放湿润的滤纸保持盒内的温度,以防止神经标本干燥。

五、721型分光光度计

721型可见分光光度计(721 spectrophotometer)是一种结构简洁、使用方便的单光束分光光度计,基于样品对单色光的选择吸收特性可用于对样品进行定性和定量分析。其定量分析根据相对测量原理工作，即选定样品的溶剂（或空气）作为标准试样，设定其透射比为100%，被测样品的透射比则相对于标准试样（或空气）而得到，在一定的浓度范围内，各参量遵循朗伯—比耳定律，广泛应用于医药卫生部门及医学实验中做定性、定量分析。而机能实验中常用的主要为以下两种型号：

（一）721 可见分光光度计（上海精密科学仪器）

参见图 3-24。

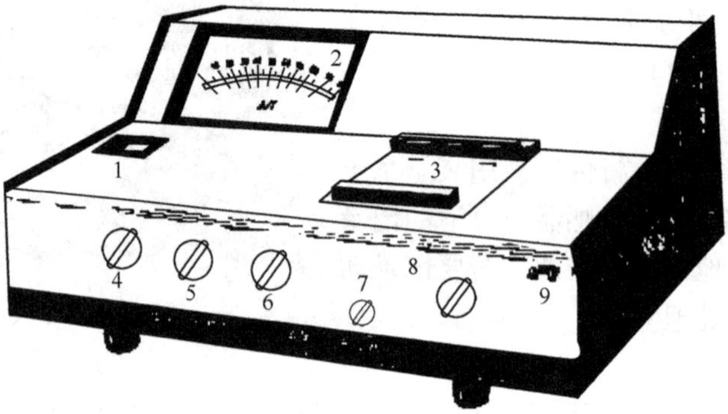

图 3-24　721 型分光光度计（上海精密科学仪器）

1. 波长读数盘；2. 电表；3. 吸收池暗盒盖；4. 波长调节；5. “0”透光率调节；6. “100”透光率调节；7. 液槽架拉杆；8. 灵敏度选择；9. 电源开关

【使用方法】

1. 开机预热　将电源开关 9 接通，开启吸收池暗盒 3，调节“0”旋钮，使电表指针处于透光率“0”位。预热 20min。

2. 吸光度测试

（1）调节波长调节钮 4，使波长读数盘上的刻线对准选用单色光的波长，并选择合适的灵敏度挡，再用调“0”旋钮复校电表透光率“0”位。

（2）将吸收池暗盒盖合上，将参比溶液推入光路，顺时针旋转“100%”旋钮，使电表指针处于透光率 100% 处。

（3）按上述方法连续几次调整透光率“0”及“100%”，直至不变，即可进行测量工作。

（4）将待测溶液推入光路，读取吸光度。

（5）测定完毕，关闭电源。

（二）721 分光光度计（上海菁华科技仪器）

参见图 3-25 和图 3-26。

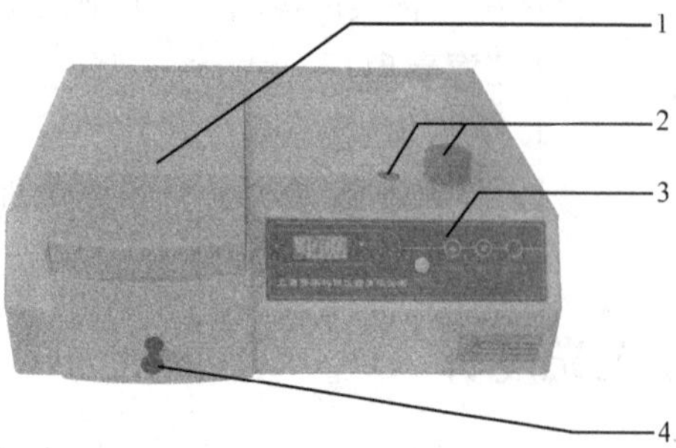

图 3-25　仪器正视图

1. 样品室；2. 波长调节按钮，波长显示窗口；3. 控制面板 4. 样品架拉杆

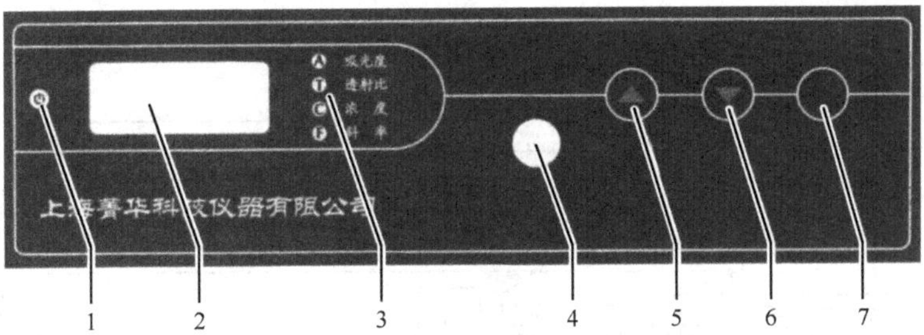

图 3-26　仪器控制面板图

1. 电源指示；2. 数据显示；3. 模式显示；4. 功能键；5. 调 100% 键；6. 调 0 键；7. 确认键

【使用方法】

1. 开机预热 30min。
2. 按动“功能键”，切换至透射比测试模式。
3. 调整测试波长：转动波长按钮，观察波长显示窗，调整至需要的测试波长。
4. 置入遮光体（黑色比色皿）：合上样品室盖，并使其进入光路，按动调 0 键，调零，此时仪器显示“00.0”或“-0.00”，完成调零后，取出遮光体。
5. 按动功能键，切换至吸光度测试模式。
6. 置入参比样品（即需要测试的调零样品）：按动调 100% 键，此时仪器显示“BL”延时，数秒后便显示“00.0”或“-0.00”。
7. 置入待测样品，读取测试数据。
8. 测定完毕，关闭电源。

【注意事项】

1. 不准把测试样品或试管架放在仪器上。
2. 测试过程中，注意防止溶液溅入样品架和样品室内。
3. 注意保护比色皿的光学窗（即透光面），不要擦伤，用后及时清洗。
4. 每次使用后检查样品室内是否有溢出溶液，并擦拭样品室，防止废液对仪器的腐蚀。
5. 每次使用后要登记使用情况，并盖好防护罩。
6. 连续测定时间太长，光电管会疲劳，造成吸光度读数漂移。此时应将仪器稍歇，再继续使用。

六、心电图机

心电图是从体表记录的心脏电位随时间而变化的曲线。它可以反映出心脏兴奋的产生、传导和恢复过程中的生物电位变化。在心电图记录纸上有横线和纵线画出的长和宽均为 1mm 的小方格。横轴代表时间，当标准走纸速度为 25mm/s 时，每 1mm 代表 0.04s；纵轴代表波形幅度，当标准灵敏度为 1mV/cm 时，每 1mm 代表 0.1mV。心电图机（electrocardiograph）是记录人体心电图的专用仪器，人体心电图机种类繁多，从记录笔数分有单道心电图机和多道心电图机；从用途分有普通心电图机、心电监护仪和动态心电图机。以 ECG-6511 型心电图机为例介绍心电图机的使用（图 3-27）。

【使用方法】

1. 预热机器 30min。

◈ 正面

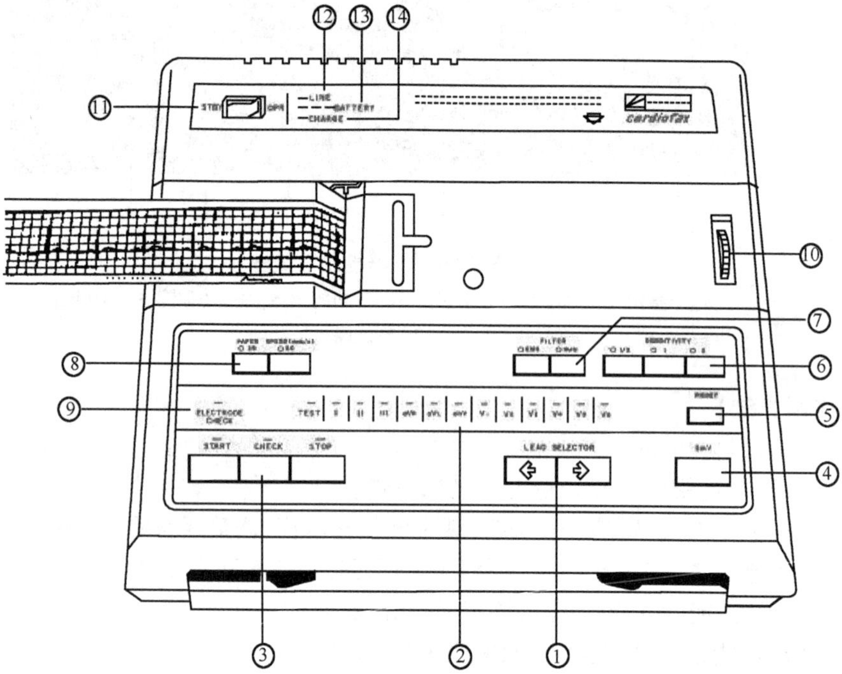

图 3-27 ECG-6511 型心电图机正面图

①导联选择键；②导联显示灯；③记录开关（走纸键、观察键、停止键）；④定标键；⑤封闭键；⑥灵敏度选择键；⑦滤波器选择键；⑧走纸速度选择键；⑨电极异常指示灯；⑩基线位置调节器；⑪供电方式选择开关；⑫交流电源指示灯；⑬电池电量指示灯；⑭充电表示灯

2. 联结测量电极

（1）四肢电极：右臂-红；左臂-黄；左腿-绿；右腿-黑。

（2）胸部电极：V1 ~ V6 依次为红、黄、绿、棕、黑、紫。

3. 调节基线控制旋钮应能改变描笔的位置，使之停在记录纸中央附近。

4. 按动“CHECK”键，此时“STOP”灯灭，“CHECK”灯亮。

5. 按动定标键“ lmV”，使描笔随着定标键的按动而作相应的摆动。

6. 按“START”，此时“CHECK”灯灭，“START”灯亮，记录纸按 25mm/s 速度走动。

7. 继续按动定标键，在走动的纪录纸上可看到一清晰的定标方波。

8. 按动“LEAD SELECTOR”键，使之由“TEST”向“ Ⅰ ”导“ Ⅱ ”联转换。

9. 在心电图纸上得到一段清晰的纪录后，可继续按动“LEAD SELECTOR”键，使之由“ Ⅰ ”导联向“ Ⅱ ”导联转换，以此类推，可重复上述操作，完成 12 导联的心电图记录。

10. 仪器使用完毕，切断电源，做好清洁工作，并做好仪器使用登记。

【注意事项】

1. 受试者在检查之前稍休息，安静平卧。

2. 电极安放部位应先用乙醇溶液、导电膏清洁，降低电阻排除干扰。

3. 避免导线纵横交错，以降低干扰。

七、离　心　机

离心机(centrifugal machine)是利用离心机转子高速旋转产生的强大的离心力，加快液体中颗粒的沉降速度，将样品中不同沉降系数和浮力密度的物质分离开。依据转速的不同，离心机分为低速离心机(<6000r/min)、高速离心机(<25 000r/min)和超速离心机(>30 000r/min)；依据温度控制不同，离心机分为冷冻离心机和普通离心机，冷冻离心机带有制冷系统，能够控制温度最低至-20℃，普通离心机不带有制冷系统。在机能实验教学中，常用的是低速离心机，用于药物半衰期的测定等实验。

【注意事项】

1. 使用时离心管一定要用天平平衡重量，盖上离心管盖子并旋紧。

2. 完成离心时，要等待离心机自动停止，不允许用手或其他物件迫使离心机停转，待转头完全静止后，才能打开舱门。

八、恒温水浴箱

恒温水浴箱(thermostatic waterbath box)是机能实验室常用到的仪器，有多种型号，目前主要分为普通恒温水浴箱和数字式超级水浴箱，现多使用数字式超级水浴箱，采用数控技术，温度采用数字设定，数字显示，控温范围为 25 ～95℃，温度波动度±0. 03℃，温度显示分辨率 0. 1℃，循环水流量 6L/min，加热功率 1kW。

【使用方法】

1. 使用前槽内加入蒸馏水(或清水)，水面与上盖平面的距离约 30mm，液面过高容易溢出，过低会损坏加热器。

2. 将出水管和回水管与外部灌流装置连接。

3. 开启"电源"开关，显示器显示浴槽内温度。

4. 温控器开关置"设定"位置，旋转温控调节旋钮至显示器显示的数字显示达到需要的工作温度。

5. 温控器开关置"显示"位置，此时温控器显示的是当前槽内水的温度，此后温控器进入自动控制状态。

【注意事项】

1. 水浴箱中预先要放入适量的清水，防止干烧，也不能过满，以防水溢出。

2. 长期不用要关闭电源，拔下电源插座。

3. 不能将药品直接倒入水箱内加热，更不能将有腐蚀性的药品倒入水浴箱(图 3-28)。

图 3-28　恒温水浴箱

九、恒温平滑肌槽

恒温平滑肌槽(thermostat smooth muscle slot)配套于生物机能实验系统,主要用于平滑肌离体肠管等生理实验中,调节和维持实验环境(如实验药液)温度,从而保证离体平滑肌的生理活性,使相关实验顺利进行。该设备为观察到明显的实验现象和得到准确的实验数据提供了有力保障。以 HW-400E 型恒温平滑肌槽为例介绍恒温平滑肌槽的使用(图 3-29)。

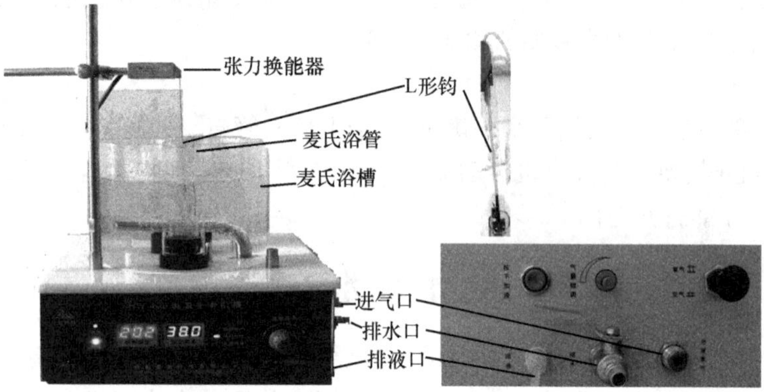

图 3-29　HW-400E 型恒温平滑肌槽

1. HW-400E 型恒温平滑肌槽前面板

(1) 电源开关:设备的电源开关。

(2) 电源指示灯:设备正常供电指示。

(3) 加热指示灯:指示加热器的工作状态。

(4) 通气指示灯:指示空气泵的工作状态。

(5) 气量调节旋钮:用于对内置式空气泵气量进行粗调。

(6) 温度调节旋钮:调节设定温度。

(7) 设定温度显示窗:显示设定温度。

(8) 实际温度显示窗:显示实验小筒内的当前实际温度。

2. 恒温平滑肌槽机箱侧面接口

(1) 气量微调:用于对药筒内的气量进行微调。当使用内置空气泵通气时,请先用面板上的气量调节旋钮进行粗调,当通气量已经调小后再使用气量微调进行微调。

(2) 排液阀:排放药液。

(3) 排水口:排放水浴内的温水。

3. 俯视图介绍

(1) 预热试管:用来储存实验用的营养液。营养液先在预热筒中预热,然后通过手动将营养液倒入实验药筒。

(2) 实验药筒:实验标本通过随机配件中的试验片固定在实验药筒中,可用滴管向实验药筒中滴入药液来进行实验。用过的营养液可通过打开设备侧板的放液阀向外排放,排放后请用预热筒中营养液将其冲洗数遍,实验效果更佳。

(3) 潜水泵:为了减小噪声、振动、温度过冲,净化实验环境,提高实验数据的信噪比,采取了潜水泵的方式来搅拌水浴。

(4) 水浴内出气嘴:是通过一段小管将空气通到实验药筒内。水浴内出气嘴绝对不允许加水进去,否则将导致仪器毁灭性的损坏。

(5) 加热棒:在进行温度调节设置后,加热棒便立即进行自动加热。

(6) 实验片:该片用于固定实验标本,并起到将通入的空气和实验标本隔开的作用。这样实验标本既能获得充分的氧气,又能使气体的振动对实验数据的记录的影响减至最小。

(7) 支架杆固定座:实验时将随机标配的支架杆固定在支架杆固定座上,将张力传感器固定在支架上,然后将实验标本一端吊在张力传感器上,一端固定在实验钩上。将实验钩牢挂在实验药筒沿即可开始实验。

【使用方法】

1. 将恒温平滑肌槽右侧面的排液口和排水口均置于关闭状态。
2. 在恒温平滑肌槽内添加足够的清水,水量达到建议水位线(外筒上有建议水位线刻度),在实验药筒内加适量营养液。
3. 确保电源已连接良好。
4. 打开机器电源。
5. 此时数码管和加热指示灯快速闪烁,表明系统还没有处于加热状态;当您确认水浴内加水后,轻按温度设定按钮,系统进入加热状态。
6. 设定实验温度。
7. 调节气量调节阀,保证在加热过程中有较大的气泡对药液进行搅拌。
8. 温度达到设定温度后放入实验样本。

【注意事项】

1. 出气嘴绝对不允许加水进去,水浴内无水时严禁开机。
2. 设备每次使用后,请将水浴内的水排干净。
3. 请不要用清水冲洗存放药液的小筒,防止放液阀被药液腐蚀和出气嘴被残留物阻塞。
4. 不用时请勿盛液体。
5. 使用前请确定电池已接地。

(徐　静)

第四章　机能学基础性实验

实验一　蟾蜍坐骨神经干实验

一、坐骨神经干标本的制备

【实验目的】

学习蟾蜍坐骨神经干标本制备的基本操作技术。

【实验原理】

蟾蜍等蛙类两栖类动物的一些基本生命活动和生理功能与哺乳类动物相似，而其离体组织所需的实验条件比较简单，易于控制和掌握，来源也比较丰富。因此，在实验中常用蟾蜍或蛙坐骨神经标本来观察兴奋性、兴奋过程、刺激的一些规律以及动作电位的特点等。故坐骨神经标本的制备方法也是生理实验一项基本操作技术。

【实验对象】

蟾蜍或青蛙。

【实验器材与药品】

蛙板、玻璃板、蛙类手术器械一套（粗剪刀、手术剪、大、小镊子各一把、金属探针一根、玻璃分针二根）、滴管、培养皿、蛙钉4枚、污物缸、棉线、任氏液（林格液）。

【实验步骤】

1. 破坏脑和脊髓　取蟾蜍一只，用自来水冲洗干净。左手握住蟾蜍，用食指压住其头部前端使头前俯（图4-1），拇指按住其背部。右手持金属探针，沿蟾蜍颅顶中线向后划，至略感凹陷处，即为枕骨大孔部位（近头后缘处）。垂直刺入椎管，先左右摆动，离断脊髓，再将探针折向前刺入颅腔，左右搅动数次，捣毁全部脑组织（如探针确已刺入颅腔，则向各方向搅动时，有触及颅骨的感觉）。

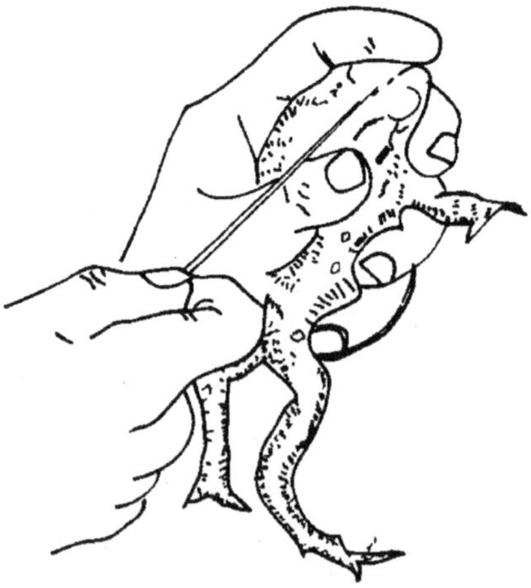

图4-1　捣毁脑髓的方法

然后将探针退出至枕骨大孔处，但不拔出皮肤，转向后刺入脊椎管，直达骶部，左右捻动探针，捣毁脊髓，颈膨大和腰膨大处因椎管变粗可能破坏不完全，可将探针退至这两个部位，重复破坏一次。拔出探针后，同一干棉球压迫针孔，以止其出血。

脑脊髓完全破坏后，蟾蜍将失去一切反射活动，四肢肌肉松软，下颌呼吸消失，表示脑脊髓已完全破坏，否则应按上法再行捣毁。另一种方法是去头后再捣毁脊髓。

2. 剪除躯干上部及内脏　用粗剪刀在骶髂关节水平前1～1.5cm处剪断脊柱。左手握住蟾蜍后肢，用拇指压住骶骨，使蟾蜍头与内脏自然下垂，右手持粗剪刀，沿骶骨两侧剪开腹壁，剪除全部躯干及内脏组织，注意勿损伤坐骨神经，仅保留一段腰骶脊柱及后肢（图4-2）。在腹侧脊柱的两旁可看到坐骨神经丛。

3. 剥皮　剪去肛周皮肤。用圆头镊子垂直夹住脊柱边缘(注意不要接触坐骨神经),右手捏住其上的皮肤边缘,逐步向下牵拉剥掉全部皮肤,将标本放在盛有任氏液的培养皿中(图4-2)。

4. 清洗手术器械　将手及用过的剪子、镊子等全部手术器械洗净,再进行下述步骤。

5. 分离双后肢　用粗剪刀沿脊柱和骨盆的正中线将脊柱分为两半,并从耻骨联合中央剪开两侧大腿,然后将分离的双后肢浸于盛有任氏液的培养皿中备用。

6. 制备坐骨神经标本　取一后肢放置在蛙板上的玻璃片上,用一蛙钉将标本的脊柱固定在蛙板上(腹面朝上),将下肢拉直并向外旋转趾蹼朝上,蛙钉固定。用玻璃针沿脊柱侧游离坐骨神经腹腔部;沿坐骨神经沟(股二头肌及半膜肌之间的裂缝处),找出坐骨神经,用玻璃针小心剥离坐骨神经大腿部,向上把梨状肌及其附近的结缔组织剪断和坐骨神经腹腔部汇合,向下分离至腘窝,用小剪刀锐性分离腘窝结缔组织(注意不要损伤坐骨神经);再沿腓肠肌两侧的肌沟内找到胫神经和腓总神经,减去任一分支(腓神经位于表浅部位,实验中常保留),分离留下的一支直至踝关节附近。近脊柱处穿线结扎坐骨神经,结扎线以上切断坐骨神经,手执结扎神经的线将神经轻轻提起,剪断坐骨神经的所有分支,并将神经一直游离至踝关节附近,结扎神经并于结扎线以下切断神经。轻轻提起2根结扎线,将制备出的神经标本放置于盛有任氏液的培养皿中备用。

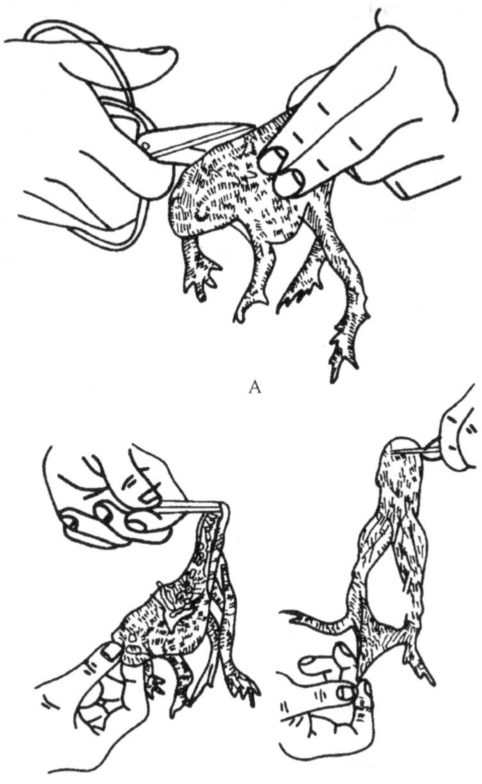

图4-2　剪除蟾蜍躯干上部、内脏和剥皮的方法

【注意事项】

1. 为了避免蟾酥溅入眼内,在破坏脑和脊髓时,先用纱布盖住位于眼睛后方的酥囊,不使外溅。若不慎溅入眼内,可立即用生理盐水冲洗数次。

2. 沿脊柱中央把左右后肢剪开时,要正中否则会损伤坐骨神经。

3. 需用玻璃分针分离神经,不可用金属镊子钳夹神经,并尽量避免过度牵拉。

4. 结扎线应扎紧,以免实验过程中滑脱。

5. 要求分离得干净,但剪除神经分支时不能损伤坐骨神经主干。

6. 神经标本应尽量长,分离成后,应在任氏液内浸泡10min以上。

二、神经干动作电位的引导

【实验目的】

学习离体神经干双相和单相动作电位的记录方法,学会分析、辨别和测量动作电位,加深对兴奋性、动作电位性质的理解。

【实验原理】

神经是一种可兴奋组织，神经的动作电位（action potential）是神经兴奋的客观标志。给具有兴奋性的神经干以有效的适宜刺激，细胞膜电位将发生一系列短暂的变化。由安静状态下的膜外正膜内负的静息电位变为兴奋状态下的膜外负膜内正的去极化状态。因此，在膜外兴奋区相对于未兴奋区来说电位为负。这种电位差所产生的局部电流又引起邻近未兴奋区的去极化，使兴奋沿细胞膜传向整个细胞，而原来的兴奋区的膜电位又恢复到膜外正膜内负的静息水平。这种可传播的、短暂的膜电位变化称之为动作电位。如果将两引导电极（electrode）置于正常完整的神经干表面，当神经干兴奋后，其兴奋波先后通过两个引导电极处，这时可记录到两个方向相反的电位偏转波形，称为双相动作电位（biphasic action potential）。如果两个引导电极之间的神经组织有损伤，兴奋波只通过第一个引导电极，不能传导至第二个引导电极，则只能记录到一个方向的电位偏转波形，称为单相动作电位（monophasic action potential）。

神经干由很多兴奋性（excitability）不同的神经纤维组成，故神经干动作电位与单根神经纤维的动作电位不同它是由许多神经纤维动作电位综合成的复合性电位变化，没有"全或无"（all or none）现象，其电位幅度在一定范围内随阈上刺激的强度增加而变大。

【实验对象】

蟾蜍或青蛙。

【实验器材与药品】

计算机、生物机能实验系统、神经标本盒、蛙板、玻璃板、蛙类手术器械一套、滴管、培养皿、蛙钉、污物缸、棉线、任氏液（林格液）。

【实验步骤】

1. 制备坐骨神经干标本　参照"一、坐骨神经干标本的制备"。

2. 连接实验装置

（1）将刺激电极、引导电极与计算机相连，然后在分别与神经标本盒相连（图 4-3）。取一根制备好的坐骨神经，放置于神经标本盒的电极上，注意神经的近中枢端置于刺激电极上，远中枢端置于引导电极上，放置过程中保证神经和电极接触良好，不要使神经折叠、缠绕。

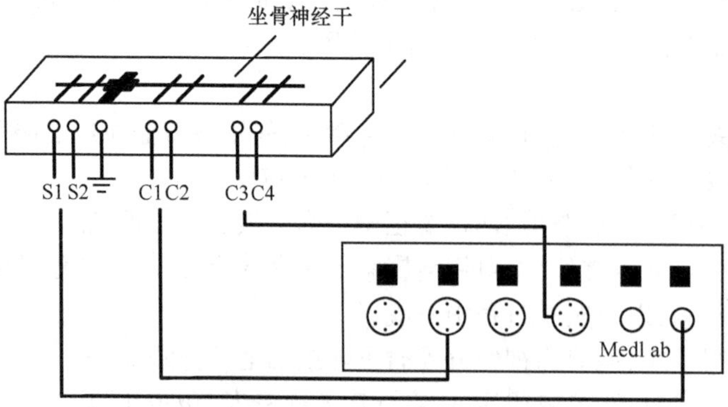

图 4-3　观察神经干动作电位及传导速度的装置图

（2）打开计算机，进入 Biolap 菜单条→实验项目（单击）→肌肉、神经实验→神经干动作电位引导（单击）。

3. 实验观察与测定

(1) 双相动作电位：仔细观察双相动作电位波形，并注意观察神经干动作电位的幅度在一定范围内随刺激强度变化而变化的现象，同时找出最适刺激（能够使神经干中全部纤维兴奋的最小有效刺激）；观察把神经干标本放置方向倒换后，双相动作电位波形有何变化；观察把引导电极两端调换位置后，双相动作电位波形有何变化（图4-4）。

(2) 单相动作电位：用镊子将两个记录电极之间的神经夹伤或用药物（如普鲁卡因，procaine）阻断，可观察到单相动作电位（图4-4）。

图4-4　神经干的动作电位

A. 双相动作电位；B. 单相动作电位

【注意事项】

1. 神经干分离过程中注意神经的保护，分离成后，应在任氏液内浸泡10min以上。

2. 放置于电极上时，神经干标本需经常用林格液湿润，严防标本干燥，但不能附有水珠，过多的林格液要用棉球吸去。

3. 使神经干与刺激电极、接地电极、引导电极均接触良好。

4. 位于刺激电极和记录电极外侧端的神经干及棉线要尽量短，不可与屏蔽盒接触，更不要缠绕在电极上。

【思考题】

1. 为什么记录到的双相动作电位的第一相和第二相的波形、幅值不对称？

2. 分析双相动作电位和单相动作电位的产生原理。两者在时程和幅度上有何不同？

3. 如果神经干标本足够长（可达10cm）。刺激电极和记录电极之间的距离足够长，所记录的动作电位可出现数个波峰，请解释这些波产生的原因？

4. 为什么在一定范围内，神经干动作电位的幅度随着刺激强度增大而增大？这与动作电位产生的"全或无"现象有无矛盾？

5. 倒换神经干标本的放置方向会不会影响实验结果？

6. 如果用单根神经纤维重复上述实验结果如何？

【附录】刺激伪迹和动作电位的区别（表4-1）

表4-1　刺激伪迹和动作电位的区别

刺激伪迹	动作电位
首先出现	出现较迟
振幅随刺激强度的增大而增加	振幅仅在一定范围内随刺激强度增大而增加
改变刺激信号的极性，伪迹的位相随之改变	改变刺激信号的极性位相不变
调节可变电阻器，可改变伪迹大小	调节可变电阻器，动作电位不变
用一沾湿任氏液的细棉线代替神经标本，伪迹依然存在	用同样的方法后，动作电位消失

神经标本屏蔽盒

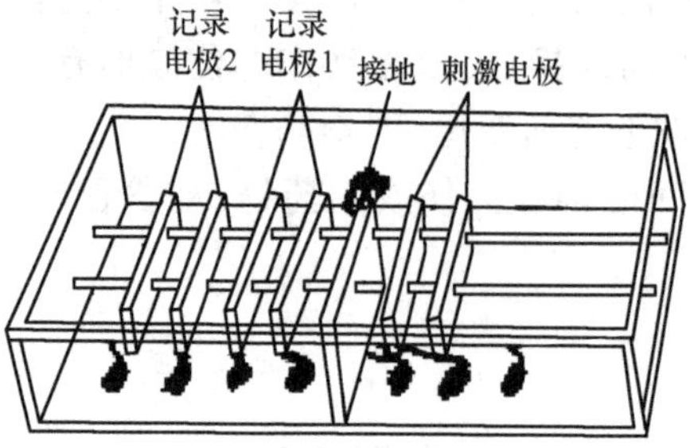

图 4-5 神经标本盒

1. 结构 在进行蟾蜍坐骨神经干动作电位、兴奋不应期以及传导速度的测定实验中，为了保持神经干的良好机能状态。必需使用神经标本盒（图 4-5）。标本盒通常用有机玻璃制成，盒内有两根导轨，导轨上有 5 ~ 7 个装有银丝电极的有机玻璃滑块，电极滑块可以在导轨上随意移动，用以调节电极间的距离。每个电极滑块通过导线与标本盒侧壁的一个接线柱相联，其中一对作刺激电极，1 ~ 2 对作记录电极，记录电极与刺激电极间的电极接地。有的标本盒盒盖上装有小尺，用以测量电极间的距离。

2. 使用及注意事项 ①滑块电极的银丝必需保持清洁，如有污垢可用浸有任氏液的棉球轻轻擦拭，仍不能清除时，可用细砂纸轻轻擦净。②移动滑块电极时动作要轻，以免将电极与接线柱间的导线弄断。③实验时标本应经常保持湿润，标本安好后应将上盖盖好。标本两端的扎线要悬空。

三、神经干兴奋传导速度的测定

【实验目的】

加深理解兴奋传导的概念，了解神经兴奋传导的速度及其测定方法。

【实验原理】

神经纤维兴奋的标志是产生一个可以传播的动作电位。动作电位在神经纤维（nerve fiber）上的传导有一定的速度。不同类型的神经纤维，其传导速度（conduction velocity）各不相同，取决于神经纤维的直径、有无髓鞘、环境温度等因素。蛙类坐骨神经干中以 Aα 类纤维为主，传导速度为 35 ~ 40m/s。测定神经冲动在神经干上传导的距离（D）与通过这段距离所需的时间（t），即可根据 $V=D/t$ 求出神经冲动的传导速度。

【实验对象】

蟾蜍或青蛙。

【实验器材与药品】

计算机、生物机能实验系统、神经标本盒、蛙板、玻璃板、蛙类手术器械一套、滴管、培养皿、蛙钉、污物缸、棉线、任氏液（林格液）。

【实验步骤】

1. 制备坐骨神经干标本（参照一、坐骨神经干标本的制备）。

2. 将刺激电极与计算机相连，将两对引导电极输入连接至计算机上的一、二通道，然后再分别与神经标本盒相连。

3. 取一根制备好的坐骨神经，放置于神经标本盒的电极上，注意神经的近中枢端置于刺激电极上，远中枢端置于两对引导电极上，放置过程中保证神经和电极接触良好。

4. 打开计算机，进入 Biolap 菜单条→实验项目（单击）→肌肉、神经实验→神经干兴奋引导（单击），输入两对引导电极之间的距离（R1-R2），确定后启动刺激，则在一、二通道可分别观察到一个动作电位，同时系统自动测算动作电位在两对引导电极之间传播的时间（t），计算出传导速度并显示在屏幕上。

【思考题】

1. 用盛有冰块或冰水的小试管靠近该段神经干 1 ~ 2min，再测定传导速度会发生什么变化？

2. 为什么两对引导电极记录到的双相动作电位的幅度、时程和形状上有差异？

3. 神经干的传导速度受哪些因素的影响？

四、神经兴奋不应期的测定

【实验目的】

学习利用双脉冲刺激方式来观察坐骨神经干动作电位的绝对不应期和相对不应期期，理解可兴奋组织的兴奋性在兴奋过程中的变化。

【实验原理】

神经与肌肉等可兴奋组织在一次兴奋之后，其兴奋性要经历一个规律的时相变化，依次是绝对不应期、相对不应期、超常期和低常期，然后才恢复到正常的兴奋性水平。在兴奋的最初阶段，任何强的刺激也不能再引起组织兴奋，称之为绝对不应期(absolute refractory period)。此后是对较强的刺激才能引起组织兴奋的相对不应期(relative refractory period)，随后经历一段较长的超常期(supranormal period)与低常期(subnormal period)，组织的兴奋性才逐渐恢复。为了测定神经干在兴奋过程中的兴奋性变化，可先给一条件性刺激以引起神经兴奋，然后再用另一检验性刺激在前一兴奋的不同时相给予刺激，观察神经对检验性刺激反应的阈值以及所引起的动作电位的幅度，即可观察到这种兴奋性的变化过程。

【实验对象】

蟾蜍或青蛙。

【实验器材与药品】

计算机、生物机能实验系统、神经标本盒、蛙板、玻璃板、蛙类手术器械一套、滴管、培养皿、蛙钉、污物缸、棉线、任氏液(林格液)。

【实验步骤】

1. 制备坐骨神经干标本　参照一、坐骨神经干标本的制备。

2. 连接实验装置

(1) 将刺激电极、引导电极与计算机相连，然后再分别与神经标本盒相连。取一根制备好的坐骨神经，放置于神经标本盒的电极上，注意神经的近中枢端置于刺激电极上，远中枢端置于引导电极上，放置过程中保证神经和电极接触良好，不要使神经折叠、缠绕。

(2) 打开计算机，进入 Biolap 菜单条→实验项目(单击)→肌肉、神经实验→神经干动作电位不应期引导(单击)。

3. 神经兴奋不应期的测定　调节幅度(amplitude)至最大刺激，引导出双相动作电位。观察屏幕上条件性刺激和检验性刺激引起的两个动作电位，当后一个动作电位的幅度开始降低时表明检验性刺激已进入第一次兴奋的相对不应期，若后一个动作电位完全消失表明检验性刺激已进入第一次兴奋的绝对不应期，减少间隔进一步观察上述现象。

【思考题】

(1) 后一个动作电位能否变大？

(2) 绝对不应期的生理意义是什么？

(3) 为什么说本实验测得的不应期只是神经纤维不应期的近似值？

(朱　亮)

实验二　电刺激与骨骼肌收缩的关系

一、刺激强度对骨骼肌收缩的影响

【实验目的】

学习蟾蜍坐骨神经干腓肠肌标本制备的基本操作技术，观察刺激强度对骨骼肌收缩幅度的影响。

【实验原理】

可兴奋组织受到刺激时首先产生动作电位，之后不同可兴奋组织有不同的表现，如肌肉收缩、腺体分泌、神经冲动。本次实验中，从神经接受刺激到肌肉收缩要经历动作电位（action potential）在神经干（nerve trunk）上的产生、沿着神经干传导、神经-肌接头（neuromuscular junction）的兴奋传递、骨骼肌的兴奋-收缩偶联（excitation-contraction coupling of a skeletal muscle）等一系列过程，才能引发肌肉收缩。所以严格来讲收缩并不是肌肉的兴奋性。兴奋性就是指产生动作电位能力。

引起动作电位的刺激有三个变量：刺激强度、刺激持续时间、强度对时间的变化率。若要观察一个变量的影响，就需将另外两个固定。通常情况下，刺激持续时间、强度对时间的变化率不变，此时刺激的大小取决于刺激的强度。能使组织发生兴奋的最小刺激强度，称为阈强度（threshold intesity）或阈值（threshold），此时的刺激称为阈刺激（threshold stimulus）。阈强度或阈值是衡量可兴奋组织兴奋性高低的客观指标，阈值的大小和兴奋性成反比。

本实验中，腓肠肌是由许多肌纤维组成的，各条肌纤维的兴奋性高低并不相同。实验中，采用单一方波电刺激直接（或通过神经间接）刺激腓肠肌时，如刺激强度太弱，则不能引起肌肉收缩，只有达到一定强度时，才能引起肌肉发生最微弱的收缩。这种刚能引起肌肉最小收缩反应的最小刺激强度称阈强度，此刺激称阈刺激，这时引起的肌肉收缩称阈收缩，此时只有少数兴奋性较高的肌纤维产生了收缩。以后随着刺激强度的增加，越来越多的肌纤维被兴奋，肌肉收缩也相应的逐步增大，这时刺激的强度超过阈值故称为阈上刺激。当刺激强度增大至某一数值时，整块肌肉中所有可兴奋的肌纤维均产生了兴奋，肌肉出现最大收缩反应。此时如再继续增加刺激强度，肌肉收缩却不再增大。这种能使肌肉发生最大收缩反应的最小刺激强度的刺激称为最适刺激。此时如继续增大刺激强度，肌肉的收缩不再增加。超过最适刺激的刺激包括最适刺激称为最大刺激。最大刺激引起的肌肉收缩称最大收缩。

【实验对象】

蟾蜍或青蛙。

【实验器材与药品】

计算机、生物机能实验系统、张力换能器、肌动器、蛙板、玻璃板、蛙类手术器械一套（粗剪刀、手术剪、大、小镊子各一把、金属探针一根、玻璃分针二根）、铁架台、双凹夹、滴管、培养皿、蛙钉 4 枚、污物缸、棉线、任氏液（林格液）。

【实验步骤】

1. 制备坐骨神经腓肠肌标本　步骤 1 ~ 4 方法同本章实验一。

（1）破坏脑和脊髓。

（2）剪除躯干上部及内脏。

(3) 剥皮。

(4) 分离双后肢。

(5) 制备坐骨腓肠肌神经标本。

分离坐骨神经:取一后肢放置在蛙板上的玻璃片上,用一蛙钉将标本的脊柱固定在蛙板上(腹面朝上),将下肢拉直并向外旋转趾蹼朝上,蛙钉固定。用玻璃针沿脊柱侧游离坐骨神经腹腔部;沿坐骨神经沟(股二头肌及半膜肌之间的裂缝处),找出坐骨神经,用玻璃针小心剥离坐骨神经大腿部,向上把梨状肌及其附近的结缔组织剪断和坐骨神经腹腔部汇合,向下分离至腘窝(图4-6)。

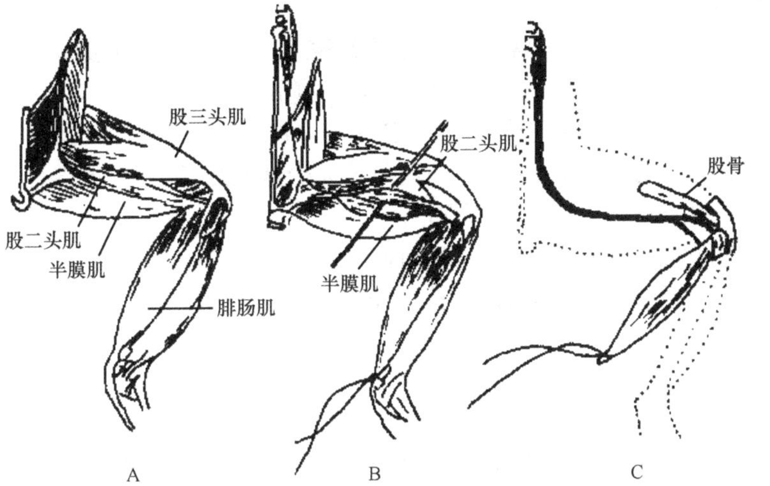

图4-6 分离坐骨神经腓肠肌标本

分离腓肠肌:用玻璃分针或镊子将腓肠肌跟腱分离,穿线结扎。在结扎远端用粗剪刀剪断跟腱,左手执线提起腓肠肌,以手术剪刀剪去其周围联系的组织,但保留腓肠肌起始点与骨的联系,唯须注意勿损伤支配该肌的神经分支。

游离坐骨神经腓肠肌标本:近脊柱处穿线结扎坐骨神经,结扎线以上切断坐骨神经,手执结扎神经的线将神经轻轻提起,剪断坐骨神经的所有分支,并将神经一直游离至膝关节处,游离好的神经放置在腓肠肌上。将该后肢股部所有肌肉从膝关节起沿股骨剥离并剪去,以粗剪刀在股骨上中1/3处剪断股骨,在膝关节下将小腿剪掉,留下的即为坐骨神经腓肠肌标本,置于任氏液中泡浸10~15min(图4-7)。

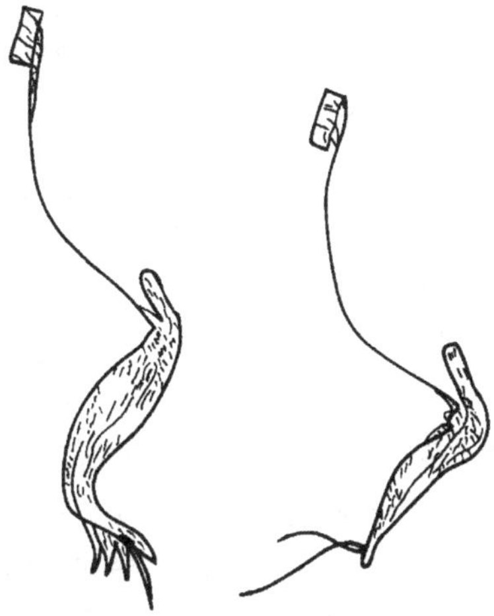

图4-7 坐骨神经腓肠肌标本

2. 连接实验装置

(1) 将标本的股骨残端固定于肌动器的螺旋孔内,将跟键与张力换能器悬臂的着力点用丝线连接,通过调节张力换能器在铁架台上的位置,调整丝线紧张度,使腓肠肌处于自然拉长的长度(注意:此丝线不宜太紧或太松,并应与桌面垂直)。

(2) 将张力换能器输入端连接计算机,打开计算机,进入Biolap菜单条→实验项目(单击)→肌肉、神经实验→刺激强度与反应的关系(单击),出现对话框,填入合适的数据后点击"OK"进入实验,实验方式可选择程控。

3. 实验观察与测定

(1) 同时观察计算机的生物信号显示窗口和肌肉,可见刺激强度小时,肌肉无收缩反应计算机上也无收缩信号,此时为阈下刺激,随着刺激强度的加大,刚能观察到肌肉收缩反应和记录出收缩信号时的刺激为阈刺激,以后肌肉收缩反应和收缩信号高度逐渐增加,直到连续三四个收缩的高度不再随着刺激强度的加大而加高为止。

(2) 调节最小刺激强度和刺激强度增量等参数,进一步观察阈下刺激、阈刺激、阈上刺激、最适刺激、最大刺激、阈收缩、最大收缩等。

【注意事项】

1. 神经分离需用玻璃分针,分离过程中操作必须精细,避免用金属器械碰夹神经,以免损伤。
2. 所用的器械要洁净,接触蟾蜍皮肤的用具必须洗净后使用。
3. 坐骨神经腓肠肌标本置于任氏液中泡浸 10 ~ 15min 后在进行实验。
4. 每次刺激前如有肌肉收缩,则待肌肉收缩完全恢复至基线后,再进行下一次刺激,使每次肌肉收缩的曲线起点均在同一水平上。
5. 每两次刺激之间要让肌肉休息半分钟。
6. 应经常用任氏液湿润标本,以保持良好的兴奋性。
7. 不进行记录时应避免不必要的刺激。

【思考题】

1. 骨骼肌的收缩与刺激强度之间的关系如何?
2. 为什么在阈刺激和最大刺激之间,骨骼肌收缩会随刺激强度的增强而增强?
3. 本节课讲的阈刺激与理论课上讲的阈刺激,两个概念有何区别?
4. 如果用单根肌纤维重复上述实验结果如何?

二、刺激频率对骨骼肌收缩的影响

【实验目的】

观察刺激频率和肌肉收缩形式之间的关系,从而认识机体在自然状态下肌肉的收缩形式、产生机制及其生理意义。

【实验原理】

收缩是肌肉兴奋的外在表现。肌肉收缩(contraction of muscle)有两种形式,即等长收缩和等张收缩。给活的肌肉一个短暂的有效刺激,肌肉会发生一次等长或等张收缩,此称为单收缩(single contraction)。单收缩的全过程可分为潜伏期、收缩期和舒张期。其具体时间和收缩幅度可因不同动物和肌肉以及肌肉当时的机能状态的不同而有所不同。如蛙腓肠肌的单收缩共历时约 0.12s,其中潜伏期约 0.01s,收缩期约 0.05s,舒张期约 0.06s。若给肌肉相继两个有效刺激,且使两个刺激的间隔时间小于该肌肉单收缩的总时程,则引起肌肉的收缩可以总和起来,出现一连续的收缩,称之为复合收缩(complex contraction)。当给肌肉一串有效刺激时,可因刺激频率不同,肌肉呈现不同的收缩形式。如果刺激频率很低,即相继两个刺激的间隔时间大于单收缩的总时程,肌肉出现一连串的在收缩波形上彼此分开的单收缩。若逐渐增大刺激频率,使后一个刺激总是落在前一个刺激引起的肌肉收缩的舒张期,肌肉则呈现锯齿状的收缩波形,称之为不完全强直收缩(incomplete tetanus)。再增大刺激频率使后一个刺激总是落在前一次肌肉收缩的收缩期,肌肉将处于完全的持续的收缩状态,看不出舒张的痕迹,称之为完全强直收缩(complete tetanus)。强直收缩的幅度大于单收缩的幅度,并且在一定范围内,当保持刺激的强度和作用时间不变时,肌肉的收缩幅度随着刺激频率的增大而增大。

【实验对象】

蟾蜍或青蛙。

【实验器材与药品】

计算机、生物机能实验系统、张力换能器、肌动器、蛙板、玻璃板、蛙类手术器械一套(粗剪刀、手术剪、大、小镊子各一把、金属探针一根、玻璃分针二根)、铁架台、双凹夹、滴管、培养皿、蛙钉 4 枚、污物缸、棉线、任氏液(林格液)。

【实验步骤】

1. 制备坐骨神经腓肠肌标本　参照本章实验一。

2. 连接实验装置　参照本章实验一。

3. 实验观察与测定

(1) 进入 Biolap 菜单条→实验项目(单击)→肌肉、神经实验→刺激频率与反应的关系(单击),出现对话框,选择"现代实验"或"经典实验"已程控方式进入实验。同时观察肌肉收缩反应和计算机记录的肌肉收缩信号随刺激频率变化而变化的现象,观察单收缩、不完全强直收缩、完全强直收缩(图 4-8)。

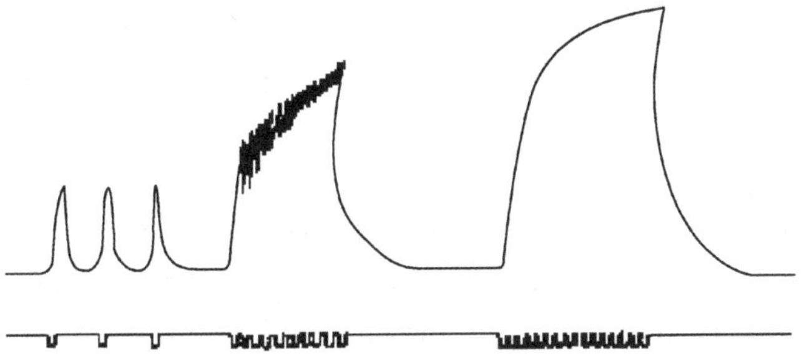

图 4-8　不同频率对肌肉收缩的影响

A. 单收缩;B. 不完全强直收缩;C. 完全强直收缩

(2) 手动调节刺激强度和刺激频率等参数,进一步观察单收缩、不完全强直收缩、完全强直收缩等。

【思考题】

1. 在观察刺激频率对骨骼肌收缩的影响时,选择多大的刺激强度?为什么?

2. 为什么完全强直收缩的曲线高度要高于单收缩?

3. 如果用单根肌纤维重复上述实验结果如何?为什么?

4. 如果用蟾蜍的心肌重复上述实验结果如何?为什么?

(朱　亮)

实验三　蟾蜍心脏实验

一、期前收缩与代偿间歇

【实验目的】

(1) 学习蛙类在体心脏活动曲线的描记方法。

（2）观察蟾蜍心脏在心动周期的不同时间点接受刺激后的不同反应，验证心脏兴奋性变化的规律。

（3）掌握期前收缩与代偿间歇的概念及产生机制。

【实验原理】

心肌属横纹肌，是可兴奋细胞的一种，能够产生动作电位（action potential，AP），具有兴奋性。心肌在兴奋后，其兴奋性具有周期性的改变，先后经历有效不应期（effective refractory period，ERP）、相对不应期（relative refractory period，RRP）和超常期（supernormal period）。ERP 指的是在一次 AP 产生后的一段时间内（从 0 期去极化开始到 3 期复极化达-60mV，时程约 200 ms），无论给予多么大的刺激，心肌细胞不能再次产生可扩播的动作电位，即心肌细胞不能再兴奋。

心肌从 AP 产生到收缩的生理过程称为兴奋-收缩耦联。心肌的兴奋-收缩耦联主要通过细胞内 Ca^{2+}浓度升高，引发肌丝滑行完成。心肌细胞胞浆内的 Ca^{2+}来源于细胞外和肌浆网，其中细胞外 Ca^{2+}在 AP 的“2 期”平台期流入胞浆，进而激活位于肌浆网上的 Ca^{2+}通道，肌浆网内的 Ca^{2+}顺浓度梯度流入胞浆，使胞浆 Ca^{2+}浓度升高，引发肌丝滑行、启动心肌的收缩活动。这一过程中，心脏机械活动的整个收缩期以及舒张早期均处在心肌长达 200 ms 的 ERP 内。因此，在一次收缩的收缩期和舒张早期，心肌不能再次对刺激作出反应，只有在进入舒张中晚期时（此时心肌的兴奋性处在相对不应期或超常期），心肌才能再次接受刺激产生兴奋，继而引发收缩。

心肌除了具有兴奋性的特点外，还具有自律性。窦房结（两栖类为静脉窦）作为心脏的起搏点发出节律性的窦性兴奋冲动，使得心肌出现节律的收缩活动。如果在一次机械活动的舒张早期之后和下一次窦性兴奋冲动到达之前，心肌受到一次额外的刺激，心脏可出现一次提前的兴奋和收缩，称为期前兴奋（premature excitation）和期前收缩（premature systole）。同样，期前兴奋也具有 ERP，如果紧跟期前兴奋之后的窦性兴奋冲动刚好落在该期前兴奋的 ERP 内，则这个窦性节律也不能使心肌产生 AP。心肌不能收缩，停留在舒张状态，直至下一次正常的窦性兴奋到达时，心肌才能兴奋和收缩，这个较长的舒张期称为代偿间歇（compensatory pause）。

【实验对象】

蟾蜍。

【实验器材和药品】

1. 仪器设备　电子计算机、生物机能实验系统、张力换能器、刺激电极。

2. 器械　蛙类手术器械（粗剪刀、手术剪、大、小镊子各一把、金属探针一根、玻璃分针二根）、铁架台、双凹夹。

3. 试剂与药品　任氏液。

4. 其他　蛙板、蛙心夹、小试管、滴管、丝线。

【实验步骤】

1. 暴露蟾蜍心脏

（1）取蟾蜍一只，探针捣毁其脑和脊髓，仰卧位固定于蛙板上。

（2）由剑突处向两锁骨肩峰端呈倒三角形剪开皮肤，然后沿胸骨打开胸腔，用眼科剪剪开心包，充分暴露心脏，观察蛙心的解剖结构（图 4-9）。观察心脏背面，蟾蜍心脏的起搏点静脉窦位于下方，在心房与静脉窦之间有一条白色半月形的窦房沟。认清静脉窦、心房和心室后，仔细观察并记录其搏动的顺序（窦→房→室）和各自的搏动频率。

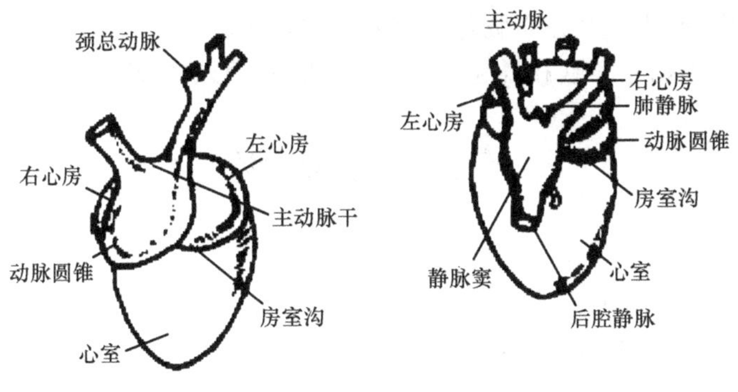

A. 腹面观　　B. 背面观

图 4-9　蛙心外观示意图

2. 连接仪器　用连接丝线的蛙心夹在心舒张期夹住心尖,连线缚于张力换能器的簧片上,调节换能器的高度和位置,使连线垂直于桌面,并与心轴一致,松紧适度。将与计算机连接的一对刺激电极分别与蛙心夹和蟾蜍相连。

3. 记录心脏收缩曲线并引出"期前收缩"、观察"代偿间歇"

(1) 打开计算机,进入生物机能实验系统菜单条→实验项目→循环系统→期前收缩与代偿间歇。调节刺激频率为单刺激,可在信息显示窗记录收缩的强度、波宽和频率。

(2) 记录正常的心脏收缩曲线,并观察心房收缩波和心室收缩波。

(3) 分别在心室收缩期和舒张期的早、中、晚期刺激心室(注意每一次刺激后,要待心跳曲线恢复正常之后再给刺激)。观察心跳曲线有何变化?注意能否引起期前收缩,它的后面是否出现代偿间歇?(图 4-10)

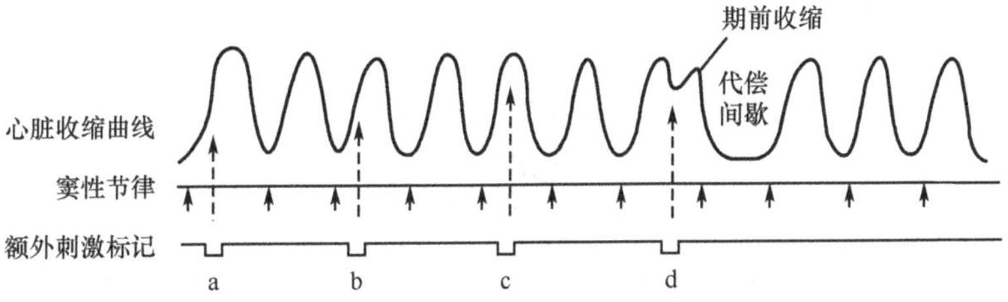

图 4-10　期前收缩与代偿间歇示意图

额外刺激 a、b、c 落在收缩期内,即有效不应期内,不能引起反应;额外刺激 d 落在舒张早期之后,即相对不应期内,引起期前收缩;随之而来的节律刺激落在期前收缩的有效不应期之内,出现长的间歇期,即代偿间歇

【注意事项】

1. 捣毁蟾蜍脑和脊髓要完全。
2. 蛙心夹在舒张期夹住心尖,夹的次数过多可能损伤心脏。
3. 实验过程中经常用任氏液湿润心脏。
4. 避免与心室连接的刺激电极短路。
5. 选择适当强度的阈上刺激。可先用刺激电极刺激蟾蜍的腹壁肌肉,以检测强度是否适宜。

【思考题】

1. 期前收缩后是否一定会出现代偿间歇?为什么?
2. 心肌有效不应期长有何生理意义?
3. 期前收缩的幅度可能会高于或低于正常收缩,为什么?

4. 在实验操作中，为什么在心脏舒张期内夹蛙心夹？

5. 如果在实验中蟾蜍的脑和脊髓捣毁不全，会如何影响实验结果？

二、蛙心灌流

【实验目的】

1. 学习离心蛙心灌流的方法。

2. 通过改变灌流液中的成分，观察内环境变化对心脏收缩功能的影响。

【实验原理】

内环境指细胞生存的环境，即细胞外液。心肌细胞的正常节律性活动需要一个适宜的内环境。内环境的变化，如温度、pH、钠、钾、钙等离子浓度以及神经递质和激素水平的改变，都会影响心肌的电生理特性，进而影响心肌的收缩功能。

离体心脏灌流是在有控制的条件下研究体液因素以及药物对心肌作用的重要实验方法。两栖类动物心脏无冠状循环，心肌的血液供应直接来自心室腔，灌流时套管插入心室腔内，因此改变灌流液的成分则直接改变了心肌细胞的内环境，使心肌的收缩功能发生改变。

本实验是将蛙心离体后，用人工配制的理化特性近似蛙血浆的任氏液灌流。在一定时间内，离体蛙心可保持节律性的收缩和舒张。实验中改变任氏液中 Ca^{2+} 和 K^{+} 的浓度、或向任氏液中加入肾上腺素或乙酰胆碱等成分，进而观察心脏收缩力及心率的改变，讨论其机制。

【实验对象】

蟾蜍。

【实验器材与药品】

1. 仪器设备　电子计算机、生物机能实验系统、张力换能器。

2. 器械　蛙类手术器械、铁架台、双凹夹。

3. 试剂与药品　任氏液、0.65% NaCl 溶液、2% $CaCl_2$ 溶液、1% KCl 溶液、1∶10 000 肾上腺素(Adr)溶液、1∶10 000 乙酰胆碱(ACh)溶液。

4. 其他　蛙板、蛙心夹、蛙心插管、试管夹、小烧杯、滴管、丝线、玻璃分针。

【实验步骤】

1. 手术操作

(1) 取蟾蜍一只，捣毁其脑脊髓、暴露心脏。

(2) 将心脏上翻，仔细识别心房、心室、动脉圆锥、主动脉、静脉窦、前后腔静脉等。

(3) 在主动脉干下穿一根线，打活结备用。左手持眼科镊提起左主动脉，右手眼科剪在左主动脉上靠近动脉圆锥处剪口，将充有任氏液的蛙心插管由此插入主动脉(图 4-11)。插至动脉圆锥时略向后退，尖端转向蟾蜍的背侧及左下方，于心脏收缩期插入心室内(不可插入过深，以免心室壁堵住插管下口)。插管若成功进入心室、管内液面会随着心室跳动而上下波动。此时可将预备好的活结扎紧，然后在插管上的小钩上再次结扎固定。

(4)提起插管(提的尽量高，保证结扎静脉时可以避开静脉窦)。取一段丝线，在静脉窦远端做结扎。扎半个结的时候观察蛙心是否仍然跳动，如果停止跳动则解开线结，重新结扎。

(5) 在线结远端剪断左右肺静脉和前后腔静脉，再剪断左主动脉和右主动脉将心脏离体。用滴管吸净插管内余血，加入新鲜任氏液。反复换洗数次，直至液体完全澄清。保持灌流液面高度恒定(1 ~ 2cm)，即可进行实验。

2. 实验装置连接(图4-12) 用连有丝线的蛙心夹在心舒期夹住心尖部。将蛙心插管用试管夹固定于铁架台上,蛙心夹的连线连接在张力换能器的簧片上。换能器的输出线与计算机的"输入"端相连。打开计算机,进入生物机能实验系统菜单条→实验项目→循环系统→蛙心灌流。

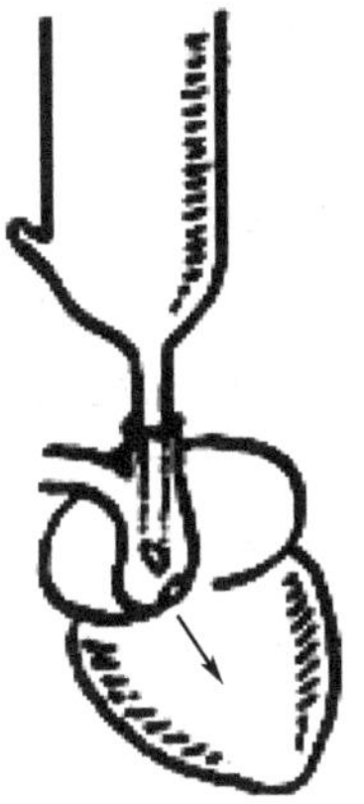

图4-11 插管插入心室示意图

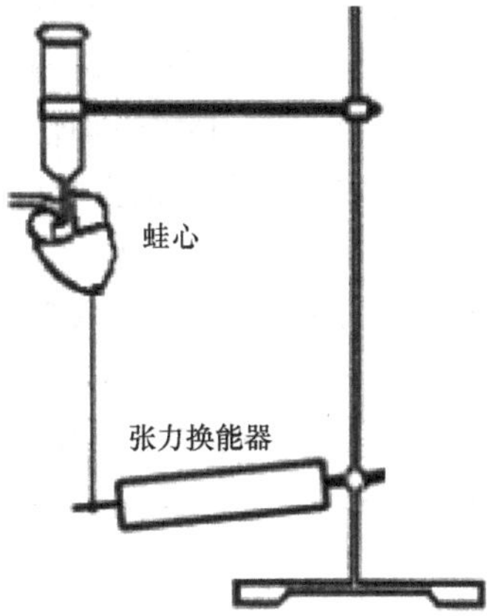

图4-12 仪器连接示意图

3. 观察与纪录

(1) 描记正常蛙心收缩曲线(图4-13):曲线幅度代表心脏收缩的强度;曲线疏密代表心率;曲线的基线代表心室舒张的程度。

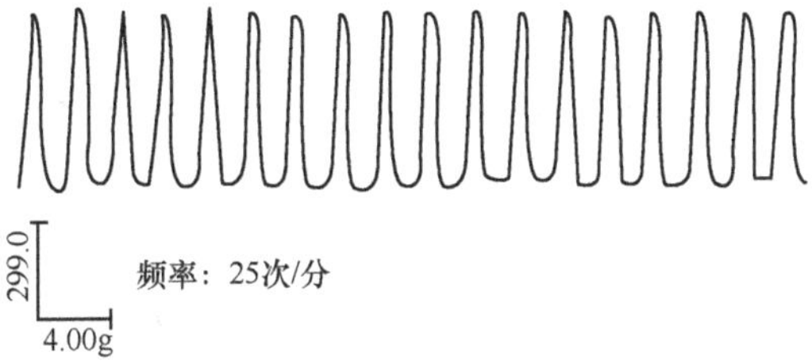

图4-13 正常离体心肌收缩曲线

(2) 观察内环境的改变对心肌收缩活动的影响

1) 吸出插管内全部灌流液,换为0.65% NaCl至原来液面高度,观察心脏收缩曲线变化,待效应明显后,吸出灌流液,用新鲜任氏液换洗2~3次,直至心缩曲线恢复正常。

2) 加入正常任氏液至原来的液面高度,向其中加入1~2滴2% $CaCl_2$,观察心脏收缩曲线的变化。变化出现后,用新鲜任氏液换洗2~3次至曲线恢复正常。

3) 加入正常任氏液至原来的液面高度,向其中加入1~2滴1% KCl,观察心脏收缩曲线的变化。变化出现后,用新鲜任氏液换洗2~3次至曲线恢复正常。

4) 加入正常任氏液至原来的液面高度,向其中加入2~3滴1∶10 000 Adr,观察心脏收缩曲线的变化。变化出现后,用任氏液换洗至曲线恢复正常。

5) 加入正常任氏液至原来的液面高度,向其中加入1~2滴1∶10 000 ACh,观察心脏收缩曲线的变化。

【注意事项】

1. 蛙心夹应一次夹住心尖,夹多次易损伤心脏。

2. 整个实验过程中,为排除心肌前、后负荷对心脏收缩的影响,应使插管内的任氏液液面保持在同一高度。

3. 每次实验现象出现后应及时更换任氏液，待收缩曲线恢复平稳后再进行下一次实验，以免上一次实验的因素干扰实验结果。

4. 在给予新的影响因素时，要及时在电脑屏幕上做好标记。

5. 每进行一项实验时，先记录一段正常对照曲线，然后再加入待试液，并记录其效应。

6. 注意滴加任氏液于心脏表面使之保持湿润。

7. 在实验过程中，不要变动基线位置及放大倍数、扫描速度等参数。

【思考题】

1. 在蟾蜍心脏的灌流液中加入2% $CaCl_2$ 与加入1∶10 000 Adr所引起的心脏收缩力变化有何异同？为什么？

2. 蛙心插管内灌流液的液面高度是心肌收缩的什么负荷？为什么？

3. 正常体内Adr、ACh等化学物质来自何处？生理作用是什么？

（吴　琼）

实验四　人体实验

一、人体动脉血压的测定

【实验目的】

学习间接法（袖带法）测定动脉血压的原理和方法，观察正常情况下，某些因素（体位、运动等）对动脉血压的影响，掌握人体正常血压及脉压的标准。

【实验原理】

血压是指血管内流动的血液对血管壁的侧压力。动脉血压（arterial blood pressure）是指主动脉、肱动脉、股动脉等较大动脉中的血压而言。测量血压的方法可分为直接法和间接法两种。在人体通常多选用间接法，因直接法属有创性检查，除动物实验、危重患者及大手术血压监测等特殊需要外，一般不采用。

测定人体动脉血压最常用的方法是间接测压法，即使用血压计利用袖带在动脉外加压，根据血管音的变化来测量动脉血压。该法利用袖带压迫动脉使动脉血流发生湍流并产生血管音，通过听诊器听取血管音来测量血压。通常血液在血管内流动时并没有声音，但如给血管以压力而使血管变窄形成血液涡流时则可发生声音（即血管音、动脉搏动音、*Korotkoff* sounds）。用袖带在上臂给肱动脉加压，当外加压力超过动脉的收缩压时，动脉血流完全被阻断，此时用听诊器在肱动脉处听不到任何声音，也触不到桡动脉的脉搏。如外加压力低于动脉的收缩压而高于舒张压时，则心脏收缩时，动脉内有血流通过，心脏舒张时则无，血液断续地通过血管，形成涡流而发出声音。当袖带内压力越接近于舒张压时，通过的血量越多，并且血流持续时间越长，听到的声音越来越强而清晰。当外加压力降至等于或低于舒张压瞬间，血管内血流便由断续变为连续，声音突然由强变弱或消失，脉搏随之恢复正常，故恰好可以完全阻断血流所必需的最小管外压力（即发生第一次声音时）相当于收缩压（systolic pressure）。在心舒张时有少许血流通过的最大管外压力（即音调突然降低或消失时）相当于舒张压（diastolic pressure）。

在正常情况下，人或哺乳动物的血压通过神经和体液调节保持其相对的稳定性。但是血压的稳定是动态的，是在不断地变化和调节中得到的，不是静止不变的。人体的体位、运动、呼吸以及温度等因素对血压均有一定影响。

【实验对象】

人。

【实验器材】

血压计、听诊器、手表。

【实验步骤】

1. 受试者准备 受试者端坐位，脱去一侧上臂衣袖（通常为右上肢），静坐 5min，放松肢体，平稳呼吸，稳定情绪。

2. 器械准备 松开血压计橡皮球上的螺旋阀，将袖带内的空气全部放出，再将螺丝旋紧。打开水银柱根部的开关。

3. 体位 将袖带裹于右上臂，其下缘应在肘关节上 2 ~ 3 cm 处，松紧应适宜，以能插入二指为宜。受试者手掌向上平放于台上，令上臂中段与心脏等高，即袖带应与右心房水平保持一致，上臂伸直并轻度外展。

4. 定位 在肘窝内侧部找到动脉搏动处，左手持听诊器的胸件不留缝隙地轻轻置于其上（图 4-14）。注意：不可用力下压。

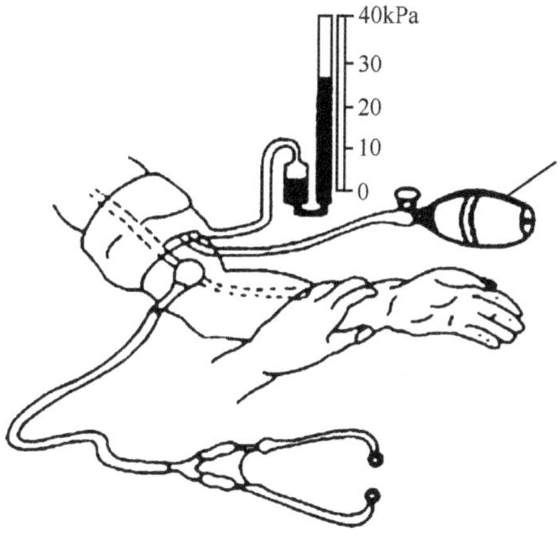

图 4-14 袖带法测量人体动脉血压模式图

5. 听取血管音变化 右手持打气球，向袖带内打气加压，此时注意倾听声音变化，在声音消失后再加压 30 mmHg（此为最大充气水平），然后旋开打气球之螺丝，逐渐缓慢放气，速度为 0. 27 kPa（2 mmHg）/秒（切勿过快），此时可听到血管音的一系列变化，声音从无到有，由低而高，而后突然变低，最后完全消失。然后扭紧打气球螺丝继续打气加压，反复听取声音变化 2 ~ 3 次。

6. 测量动脉血压 重复上一操作，同时注意血压计之水银柱和声音变化。在徐徐放气减压时，第一次听到血管音的水银柱高度即代表收缩压。在血管音突然由强变弱或消失时的水银柱高度即代表舒张压，收缩压与舒张压之差为脉压，记下测定数值后，将袖带内的空气放尽，使压力降至零。安静 2min 后，再重复测定 1 次，将测定值填于表 4-2 中。

7. 体位对血压的影响 体位改变反映重力对血液的影响发生变化，通过对血压的调节，保持适宜的器官血流量。

（1）受试者仰卧于实验床上，休息 5min 后测量其血压。

（2）受试者取立正姿势 15min，其间每隔 5min 测量血压一次，并将测量数值记入表 4-2。

8. 运动对血压的影响 让受试者作原地蹲起运动，1min 内完成 30 次，共做 2 min。运动后立即坐下，30s 测量血压一次，直至血压恢复正常。精确记录每次测量血压的时间，画出血压恢复过程与时间的函数关系曲线，并将变化最大的血压数值记入表 4-3。

9. 温度刺激对血压的影响 令受试者的手浸入 4℃ 的冷水中至腕部以上。经 30 ~ 60s 后，受试者取坐位，测量其血压，并记入表 4-1。注意：若血压升高小于 22 mmHg，则说明受试者为反应低下者。

10. 统计 实验结束后，分男、女两组，将每人运动前、后的收缩压与舒张压填于表 4-2

中。分别求出男生组、女生组运动前、后收缩压与舒张压的均数和标准差，并根据不同的公式进行男、女两组间和运动前、后收缩压、舒张压变化的检验，查出 P 值，看男、女两组和运动前、后血压的变化有无显著意义。

表 4-2　人体动脉血压测定值记录表

观察项目		血压(mmHg)		
		收缩压	舒张压	脉压
实验前(坐位)				
体位	仰卧			
	站立			
运动(原地蹲起运动)				
温度(4℃的冷水)				

注：水银柱式血压计

表 4-3　运动前后男女学生动脉血压记录表

序号	男生组				女生组			
	运动前		运动后		运动前		运动后	
	收缩压(mmHg)	舒张压(mmHg)	收缩压(mmHg)	舒张压(mmHg)	收缩压(mmHg)	舒张压(mmHg)	收缩压(mmHg)	舒张压(mmHg)
1								
2								
3								
4								
5								
6								
7								
8								
9								
均数								
标准差								
t 检验								
注：水银柱式血压计								
P 值								

【注意事项】

1. 测压时室内须保持安静，以利听诊。
2. 袖带缠绕要松紧适宜，并与心脏同一水平。
3. 听诊器胸件置于肱动脉上时不可压得太重，更不可塞在袖带下。
4. 重复测压时，须将袖带内空气放尽，使压力降至零位，而后再加压测量。
5. 发现血压超出正常范围时，应让受试者休息 10 min 后复测。受试者休息期间，可将袖带解下。
6. 血压计用毕，应将袖带内气体驱尽，卷好，置入盒内。将水银全部退回储槽内，关闭开关，以防水银泄露。

【思考题】

1. 试述哪些因素可影响血压的正确测定。
2. 正常男女成人的血压值范围是多少？你所测同学的血压是否正常？
3. 为什么听诊法测定血压过程中，听诊器胸件不应塞在袖带下？
4. 若袖带缠得太松可使得血压测量值偏高还是偏低？
5. 若受测者手臂位置高于心脏水平测得血压值怎样变化？
6. 血压计的种类都有哪些？

【附录】

1. 听诊法测量正常人体血压的血管音图(the *Korotkoff* sound diagram)　见图4-15。

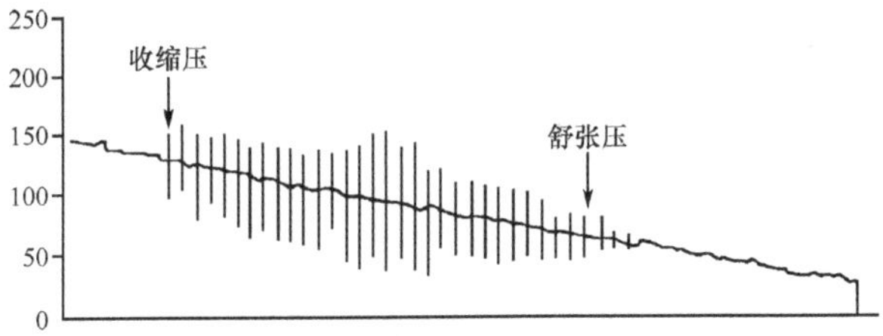

图4-15　听诊法测量正常人体血压的血管音图

2. 世界卫生组织和国际高血压联盟(WHO/ISH)高血压诊断分级标准　见表4-4。

表4-4　世界卫生组织和国际高血压联盟(WHO/ISH)高血压诊断分级标准

收缩压(mmHg)	舒张压(mmHg)	分级
<120	<80	理想血压
<130	<85	正常血压
130～139	85～89	正常高值
140～159	90～99	轻度高血压（1级）
160～179	100～109	中度高血压（2级）
≥180～209	≥110～119	重度高血压（3级）
≥140mmHg	<90mmHg	单纯收缩期高血压
140～90	<90	亚组：临界高血压

注：1999年WHO/ISH颁布

二、ABO血型的鉴定

【实验目的】

学习ABO血型的鉴定方法，观察红细胞凝集现象，掌握ABO血型鉴定原理。

【实验原理】

ABO血型系统是1900年奥地利维也纳大学的病理学助教Landsteiner发现和确定的人类第一个血型系统。ABO血型(blood group)鉴定的原理主要是根据红细胞膜上有无特异性抗原A或B来确定的，据此将血型分为A、B、AB、O四种。这种抗原(即凝集原，agglutinogen)受遗传因素决定。血清中还存在抗A或抗B抗体(即凝集素，agglitinin)。当A凝集原与抗A凝集素相遇或B凝集原与抗B凝集素相遇时，会发生红细胞凝集反应。输血时若血型不合会使红细胞发生凝集，引起血管阻塞和溶血反应，造成严重后果，所以在输血前必须进行血型鉴定。

血型鉴定可用红细胞凝集试验，通过正、反向定型准确鉴定ABO血型。正向定型（forward typing）：是用已知的抗A与抗B分型抗体来确定红细胞上有无相应的A抗原和B抗原；反向定型（reverse typing）：是用已知血型的红细胞如A细胞和B细胞来检测血清中有无相应的抗A或抗B抗体。同时进行正向定型和反向定型以确保血型鉴定的准确性（表4-5）。

ABO血型鉴定常用试管法、玻片法、微柱凝胶法。婴幼儿期红细胞血型抗原及血清抗体尚未发育完全，年老体弱者抗原性较弱，除用玻片法之外，必须再用试管法鉴定。

表 4-5 ABO 血型鉴定

分型抗体+待检者红细胞		受检者血型	待检者血清+诊断红细胞		
抗 A	抗 B		A 红细胞	B 红细胞	O 红细胞
-	-	O	+	+	-
+	-	A	-	+	-
-	+	B	+	-	-
+	+	AB	-	-	-

【实验对象】

人。

【实验器材与药品】

一次性采血针、载玻片、75%乙醇溶液棉球、竹签、记号笔、显微镜；标准抗A和抗B单克隆抗体（monoclonal antibody）。

【实验步骤】

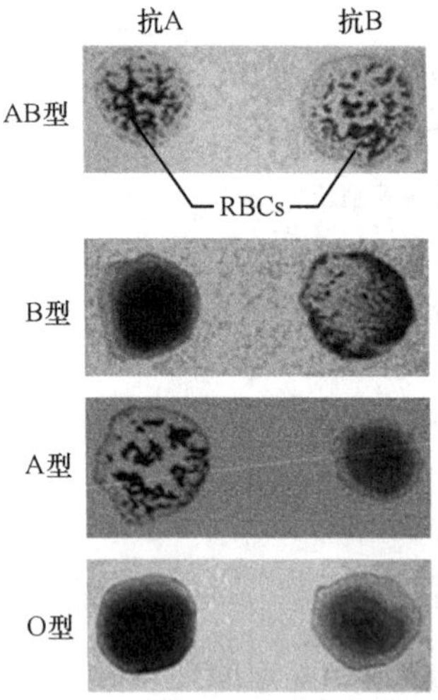

图 4-16 ABO 血型的鉴定方法

（1）取洁净载玻片一张，用记号笔在中央一分为二，在两端上角分别标明"A"和"B"，中央标记受试者。

（2）将抗A和抗B各1～2滴，滴在A端和B端玻片的两侧中央上。

（3）将双手洗净后，揉搓耳垂或指尖2～3 min，使其表面泛红。

（4）用75%乙醇溶液棉球消毒耳垂或无名指尖，用一次性采血针刺破皮肤，擦去第一滴血，待第二滴血流出时，用消毒竹签的两端各取少量血，分别涂在A端和B端玻片中的抗A和抗B中，用手前后摇动玻片，使血液与单克隆抗体充分混匀。

肉眼观察10 min之内有无凝集现象发生，若凝集现象不明显，可再用竹签混匀后适当延长判定时间，继续观察。肉眼不易分辨者用显微镜进一步观察。根据凝集现象的有无判定受试者的血型（图4-16）。若有疑问之处，可重新再检测一次。

【注意事项】

1. 耳垂、指端及竹签务必做好消毒准备。采血针做到一人一针，不能混用。使用过的物品（包括竹签）均应及时放入污物桶。

2. 抗原抗体反应需要合适的比例，故采血量勿过多；竹签两端要分清使用，采血后要迅速与抗体或标准血清混匀，以防血液凝固。

【思考题】

1. 如何区别血液凝集和血液凝固？二者的机制有何差别？

2. 根据你的血型，判断你能接受何种血型并且能够给何种血型供血？

3. O 型血的人曾被称为"万能供血者"，试根据 ABO 血型分型解释你对这一说法的理解。

4. 试根据父母的血型，写出后代的可能血型。

5. 已知某人为 A 型血，在没有标准 A、B 血清或单克隆抗 A 或抗 B 抗体条件下，是否能鉴定 ABO 血型？

三、红细胞计数

【实验目的】

了解红细胞计数的原理并掌握稀释法计算人体单位容积血液内红细胞数的方法。

【实验原理】

红细胞数的计数是使用血细胞计数板，由于血液中红细胞(red blood cell, RBC)的数量较多，难以应用直接计数法，故需要采用稀释法，即用适当的溶液将血液稀释后，将其放入血细胞计数板的计数室内，在显微镜下记录红细胞计数室中，一定容积血液稀释液中的血细胞个数，再将所得的结果换算为每升血液中的红细胞数。

【实验对象】

人。

【实验与药品器材】

血细胞计数板，显微镜，血红蛋白吸管，盖玻片、一次性采血针、消毒棉球、试管、微量加样器及枪头，75% 乙醇溶液、95% 乙醇溶液、1% 氨水溶液、蒸馏水、乙醚、红细胞稀释液。

【实验步骤】

1. 洁净物品　实验前，首先检查计数板、血红蛋白吸管及盖玻片是否洁净，如有污垢，应先洗涤干净。计数板和盖玻片可用自来水洗净后，用擦镜纸轻轻拭干水分。血红蛋白吸管中的血液按如下流程清洁：自来水洗净后，用蒸馏水洗 3 次，再用 95% 乙醇溶液洗 2 次，最后用乙醚洗 2 次。

2. 熟悉血细胞计数板的结构　我国多采用改良的牛氏(Neubauerr)血细胞计数板。计数板是一块长方形无色厚玻璃板，正面观察，可见中央刻有两个计数室平台，由"H"型沟槽相隔。与计数板长轴垂直的沟槽外侧各有一条与之平行的凸出的支持柱，用以承载盖玻片，支持柱的外侧仍为与长轴垂直的沟槽。沿计数板长边侧面观察，可见支持柱略高于计数室平台(落差 0.1mm)，若将盖玻片搭载于支持柱上，盖玻片与计数室平台之间即形成 0.1mm 的缝隙。

在显微镜下观察，可见每个计数室平台上均刻有清晰的网格线。由网格线围成的正方形区域为细胞计数区，最大正方形边长 3mm，分为 9 个大方格，每个大方格边长 1mm，面积 $1mm^2$，若覆以盖玻片并充满液体，液体的体积为 0.1 mm^3(0.1 μl)，四角的四个大方格分别以单划线分为 16 个方格，用作计数白细胞。位于中央的大方格，以双线分成 25 个中方格，每个中方格又以单线划分为 16 个小方格，则中央大方格共分为 400 个小方格。用作计数红细胞及血小板。划分中央大方格的划线向其四周延伸，则除四角大方格之外的四个大方格均为条形格所分隔。

覆盖计数室的盖玻片为专用盖玻片，25mm×20mm×0.6mm，透明、均匀一致。使用时，用水稍微沾湿计数室两侧的支持柱，以推压法将盖玻片平放在计数室表面，尽量减少盖玻片与支柱之间的空气。用吸管吸取制备后的细胞悬液，沿盖玻片与计数室之间的缝隙充入计数室。在光线稍暗的视野中高倍镜下计数中央大方格的四角及中间5个中方格的红细胞数。由于划线部分也占有计数室的总面积，因此对压线细胞也应列入计数，为避免重复计数或漏计，一般遵循数上不数下，数左不数右的原则。

3. 采血　一般采取耳垂或环指端的毛细血管血液。用医用棉球消毒采血部位，用一次性采血针穿刺，用干棉球拭去第一滴血，用血红蛋白吸管采集随后的血液。

4. 吸血　用血红蛋白吸管收集10 mm^3 血液，擦去管尖外多余的血液。

5. 稀释　将已吸好血液的血红蛋白吸管插入内盛有1.99 ml红细胞稀释液的试管中，吸管吹洗2～3次。

6. 加样　取盖玻片平放在计数板的盖玻片支持柱上，用加样器吸取稀释后的细胞混悬液，然后将吸管倾斜置于盖玻片的外侧边缘，滴出少量混悬液，此时液体即因毛细血管作用而进入计数室内。放置1～2min，待红细胞或白细胞下沉后，就可将计数室置于低倍镜下进行计数。注意计数室内有无气泡或细胞悬液是否溢出到计数室外的凹槽中，若有气泡或液体溢出，则应洗去液体，洁净细胞板后，重新充液。

7. 计数红细胞　红细胞在低倍镜下计数，记录图4-18中R所示处，即计数室四角及中间共五个中方格（共80个小方格）中所有的红细胞数Y。对四边压线的红细胞，只数其中相连的两边（如上边和左边），另两边（如下边和右边）的则不计。

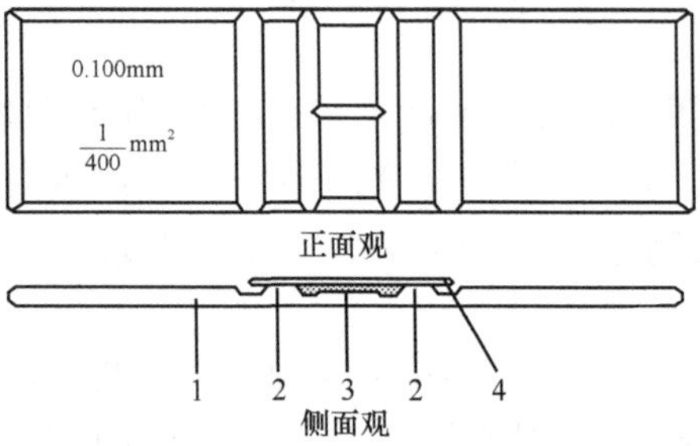

图4-17　血细胞计数板的结构

1. 计数板；2. 盖玻片支柱；3. 计数板与盖玻片间的落差（0.1mm）；4. 盖玻片

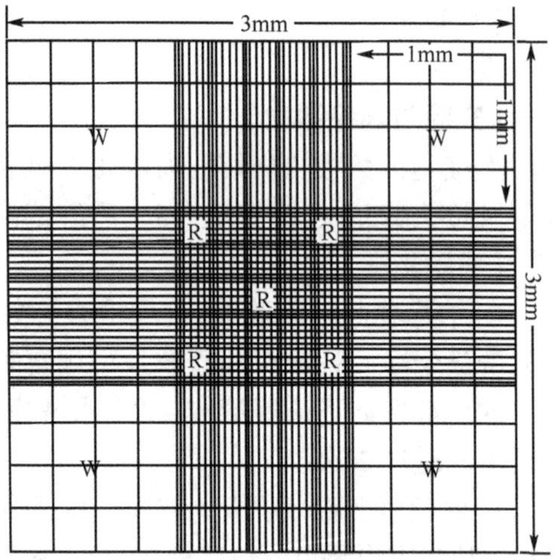

图4-18　血细胞计数板的镜下结构

R：红细胞计数区；W：白细胞计数区

$$红细胞数(个/mm^3)=Y\times10\times5\times200=Y\times10^4$$

【注意事项】

1. 充计数室前应充分混匀细胞悬液，充室完毕，计数室内不可有气泡或液体溢出。

2. 计数时，注意显微镜的载物台应绝对平置，不能倾斜，以免血细胞向一边集中。光线也不必过强。

3. 压线红细胞计数以数上不数下，数左不数右的原则进行。

4. 如发现各中方格红细胞数目相差20个以上，表明血细胞分布不均匀，必须把稀释液摇匀后重新计数。两次计数数值相差不得超过5%。

【思考题】

1. 哪些因素可能影响红细胞计数的准确性?

2. 简述红细胞计数的参考值和临床意义。

【附录】红细胞稀释液配方:NaCl 0.5g;Na_2SO_4 2.5g;$HgCl_2$ 0.25g,用蒸馏水分别溶解,最后补加蒸馏水至100 ml,混匀后,分装保存。

四、白细胞计数

【实验目的】

学习白细胞计数方法。

【实验原理】

用白细胞稀释液将血液稀释,使红细胞破坏溶解,而白细胞(white blood cell, WBC)的细胞核因稀释液中的甲紫而染色,从而使白细胞形态更加清晰,以便计数,求得每 mm^3 血液内的白细胞数。

【实验对象】

人。

【实验与药品器材】

血细胞计数板,显微镜,血细胞吸管,盖玻片,一次性采血针、消毒棉球、试管、微量加样器及枪头,75%乙醇溶液、95%乙醇溶液、白细胞稀释液、蒸馏水、乙醚。

【实验步骤】

1. 熟悉血细胞计数板的结构　见图4-17和图4-18。

2. 洁净物品　与红细胞计数处理一致。实验前,首先检查计数板、血红蛋白吸管及盖玻片是否洁净,如有污垢,应先洗涤干净。计数板和盖玻片可用自来水洗净后,用擦镜纸轻轻拭干水分。吸血管中的血液按如下流程清洁:自来水洗净后,用蒸馏水洗3次,再用95%乙醇溶液洗2次,最后用乙醚洗2次。

3. 低倍镜下观察白细胞计数室　参见图4-17。

4. 白细胞稀释液　准确定量量取白细胞稀释液0.38 ml预加到试管中。

5. 采血　与红细胞计数方法相同,只是所需血液量较多。

6. 吸血　用血细胞吸管收集20 mm^3 血液,擦去管尖外多余的血液。

7. 稀释　将血液加到预置的盛有0.38ml白细胞稀释液的试管内,混匀。

8. 加样　同红细胞计数。

9. 计数白细胞　在低倍镜下计数,计数室四角4个大方格(每个大方格分16个中方格)中的白细胞的总数。对四边压线的白细胞,只数其中相连的两边(如上边和左边),另两边(如下边和右边)的则不计。按下式计算白细胞的浓度。

$$\text{白细胞数}(\text{个}/mm^3) = Y\times(10/4)\times20 = Y\times50$$

【注意事项】

1. 穿刺、充池、计数的注意事项同红细胞计数。

2. 计数时,注意显微镜的载物台应绝对平置,不能倾斜,以免血细胞向一边集中。

3. 压线白细胞计数以数上不数下,数左不数右的原则进行。

4. 如发现各中方格白细胞数目相差8个以上,表明血细胞分布不均匀,必须把稀释液摇匀后重新计数。两次计数数值相差不得超过5%。

【思考题】

1. 操作过程中哪些因素可引起白细胞计数结果的不准确？

2. 白细胞计数结果升高、降低的原因有哪些？

【附录】白细胞稀释液配方：冰乙酸 1 ml，1% 甲紫 1 ml，加蒸馏水至 100 ml，混匀后，分装保存。

五、血红蛋白含量的测定

【实验目的】

掌握比色法测定血红蛋白含量的方法。

【实验原理】

测定血红蛋白含量的方法很多，其中最基本且常用的方法是比色法。其原理是在一定量的血液中，应用一定的氧化剂（如盐酸）氧化血红蛋白，可使其亚铁血红素转变成高铁血红素，呈现较稳定的棕色的高铁血红蛋白，而且颜色与血红蛋白（或高铁血红蛋白）的浓度成正比。用水稀释后与标准液进行比色法测定，根据标本的吸光度即可求出每 100ml 血液中所含的血红蛋白浓度。我国正常成年男子血红蛋白参考值为 120～150g/L，成年女子为 110～140 g/L。

【实验器材与药品】

血红蛋白计、采血针、消毒干棉球、乙醇溶液棉球、0.1 mol/L 盐酸、75% 乙醇溶液、乙醚、95% 乙醇溶液、蒸馏水。

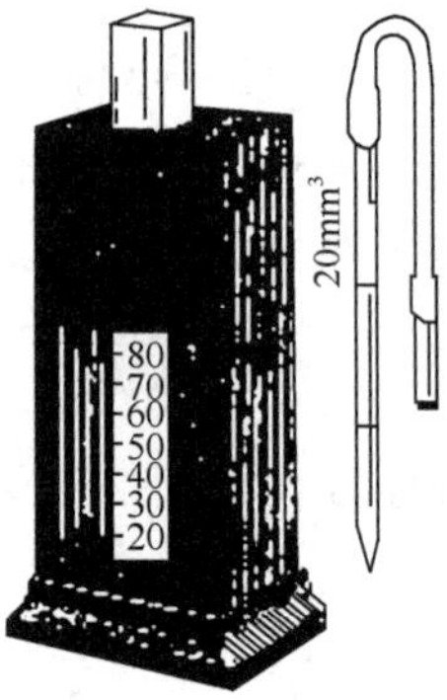

图 4-19　血红蛋白计

【实验步骤】

1. 了解血红蛋白计的构造（图 4-19）。包括：①标准比色架，架的两侧镶有两个棕色标准玻璃色柱。②刻度比色管，有方形也有圆形的。两侧有刻度，一侧以 g 为计数单位，对侧以百分率计，按我国情况，是以每 100ml 血液内含血红蛋白 14.5g 为 100%。③20mm³ 血红蛋白吸管，还有玻璃棒、滴管。

2. 用滴管加 0.1mol/L HCl 5～6 滴于血红蛋白稀释管内，到刻度 10 处。

3. 用采血针刺破耳垂或指尖采血，用干棉球拭去第一滴血；待自然流出第二大滴时，用血红蛋白吸管的尖端接触血滴，吸血至刻度 20mm³ 处（0.02ml）。

4. 用棉球擦净吸管口周围的血液，将吸管插入刻度比色管的盐酸内，轻轻吹出血液至管底部，反复吸入并吹出稀释管内上层的盐酸，洗涤吸管多次，使吸管内的血液完全洗入稀释管内。摇匀或用小玻璃棒搅匀后，放置 10min，使盐酸与血红蛋白充分作用。

5. 把比色管插入标准比色架两色柱中央的空格中，使无刻度的两侧面位于空格的前后方，便于透光和比色。

6. 用滴管向比色管内逐滴加入蒸馏水（每加一滴要搅拌），边滴边观察颜色，直至颜色与标准玻璃色柱相同为止。比色管上液面的刻度读数即为每 100 ml 血液血红蛋白的克数。

【注意事项】

1. 吹血液入稀释管及洗净吸管时，不宜用力过猛。

2. 蒸馏水需少量多次，逐滴加入，每加一滴要搅拌，多做几次比色，以免稀释过量。每次比色时,应将搅拌用的玻璃棒取出,以免影响比色。

3. 由于操作过程过长而造成吸管内血液凝固,堵塞管孔时,可浸入氨水或45 % 尿素溶液中,不可用金属丝去疏通,以免破损。

【思考题】

1. 实验所得的结果与血红蛋白正常值相比较,有何差异? 为什么?
2. 影响血红蛋白含量的主要因素有哪些?
3. 为什么正常人的血红蛋白水平可保持在相对稳定的水平? 与红细胞数量有何关系?
4. 试讨论血红蛋白的正常值及其临床意义。

六、人体心电图的描记

【实验目的】

学习人体心电图的描记和测量方法,了解正常人体心电图各波的波形(三个)和两个间期及其生理意义和正常范围,协助判断心率、节律及心脏兴奋起源、传导和恢复过程中有无异常现象。

【实验原理】

心脏在收缩之前,首先发生电位变化。心电变化由心脏的起搏点——窦房结(sinus node)开始,经传导系统至心室,最后到达心肌,引起肌肉的收缩。人体是个容积导体,心脏兴奋时产生的生物电变化,通过心脏周围的容积导体传导到体表,经体表电极引导并放大而成的波形为心电图(electrocardiogram, ECG)。心电图可以反映心脏综合性电位变化的发生、传导和消失过程。由于引导电极位置和导联方式不同,心电图的波形可有所不同,但一般都有P、QRS和T三个波及P-R、Q-T两个间期。P波代表心房去极化(atrial depolarization)过程;QRS波群(QRS complex)反映了心室去极化(ventricular depolarization)过程;T波则表示心室复极化(ventricular repolarization)过程。P-R间期(P-R interval)为心房兴奋传导至心室兴奋所需要的时间;Q-T间期(Q-T interval)表示心室开始去极化到完成复极,恢复到静息电位所需要的时间。

【实验对象】

人体(学生自愿者)。

【实验器材与药品】

心电图机、检查床、分规、电极糊(导电膏)、75%乙醇溶液棉球、放大镜。

【实验步骤】

1. 心电图的描记

(1) 连接好心电图机的地线、导联线和电源线,接通电源,预热5 min。在此期间安放电极。

(2) 安放标准肢体导联和胸导联电极:让受试者去掉身上的金属物品,安静放松地静卧于检查床上,裸露上半身。用乙醇溶液棉球擦拭手腕、足踝和胸前置放电极处的皮肤,待皮肤干燥后涂上导电膏,安放引导电极。肢体导联电极应安放在前臂屈侧腕关节上方及内踝上方。连接好导联线:红色——

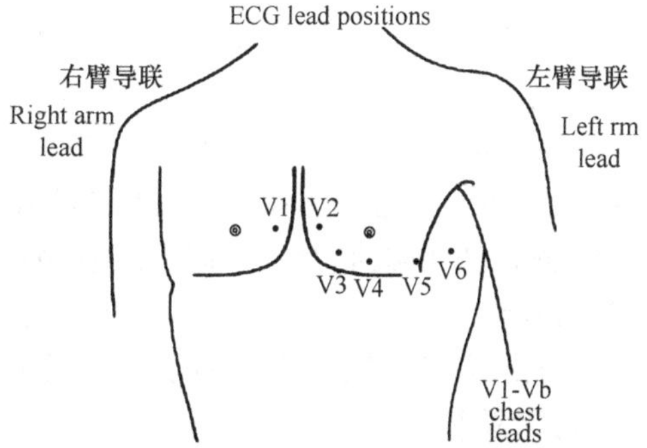

图4-20　胸导联安放位置图

右手;黄色——左手;绿色——左足;黑色——右足。安放胸部 V1、V2、V3、V4、V5、V6 6 个白色胸导联电极(图 4-20)。

(3) 调整心电图机的放大倍数;旋动校正键,1mV 标准电压应使描笔振幅恰好为 10 mm,心电图纸上纵坐标每一小格(1 mm)代表 0.1mV。走纸速度设定为 25 mm/s,这时心电图纸上横坐标的每一小格(1 mm)代表 0.04s。然后用导联选择开关,依次描记各导联心电图。

(4) 取下心电图记录纸,进行分析。

2. 心电图分析

(1) 辨认三个波形和二个间期:P 波、QRS 波群、T 波及 P-R、Q-T 间期和 S-T 段(S-T segment)(图 4-21)。

(2) 测量 P、QRS 及 T 波的电压幅值和 P-R、Q-T 间期时间。

(3) 测定心率:将相邻两个心动周期的 R-R 间期测定值(秒)代入下述公式,以求得心率。

$$心率(次/分)=\frac{60}{\text{P-P 或 R-R 间隔时间(s)}}$$

(4) 心律的分析:心律的分析包括主导节律的判定、心律是否规则整齐、有无期前收缩或异位节律出现。

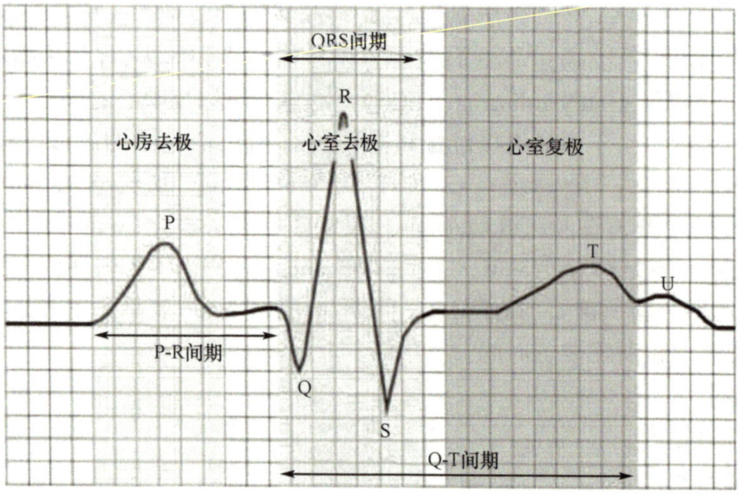

图 4-21　正常人心电模式图

【注意事项】

1. 描记心电图时,受试者静卧,全身肌肉放松。
2. 室温应以 22℃ 左右为宜,避免低温造成肌电干扰。
3. 电极要紧贴皮肤,防止干扰和基线漂移。
4. 记录心电图时,先将基线调至中央。基线不稳或有干扰时,应排除后再进行描记。在变换导联时,须先将输入开关关上,再操作导联选择开关。
5. 测量波幅幅值时,注意向上波应测量基线上缘至波峰顶点距离;向下波为基线下缘至谷底距离。
6. 记录完毕,将电极擦干净,把心电图面板各控制旋钮转回原处,最后切断电源。

【思考题】

1. 何谓心电图?它是怎样记录到的?

2. 正常心电图有哪三个波和哪两个间期？它们各表示什么生理意义？
3. 何谓导联？为什么不同导联引导出来的心电图波形有所不同？
4. 为什么正常心电图中 T 波方向和 QRS 波群主波方向一致？
5. 试述心室肌细胞动作电位与心电图的 QRS-T 波的时间关系。
6. P-R 间期与 Q-T 间期的正常值与心率有什么关系？
7. P-R 间期变化不一，超过一定数值时，表明心脏发生了何种疾患？
8. 为什么将引导电极安置在体表或体内的任何部位，均可引导记录到心脏的生物电活动？
9. 容积导体导电有什么规律？
10. 高钾为什么会引起心电图发生改变，葡萄糖酸钙及碳酸氢钠解救的作用机制？

【附录】窦性心律的心电图表现：P 波在Ⅱ导联中直立，aVR 导联中倒置；P-R 间期在 0.12 s 以上。如果 ECG 中的最大 P-P 间隔和最小 P-P 间隔时间相差 0.12 s 以上，称为窦性心律不齐。成年人正常窦性心律的心率为 60～90 次/分。

（殷盛明）

实验五　家兔呼吸运动的调节

【实验目的】

学习家兔呼吸运动的记录方法，观察某些因素对呼吸运动的影响并分析其作用机制。

【实验原理】

呼吸肌的收缩和舒张引起的胸廓节律性扩大和缩小称为呼吸运动（respiratory movement）。呼吸运动是肺通气的原动力，是整个呼吸过程的基础，其节律性起源于呼吸中枢。机体内外环境的改变可以直接作用于呼吸中枢，或通过感受器反射性地影响呼吸中枢，使呼吸运动的深度和频率发生相应改变，以适应机体代谢的需要。例如在肌肉活动时，代谢增强，动脉血 P_{O_2} 降低、P_{CO_2} 升高，可反射性地引起呼吸运动加深加快，肺通气量增大，机体可摄取更多 O_2，排出更多 CO_2。参与呼吸运动调节的较重要的神经反射有化学感受性呼吸反射和肺扩张反射。

1. 化学感受性呼吸反射　血液中的 O_2、CO_2 和 H^+水平的变化可通过刺激化学感受器，影响呼吸中枢，反射性地调节呼吸运动，从而维持机体内环境中这些化学因素的相对稳定和机体代谢活动的正常进行。

（1）外周化学感受器：外周化学感受器位于颈动脉体和主动脉体，在动脉血 P_{O_2} 降低、P_{CO_2} 或 H^+浓度升高时受到刺激，冲动分别经窦神经（舌咽神经的分支，分布于颈动脉体）和迷走神经（分支分布于主动脉体）传入延髓，反射性地引起呼吸加深加快。外周化学感受器的作用主要是在机体低氧时驱动呼吸运动。

（2）中枢化学感受器：中枢化学感受器位于延髓腹外侧的浅表部位，当脑脊液和局部细胞外液中的 H^+浓度升高时可刺激中枢化学感受器，引起呼吸中枢兴奋，反射性地使呼吸运动加深加快。中枢化学感受器的生理功能主要是调节脑脊液的 H^+浓度，使中枢神经系统具有稳定的 pH 环境。

2. 肺扩张反射　肺扩张反射（pulmonary inflation reflex）是肺扩张时抑制吸气活动的反射。感受器位于从气管到细支气管的平滑肌中，属于牵张感受器。肺扩张时，牵拉呼吸道，牵张感受器受到刺激，传入冲动沿迷走神经进入延髓，在延髓内通过一定的神经联系，促使吸气转为呼气。肺扩张反射的生理意义在于加速吸气过程向呼气过程的转换，使呼吸频率增加。

【实验对象】

家兔。

【实验器材与药品】

电子计算机、BL-420 生物机能实验系统、呼吸换能器、保护电极、气管插管、哺乳动物手术器械一套、50 ~ 100cm 长橡皮管一根、CO_2 气囊、钠石灰瓶、纱布、烧杯、棉绳。

生理盐水、25% 氨基甲酸乙酯溶液。

【实验步骤】

1. 手术

(1) 麻醉：实验动物先称量体重，然后用 25% 的氨基甲酸乙酯(4ml/kg)经耳缘静脉注射麻醉家兔。注射麻醉过程中需注意观察家兔的呼吸、角膜反射、肌张力和对疼痛的反应：当家兔卧倒、四肢及腹部肌肉松弛、呼吸深慢而平稳、角膜反射明显迟钝或消失且对疼痛无反应，为最佳麻醉效果。将麻醉好的家兔仰卧位固定于手术台上。

(2) 分离双侧迷走神经：颈部手术区域剪毛后，于颈部正中切开皮肤 5 ~ 6 cm，钝性分离肌肉，直至暴露出气管。在气管两侧各有一束与气管相伴而行的血管神经束，其中各包括一条血管和三条神经，被结缔组织膜包在一起，称为颈总动脉鞘。颈总动脉鞘内的血管为颈总动脉(carotid artery)：呈粉红色，有搏动，壁较厚。三条神经为迷走神经(vagus nerve)、交感神经(sympathetic nerve)和减压神经(aortic nerve)，其中迷走神经最粗，有较好的韧性，色洁白，一般位于外侧；交感神经较细，略呈灰色，一般位于内侧；主动脉神经最细，一般位于迷走神经和交感神经之间(图 4-22)。小心辨认并分离左、右两侧迷走神经 2 ~ 3cm，分别在其下穿一丝线备用。

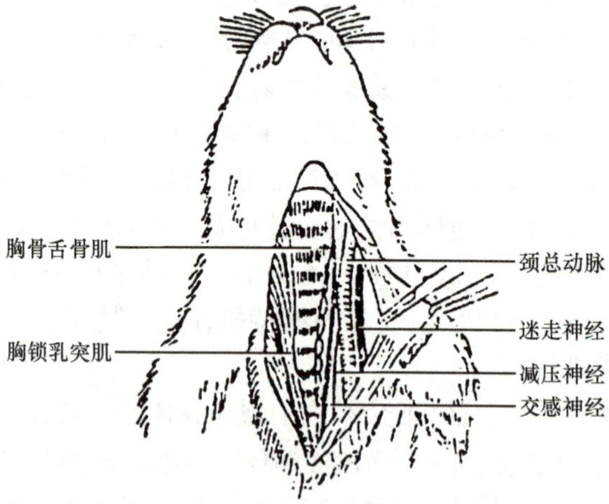

图 4-22　家兔颈部血管神经解剖位置示意图

(3) 气管插管：用止血钳钝性分离气管，在气管下穿一棉绳备用。在环状软骨下约 1cm 处，做一"⊥"型切口。如果切口有血液渗入气管内，应及时清除，以保持呼吸道畅通。插入气管插管(注意：插管口的斜面应向下，插入后再将斜面转向上方，操作应轻柔，不宜插入过深)，并用棉绳将插管结扎固定。最后用温热生理盐水纱布覆盖手术野。

2. 连接实验装置

(1) 将呼吸换能器缚于胸骨柄下方呼吸最明显的部位，保持松紧适度，将换能器的输出线与计算机输入插口相连。

（2）打开计算机，进入 BL-420 生物机能实验系统。选择"实验项目"菜单中的"呼吸实验"，在子菜单中选择"呼吸运动调节"实验。

3. 观察项目

（1）待家兔呼吸基本稳定后先描记一段呼吸曲线，作为正常对照：曲线的幅度代表呼吸的深度，曲线的疏密代表呼吸的频率。

（2）观察吸入气中 CO_2 浓度增加对呼吸运动的影响：将气管插管的一侧开口端封闭，另一侧开口端与 CO_2 气囊相连，打开 CO_2 气囊导管的夹子，使家兔吸入气中 CO_2 浓度增加，观察并记录呼吸运动的变化。

（3）观察缺氧（anoxia）对呼吸运动的影响：将气管插管的一侧开口端封闭，另一侧开口端与钠石灰瓶相连，使家兔呼吸钠石灰瓶中的空气。随着呼吸的进行，钠石灰瓶内的 O_2 越来越少，而家兔呼出的 CO_2 可被钠石灰（soda lime）吸收，因而可形成单纯的缺氧环境。观察并记录缺氧条件下家兔呼吸运动的变化。

（4）观察增大无效腔（dead space）对呼吸运动的影响：无效腔包括解剖无效腔（指鼻～呼吸性细支气管内不参与气体交换的气体量）和肺泡无效腔（指肺泡内未参与气体交换的气体量）。将气管插管的一侧开口端封闭，另一侧开口端连接一段 50～100cm 的橡皮管以增加解剖无效腔，观察并记录家兔呼吸运动的变化。

（5）观察窒息（asphyxia）对呼吸运动的影响：迅速将气管插管的两侧开口均封闭，待呼吸明显变化后，立即松开，以防止家兔窒息死亡，观察并记录家兔呼吸运动的变化。

（6）观察切断迷走神经（vagus nerve）对呼吸运动的影响：将分离好的迷走神经先结扎、剪断一侧（注意：应于神经的远中枢端结扎、剪断），观察并记录家兔呼吸运动的变化；然后结扎、剪断另一侧迷走神经，观察并记录家兔呼吸运动的变化；电刺激迷走神经的中枢端 5～10s，观察并记录其对呼吸运动的影响。

【注意事项】

1. 实验过程中，气管插管内如有血液和分泌物渗入应及时清除，以保持呼吸的通畅。

2. 每项实验前均应描记一段呼吸曲线作为正常对照，每项实验结束后应待家兔呼吸恢复至正常水平再进行下一项实验。

3. 给予 CO_2 时，气体流速不宜过急，以免直接影响呼吸运动，造成假象、干扰实验结果。

【思考题】

1. 试阐述吸入气中 CO_2 含量增加对呼吸运动的影响并分析其作用途径。

2. 试阐述缺氧对呼吸运动的影响并分析其作用途径。

3. 何谓无效腔？试阐述增大无效腔对呼吸运动有何影响？分析其作用机制。

4. 试阐述窒息后家兔呼吸运动如何变化？分析其作用机制。

5. 试阐述迷走神经在呼吸运动的调节中有何作用？实验中切断一侧及双侧迷走神经后呼吸运动有何变化？为什么？

（姚齐颖）

实验六　家兔胃肠运动的调节

【实验目的】

观察家兔在体胃肠运动的形式，以及神经调节和某些药物对胃肠运动的影响，从而加深对胃肠运动功能和神经调节机制的理解。

【实验原理】

胃肠道共有的运动形式主要包括紧张性收缩(tonic contraction)和蠕动(peristalsis)。紧张性收缩指消化道平滑肌经常保持在一种微弱的持续收缩状态,即具有一定的紧张性,是各部分消化道共有的运动形式。紧张性收缩使消化道(如胃、肠等)保持一定的性状和位置;使消化道管腔内具有一定的压力,有助于消化液渗入食物内部,促进化学性消化;是消化道其他运动形式的基础。蠕动是由消化道管壁的纵行肌和环行肌协调的顺序舒缩引起的推进性波形运动。蠕动使食物和消化液充分混合,以利于消化液发挥化学性消化作用;也有利于食物进一步被磨碎和粉碎;并将食糜向消化道远端推送。其他运动形式如胃特有的容受性舒张和小肠特有的分节运动,在空腹时几乎不存在。

在整体内,胃肠运动主要是受神经和体液因素的调节。消化道除口腔、咽、食管上端的肌肉及肛门外括约肌由躯体神经支配外,主要接受自主神经(包括交感和副交感神经)系统的支配。

1. 交感神经　支配消化道的交感神经从脊髓第5胸段至第2腰段侧角发出,其节前纤维在腹腔神经节、肠系膜神经节或腹下神经节内更换神经元而后发出节后纤维;节后纤维末梢释放去甲肾上腺素(noradrenalin,NA),主要终止于壁内神经丛内的胆碱能神经元,抑制其兴奋性;少数交感节后纤维直接支配消化道平滑肌、血管平滑肌和消化道腺细胞。交感神经兴奋时,可引起消化道运动减弱,腺体分泌抑制和血流量减少,而消化道括约肌却收缩,其机制尚不清楚。

2. 副交感神经　支配消化道的副交感神经包括迷走神经和盆神经,其节前纤维进入胃肠组织后主要与肌间神经丛和黏膜下神经丛的神经元形成突触,节后纤维支配腺细胞、上皮细胞、血管和消化道平滑肌细胞。消化道内副交感节后纤维主要为胆碱能纤维,兴奋时释放乙酰胆碱(acetylcholin, ACh),通过激活M受体,可使消化道平滑肌收缩,腺体分泌增多,而消化道括约肌却松弛。

应用某些药物可使胃肠运动发生改变。新斯的明(neostigmine)是一种拟胆碱药,通过抑制胆碱酯酶活性,使ACh在突触间隙大量堆积,增强胃肠运动。阿托品(atropine)是M受体阻断药,可竞争性地拮抗ACh对M受体的激动作用,使胃肠运动减弱。

【实验对象】

家兔。

【实验器材与药品】

电子计算机、BL-420生物机能实验系统、哺乳动物手术器械一套、保护电极、刺激器、恒温水浴箱、注射器。

生理盐水、25%氨基甲酸乙酯(urethan)溶液、阿托品注射液、新斯的明注射液、1∶10 000肾上腺素(epinephrine, E或adrenaline)溶液、1∶10 000乙酰胆碱溶液。

【实验步骤】

1. 手术

(1) 麻醉:实验动物先称量体重,之后于耳缘静脉缓慢注射25%氨基甲酸乙酯溶液(4ml/kg)将其麻醉,然后仰卧位固定。

(2) 分离一侧迷走神经:颈部手术区域剪毛后,于颈部正中切开皮肤5~6cm,钝性分离肌肉,直至暴露出气管。在气管两侧可见到与气管平行的左、右颈总动脉鞘,仔细辨认颈总动脉鞘内的颈总动脉(carotid artery)、迷走神经(vagus nerve)、交感神经(sympathetic nerve)

和减压神经（depressor nerve）。用玻璃分针沿神经走行的方向分离出一侧动脉鞘内的迷走神经，在其下穿一丝线备用。

（3）暴露胃肠：剪去腹部的毛，自剑突下沿腹部正中线切开腹壁 8～10cm，打开腹腔，暴露胃和肠。为了更清楚地观察胃肠运动，可用两对有齿止血钳夹住腹壁，切口的两缘向外上方提起，固定在兔台两侧的 C 型夹支柱上，形成一皮兜，腹腔中可灌注 37℃的生理盐水。

2. 实验观察

（1）观察正常情况下的胃肠运动，注意胃的蠕动和紧张度（可用手指触胃以观察其紧张度），以及小肠的蠕动和分节运动等。

（2）用保护电极刺激迷走神经，观察胃肠蠕动和胃紧张度的变化。可选择中等强度的电刺激，连续刺激迷走神经，直至出现明显反应。

（3）提出一段小肠，局部滴加 1∶10 000 乙酰胆碱 2～3 滴，观察这段肠管的运动如何变化。

（4）提出一段小肠，局部滴加 1∶10 000 肾上腺素 2～3 滴，观察这段肠管的运动如何变化。

（5）由耳缘静脉注射（或提出一段小肠局部滴加）新斯的明 0.2～0.3ml，观察胃肠运动的变化。

（6）在新斯的明作用的基础上，由耳缘静脉注射（或提出一段小肠局部滴加）阿托品 0.5ml，再观察胃肠运动的变化。

【注意事项】

为避免胃肠暴露时间过长，使腹腔内温度下降，影响胃肠活动，以及使表面干燥，应随时用温热的生理盐水湿润胃肠。

【思考题】

1. 正常情况下胃肠运动有哪些形式？它们各有何生理意义？
2. 刺激迷走神经，胃肠运动如何变化？为什么？
3. 局部滴加 1∶10 000 乙酰胆碱，肠管的运动如何变化？为什么？
4. 局部滴加 1∶10 000 肾上腺素，肠管的运动如何变化？为什么？
5. 局部滴加新斯的明 0.2～0.3ml，肠管的运动如何变化？试分析作用机制。
6. 在新斯的明作用的基础上，局部滴加阿托品 0.5ml，肠管的运动如何变化？试分析作用机制。

（姚齐颖）

实验七　家兔动脉血压的调节

【实验目的】

1. 掌握家兔动脉插管术和血压描记方法。
2. 观察某些神经、体液因素对心血管活动的影响。

【实验原理】

在正常生理情况下，机体动脉血压是相对稳定的。这种相对稳定性是通过神经和体液因素对心血管活动的调节而实现的。

1. 心血管活动的神经调节

（1）心脏的神经支配

1）心交感神经及其作用：心交感神经的节前神经元位于脊髓第 1～5 胸段的中间外侧柱，

其轴突末梢释放的递质为乙酰胆碱，后者能激活节后神经元膜上的 N1 型胆碱能受体。心交感节后神经元末梢释放的递质为去甲肾上腺素（norepinepherine，NE 或 noradrenaline，NA），与心肌细胞膜上的 β1 肾上腺素能受体结合，可导致心率加快，房室交界的传导加快，心房肌和心室肌的收缩能力加强。这些效应分别称为正性变时作用、正性变传导作用和正性变力作用。

2）心迷走神经及其作用：支配心脏的副交感神经节前纤维行走于脑神经干中。心迷走神经节后纤维末梢释放的乙酰胆碱（acetylcholine，ACh）作用于心肌细胞膜的 M 型胆碱能受体，可导致心率减慢，心房肌收缩能力减弱，心房肌不应期缩短，房室传导速度减慢，即具有负性变时、变力和变传导作用。

（2）血管的神经支配：人体内绝大多数血管受交感缩血管神经单一支配。交感缩血管神经兴奋通过其末梢释放的 NE 与血管平滑肌上的α受体结合，引起血管收缩，循环外周阻力增大，血压升高。反之，交感缩血管神经的紧张性降低，血管舒张，循环外周阻力减小，血压下降。

（3）心血管反射：当机体处于不同的生理状态或当机体内、外环境发生变化时，可引起各种心血管反射，使心输出量和各器官的血管收缩状况发生相应的改变，动脉血压也可发生变动。最常见的心血管反射为颈动脉窦和主动脉弓压力感受性反射：当动脉血压升高时，压力感受器发放冲动增加，通过中枢反射性引起心率减慢、心肌收缩力减弱、心输出量下降、血管舒张和外周阻力降低，使血压降低。反之，当动脉压下降时，压力感受器发放冲动减少，神经调节过程又使血压回升。

家兔压力感受器的传入神经在颈部从迷走神经分出，自成一支，易于分离与观察其作用，称为减压神经，其传入冲动随血压变化而变化。

2. 心血管活动的体液调节　心血管活动的体液调节是指血液和组织液中一些化学物质对心肌和血管平滑肌的活动发生影响，从而发挥其调节作用。这些体液因素中，肾上腺素（epinepherine）和去甲肾上腺素的作用最为重要。

（1）化学结构与来源：肾上腺素和去甲肾上腺在化学结构上都属于儿茶酚胺，循环血液中的肾上腺素和去甲肾上腺素主要来自肾上腺髓质的分泌。

（2）作用特点：血液中的肾上腺素和去甲肾上腺素对心脏和血管的作用有许多共同点，但并不完全相同，因为两者对不同的肾上腺素能受体的结合能力不同。

1）肾上腺素对心血管的作用：肾上腺素可与 α 和 β 两类肾上腺素能受体结合。在心脏，肾上腺素与 β1 肾上腺素能受体结合，产生正性变时和变力作用，使心输出量增加。在血管，肾上腺素的作用取决于血管平滑肌上 α 和 β2 肾上腺素能受体分布的情况。在皮肤、肾、胃肠血管平滑肌上 α 肾上腺素能受体在数量上占优势，肾上腺素的作用是使这些器官的血管收缩；在骨骼肌和肝的血管，β2 肾上腺素能受体占优势，小剂量的肾上腺素常以兴奋 β2 肾上腺素能受体的效应为主，引起血管舒张，大剂量时也兴奋 α 肾上腺素能受体，引起血管收缩。

2）去甲肾上腺素对心血管的作用：去甲肾上腺素主要与 α 肾上腺素能受体结合，也可与心肌的 β1 肾上腺素能受体结合，但和血管平滑肌的 β2 肾上腺素能受体结合的能力较弱。静脉注射去甲肾上腺素，可使全身血管广泛收缩，动脉血压升高；血压升高又使压力感受性反射活动加强，压力感受性反射对心脏的效应超过去甲肾上腺素对心脏的直接效应，故心率减慢。

本实验是应用液导系统直接测定动脉血压，即由动脉插管与压力传感器连通，动脉插管内充满抗凝液体，构成液导系统，将动脉插管插入动脉内，动脉内的压力及其变化，可通过封闭的液导系统传递到压力传感器，并由计算机采集记录下来。同时采用切断、刺激支配心、血管的神经以及给药等方法，便可通过观察动脉血压的变化间接了解心、血管活动的变化情况。

【实验对象】

家兔。

【实验器材与药品】

兔手术台、常用手术器械、止血钳(4 ~6 把)、眼科剪、动脉插管、动脉夹、压力传感器、保护电极、纱布、棉球、丝线、注射器 (1 ml、5 ml、20 ml)、生理盐水(normal saline, NS)、5% 枸橼酸钠、25% 氨基甲酸乙酯、去甲肾上腺素(1 : 10 000)、生物机能实验系统。

【实验步骤】

1. 实验仪器的准备　打开计算机采集系统,接通压力传感器。从显示器的“实验项目”中找出“循环实验”的“家兔血压的调节”。

2. 动物的准备

(1) 准备插管系统:通过一侧胶皮管向换能器内注满 5% 枸橼酸钠,务必驱尽管道系统内的空气,然后夹闭另一侧胶皮管备用。

(2)称重、麻醉与固定:取家兔一只,称重并剪去耳缘静脉上的被毛。用 20ml 注射器由耳缘静脉缓慢推注 25% 氨基甲酸乙酯(4ml/kg 体重)进行麻醉,然后将动物背位固定于手术台上,用剪毛剪减去颈部手术部位兔毛,即可进行手术。

(3)颈部手术

1) 分离血管与神经:术者一手的拇指和食指按住家兔颈部两侧,另一手持手术刀,在紧靠喉头下缘,沿颈部正中线作一长 5 ~7cm 的皮肤切口并逐层分离肌肉,直至看见肌肉层下方的气管。家兔颈部的 3 条神经、颈总动脉被结缔组织膜包在一起,形成血管神经束,位于气管两侧。仔细辨认神经与颈总动脉:颈总动脉呈红色,有波动,壁有较强的弹性;3 条神经均与动脉平行,迷走神经最粗,有较好的韧性,色洁白,一般位于外侧;交感神经较细,略呈灰色,一般位于内侧;减压神经最细,一般位于两神经之间(图 4-23)。由于减压神经纤细,离开神经、动脉束的包膜后则难以分辨,所以应在原自然位置首先找到,并用玻璃分针沿纵向轻轻划动,分离出 2 cm 左右,穿线并打一活结备用,同法分离迷走神经并穿线备用。再将止血钳从颈总动脉下方穿过,轻轻张开止血钳,分离出 2 ~3cm 长的颈总动脉,在动脉上穿两条备用棉线,分别打上活结,将两线分别拉至分离出的动脉两端备用。同样方法分离另一侧颈总动脉,一侧动脉用于插管测压,另侧动脉实验用。

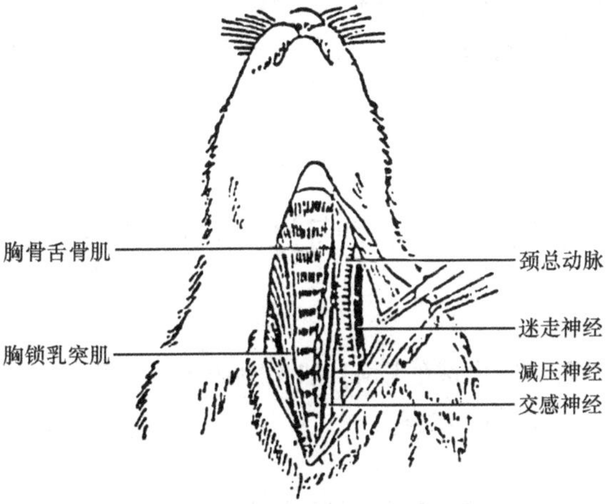

图 4-23　家兔颈部血管神经解剖位置示意图

2）动脉插管：将动脉头端的备用线尽可能靠头端结扎（务必扎紧，以防渗血），然后在另一备用线的向心侧（尽可能近心端），用动脉夹夹闭。轻轻提起动脉头端的结扎线，用锐利的眼科剪在靠近扎线的稍后方，沿向心方向斜向剪开动脉上壁（注意：不可只剪开血管外膜，也切勿剪断整个动脉，剪口大小约为管径的一半），将充满5%枸橼酸钠的动脉插管由开口处插入动脉管内。用备用线将动脉连同进入的插管扎紧（插管不可因扎线松动而滑出，亦不可漏液），并将余线系在插管的固定侧支上，以免滑脱。注意：插管应与动脉血管的方向一致，以防插管尖端扎破动脉管壁。轻轻取下向心端动脉夹，可见动脉血与插管内液体混合。再取下通向压力传感器的止血钳，此时显示器上出现血压的波动曲线。

3. 实验观察

（1）观察正常血压和心搏曲线

一级波（心搏波）：随心脏收缩和舒张出现的血压搏动，与心率一致。

二级波（呼吸波）：随呼吸运动周期出现的血压波动，与呼吸频率一致

三级波：可能是缩血管中枢的周期性的紧张性活动导致。

（2）夹闭右颈总动脉10s，观察血压变化；突然放开动脉夹，再观察血压变化。

（3）电刺激降压神经，观察血压变化。

（4）静脉注射1∶10 000 NE 0.3ml，观察血压变化。

（5）结扎、剪断（结扎处远心端）一侧迷走神经，观察血压变化。

（6）电刺激迷走神经外周端，观察血压变化。

【注意事项】

1. 注射麻药时速度要慢，并随时观察动物情况，若挣扎厉害时可补少量麻醉剂。
2. 每项实验后，需将血压基本恢复后，再进行下一项实验。
3. 随时注意插管位置，特别在挣扎时，避免扭转而阻塞血流或刺破血管。
4. 保证充满5%枸橼酸钠的动脉套管内无气泡。
5. 实验结束后，必须结扎颈总动脉近心端后再拔除动脉插管。

【思考题】

1. 讨论各项实验结果，说明血压正常及发生变化的机理。
2. 如何证明减压神经是传入神经？
3. 如何证明迷走神经外周端对心脏有调节作用？
4. 肾上腺素、去甲肾上腺素、异丙肾上腺素等药对血压、心率有何作用？作用原理如何？

（赵　慧）

实验八　影响尿生成的因素

【实验目的】

1. 观察神经体液因素对尿生成的影响，加深对尿生成过程及其调节机制的理解。
2. 学习膀胱插管记录尿量的方法。

【实验原理】

尿生成（formation of urine）的过程包括肾小球滤过（glomerular filtration）及肾小管的重吸收和分泌（reabsorption and secretion of the tubules）。凡能影响上述过程的因素都可以影

响尿的生成而引起尿量(urine volume)的改变。

1. 影响肾小球滤过的因素　血液在流经肾小球毛细血管时,除蛋白质分子外的血浆成分被滤过进入肾小囊腔而形成超滤液,是尿生成的第一步。血浆在肾小球毛细血管处的超滤过受许多因素影响,如有效滤过压、滤过系数和具有滤过作用的毛细血管段长度等。生理情况下,滤过系数、肾小囊内压一般较稳定,对肾小球的滤过影响较小。影响肾小球滤过的主要因素如下:

(1) 肾小球毛细血管血压:正常情况下,人体动脉血压在 80 ~ 160mmHg 范围内变动时,肾血流量和肾小球毛细血管血压通过自身调节能保持相对稳定,肾小球滤过率无明显改变。一旦血压下降到 80mmHg 以下时,超出自身调节的范围,肾小球毛细血管血压下降,有效滤过压随之降低,肾小球滤过率减少,即可出现少尿。当全身血压降至 40 ~ 50mmHg 以下时,肾小球滤过率降至零,可出现无尿。

(2) 血浆胶体渗透压:当血浆蛋白减少时,血浆胶体渗透压下降,血液流经肾小球毛细血管时,肾小球有效滤过压升高,肾小球滤过率增加。如经静脉快速大量输入生理盐水,血浆蛋白被稀释,可致血浆胶体渗透压降低,肾小球滤过率增加,尿量增多。

(3) 肾血浆流量:肾血浆流量是影响肾小球滤过的重要因素。如临床上,静脉大量输液时,由于肾小球血浆流量增加,血液从入球动脉端流向出球动脉端的过程中,血浆胶体渗透压上升速度减慢,因而滤过平衡点靠近出球小动脉端,具有滤过作用的毛细血管段加长,有效滤过面积增大,肾小球滤过率增加。相反,当肾血浆流量减少(如肾交感神经强烈兴奋)时,肾小球滤过率明显降低。

2. 影响肾小管的重吸收和分泌的因素　影响肾小管重吸收和分泌的因素,包括神经调节、体液调节和自身调节三个方面。现仅将与本实验相关的内容阐述如下:

(1) 小管液中溶质的浓度:小管液中溶质所形成的渗透压,可阻碍肾小管对水的重吸收。由于小管液中溶质浓度增加,渗透压升高,使水的重吸收减少,尿量增多的现象称为渗透性利尿。糖尿病多尿的现象即可用渗透性利尿的原理来解释。糖尿病患者由于血糖浓度升高,超过肾糖阈,肾小管对葡萄糖重吸收达到极限,导致小管液溶质浓度升高,产生渗透性利尿,使尿量增加。

(2) 肾交感神经的作用:肾交感神经兴奋可通过三个方面作用影响尿的生成。

1) 入球小动脉及出球小动脉收缩(以入球小动脉为主),肾小球毛细血管血浆流量减少,肾小球滤过率降低。

2) 刺激球旁细胞释放肾素,导致循环血中血管紧张素Ⅱ和醛固酮含量增加,使肾小管对 NaCl 和水的重吸收增多。

3) 增加近端小管和髓袢对 NaCl、水的重吸收。

3. 利尿药的作用　呋塞米(furosemide)又名速尿,具有强大而迅速的利尿作用,持续时间较短。其主要作用部位在髓袢,通过抑制髓袢升支粗段 Na^+-K^+-$2Cl^-$ 同向转运体的功能,抑制 NaCl 的重吸收,影响内髓部渗透浓度梯度的建立,从而影响尿液浓缩过程,达到利尿效应。

【实验对象】

家兔。

【实验器材与药品】

电子计算机、生物机能实验系统、血压换能器、哺乳类动物手术器械一套、动脉夹、注射器(50 ml、10 ml 和 1ml)、保护电极、动脉插管、小量筒、丝线、纱布。生理盐水(normal saline,NS)、25% 氨基甲酸乙酯溶液、20% 葡萄糖(glucose)溶液、1 : 10 000 去甲肾上腺素

(noradrenaline,NA)溶液、肝素、5% 枸橼酸钠、呋塞米、尿糖定性试纸。

【实验步骤】

1. 手术

(1) 麻醉:耳缘静脉缓慢注射25% 氨基甲酸乙酯溶液(4ml/kg)麻醉家兔,仰卧位固定于兔手术台。

(2) 分离右侧迷走神经:颈部手术区域剪毛后,于颈部正中切开皮肤5~6cm,钝性分离肌肉,在气管两侧可见到与气管平行的左、右颈总动脉(carotid artery)。在颈总动脉旁有三条神经与动脉相伴而行,即迷走神经(vagus nerve)、交感神经(sympathetic nerve)和减压神经(aortic nerve),其中迷走神经最粗。小心分离右侧迷走神经2~3cm,穿线备用。

(3) 颈总动脉插管:分离出左侧颈总动脉尽可能长的距离,并于远心端结扎,近心端用动脉夹夹闭,暂时阻断血流。在颈总动脉下穿线备用。于动脉远心端(距离结扎点约0.5cm处)用眼科剪斜向剪开颈总动脉约2/3,把预先注满5% 枸橼酸钠溶液的动脉插管(动脉插管与血压换能器相连,用于监测动脉血压)朝向近心端插入动脉内并用线结扎、固定血管与动脉插管。

(4) 股动脉插管:在股三角区剪毛,于动脉搏动明显处沿动脉走行方向切开皮肤,钝性分离肌肉,找到股动脉(与股静脉和股神经伴行)。钝性分离股动脉,沿向心方向插入股动脉插管(预先注满5% 枸橼酸钠溶液,插管具体方法同颈总动脉插管),用于放血。

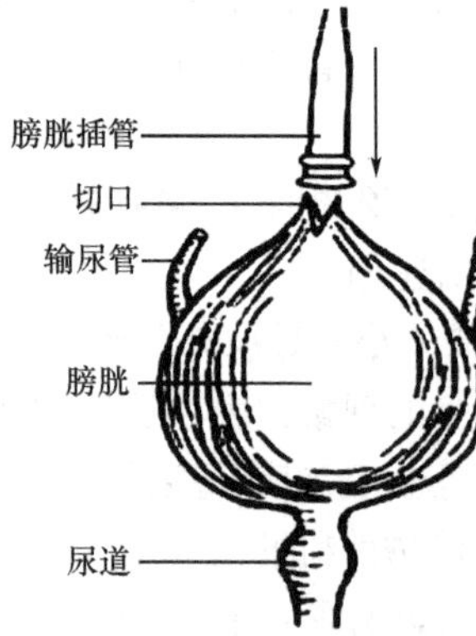

图4-24 膀胱插管

(5) 膀胱插管:腹部手术区域剪毛后,辨认外尿道口的解剖位置并结扎外尿道口,以免手术操作刺激膀胱,引起膀胱收缩导致尿液流失。于耻骨联合上方正中切开腹壁2~3cm,找到膀胱,将其移至腹外。用止血钳将膀胱轻轻拎起,选择顶部血管较少的部位,纵向做一个小切口,插入膀胱插管,用粗线结扎固定(图4-24)。注意保持插管与输尿管之间的畅通,避免堵塞。待膀胱内积存的尿液排尽,将插管的另一端放入小量筒内,以计量生成的尿液量。手术操作结束后,用温热的生理盐水纱布覆盖切口处。

2. 打开计算机,进入生理机能实验系统菜单条 实验项目→泌尿实验→影响尿生成的因素。

3. 观察项目 待动脉血压和尿量基本稳定后,即可进行下列各项实验观察。每项实验开始前,都先记录尿量和一段血压曲线作为对照,然后进行药物注射或刺激神经,并连续观察和记录,至效应明显并恢复至原来水平为止,记录每项实验结果。

(1) 盐水负荷对尿量的影响:自耳缘静脉迅速注射38℃的生理盐水20ml(1min内注射完),观察血压和尿量的变化。

(2) 去甲肾上腺素对尿量的影响:自耳缘静脉注射1∶10 000去甲肾上腺素0.3ml,观察血压和尿量的变化。

(3) 葡萄糖对尿量的影响:先收集尿液2滴进行尿糖定性实验(用尿糖定性试纸进行)作为对照;然后由耳缘静脉注射20% 葡萄糖溶液1.5ml/kg,观察血压和尿量的变化。并每隔1min或2min,取尿液2滴做尿糖定性实验,比较出现尿糖的时间和尿量高峰期的关系。

(4) 刺激迷走神经外周端对尿量的影响:结扎并剪断右侧迷走神经,用中等强度的电流刺激其外周端20~30s,使血压持续降低至5.33~6.67kPa(40~50mmHg),观察血压和尿量的变化。

(5) 利尿药对尿量的影响:耳缘静脉注射0.1% 呋塞米(2ml/kg)后5min,开始观察并记录血压和尿量的变化。

(6) 循环血量减少对尿量的影响：自股动脉放血，使血压下降至 6.67kPa(50mmHg)以下，观察尿量的变化。

【结果与讨论】

1. 剪贴实验结果，记录各项实验所见的血压(包括收缩压、舒张压、平均压)和尿量变化(表 4-6)。

表 4-6　各种处理因素对家兔血压和尿量的影响

实验项目	处理前		处理后	
	血压(mmHg)	尿量(ml/min)	血压(mmHg)	尿量(ml/min)
iv. 38℃ 生理盐水 20ml				
iv. 1 ∶ 10 000 NA 0.3ml				
iv. 20% 葡萄糖 1.5ml/kg				
刺激迷走神经外周端				
iv. 呋塞米 2ml/kg				
股动脉放血				

2. 统计全班实验结果，用平均值±标准差表示，比较各种处理前后血压和尿量变化，并分析产生原因。

【注意事项】

1. 选择家兔体重在 2.5 ~ 3.0kg，实验前给家兔多喂菜叶，或用橡皮导尿管向家兔胃内灌入 40 ~ 50ml 清水，以增加基础尿量。

2. 因实验中要多次进行耳缘静脉注射，因此要注意保护好家兔的耳缘静脉。注射时应从耳缘静脉的远端开始注射，逐渐向耳根部推进。

3. 在手术过程中注意及时止血。渗血可用纱布压迫止血，小血管破裂出血则需用止血钳夹住出血点并用丝线结扎止血。

4. 动脉插管前应向血压换能器及与其相连的动脉插管内灌满 5% 枸橼酸钠溶液，并排尽气泡、检查装置是否漏液。

5. 动脉插管时，插管口的斜面向下有利于插管，插入后应将插管口斜面向上，以免被堵塞。插管口处应和动脉夹保持一定的距离，以免插管口尖端刺破血管壁。应保持动脉插管与颈总动脉方向一致，以免阻断血流。

6. 插入膀胱插管后如膀胱壁较松弛而膀胱容积仍较大时，可用粗线将膀胱结扎掉一部分，使膀胱内的储尿量减至最少。

7. 手术动作要轻柔，腹部切口不宜过大，以免造成损伤性尿闭。切开腹壁应避免伤及内脏。

【思考题】

1. 一次口服大量清水和静脉快速滴注大量生理盐水时，尿量变化有何异同？其作用机制如何？

2. 静脉注射高渗葡萄糖引起多尿的机制是什么？试根据该原理分析糖尿病患者多尿的原因？

3. 通常情况和紧急情况下，肾血流量是如何调节的？各有何重要生理意义？

4. 大量出汗或大量失血，尿量会发生什么变化？变化的原因是什么？
5. 体循环血压明显降低时对尿液生成有何影响？其机制如何？

（关莉莉）

实验九　中枢神经系统实验

一、反射中枢活动的某些基本特征及反射弧的分析

【实验目的】

通过对某些脊髓反射（如脊蟾蜍的屈肌反射）的分析，理解反射弧的组成并了解反射弧的完整性与反射活动的关系。用不同浓度的硫酸溶液刺激引发屈肌反射，掌握反射时的测定方法，了解刺激强度与反射时的关系。以脊蟾蜍的屈肌反射为指标，观察反射活动的某些基本特征，并分析其发生的可能神经机制。

【实验原理】

在中枢神经系统的参与下，机体对刺激所产生的具有适应意义的规律性应答过程称为反射（reflex）。反射活动的结构基础是反射弧（reflex arc）。反射弧由感受器（receptor）、传入神经（afferent nerve fiber）、神经中枢（central nervous system）、传出神经（efferent nerve fiber）和效应器（effector）五个部分组成。构成反射弧的任何一部分受到损伤均会导致反射活动的丧失，因此，保持反射弧的结构和功能完整是实现反射活动的必要条件。

在反射活动中，由于神经元，尤其是中间神经元联系方式的不同，使反射活动具有相应的特征。如：反射时（从刺激作用于感受器至效应器出现反应所经历的时间）的长短、反射活动空间范围的大小、反射活动持续时间的长短以及引起反射活动的刺激条件等。

【实验对象】

蟾蜍。

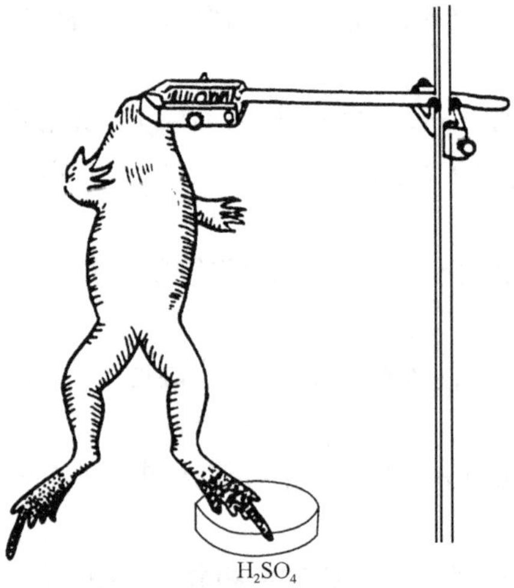

图 4-25　脊髓反射实验装置图

【实验器材与药品】

蛙类手术器械、铁架台、秒表、血管钳、玻璃平皿、肌夹、搪瓷杯、滤纸片（约 1cm×1cm）、刺激电极、双输出电刺激器、烧杯、纱布，硫酸溶液（浓度分别为 0.1%、0.3%、0.5%、1%）、清水。

【实验步骤】

1. 标本制备　取蟾蜍一只，将粗剪刀伸入蟾蜍两侧口裂齐骨膜后剪去上方头颅，制备脊蟾蜍。将脊蟾蜍俯卧位固定在蛙板上，于右侧大腿背侧纵行剪开皮肤，在股二头肌和半膜肌之间的坐骨神经沟内找到坐骨神经干，在神经干下穿一细线备用。手术后，用肌夹夹住动物下颌，将脊蟾蜍悬挂在铁架台上（图 4-25）。

2. 观察项目

（1）反射中枢活动的一些基本特征

1）反射时：在平皿内盛适量 0.1% H_2SO_4 溶液，将蟾蜍一侧后肢的最长趾的趾尖 2～3mm 浸入 H_2SO_4 溶液中（浸入时间最长不超过 10s），同时用秒表记录从浸入时起至后肢发生屈曲所需要的时间（此为屈反射时），并立即将该足趾浸入搪瓷杯水中浸洗数次，然后用纱布拭干。用上述方法重复三次，注意每次浸入趾尖的深度要一致，重复测定屈反射时三次求出均值作为右后肢最长趾的反射时（两次实验间隔至少 2～3min）。随后平皿中分别置换 0.3%、0.5%、1% 的 H_2SO_4 溶液再重复上述测定。比较四种浓度 H_2SO_4 所测得反射时是否相同。

2）反射的空间范围：将一个电极放在蟾蜍后肢的足面皮肤上，先给予弱的连续电刺激，观察发生的反应，然后依次增加刺激强度，观察每次增加强度所引起反射的空间范围有何变化。

3）反射的持续时间：在观察反射的空间范围中，还要注意观察随刺激强度的增加，所引起反射持续的时间有何变化。

4）阈下刺激引起反射的条件：将两个刺激电极各连入刺激器的输出端，然后分别与蟾蜍同一后肢相同的皮肤区域接触，用单个电刺激找出引起屈肌反射的阈值，再用略低于此阈值的阈下刺激分别给予单个电刺激，观察可否引起反射，如均不引起反应，把两个电极放在皮肤的同一区域，距离不超过 0.5cm，同时给予阈下刺激，观察可否引起反射；只放一个电极在后肢皮肤上，在给一次阈下刺激不能引起反射的情况下，换以连续刺激并依次增加刺激频率，记录最早引起反射的频率，并计算该频率刺激的时间间隔（即刺激频率的倒数）。

（2）反射弧的分析

1）用浸有 1% H_2SO_4 溶液的小滤纸片贴在下腹部，观察双后肢有何反应，待反应出现后，清水洗掉滤纸片和 H_2SO_4，用纱布擦干皮肤。

2）分别将左右后肢趾尖浸入盛有 1% H_2SO_4 的小平皿内（两侧浸没的范围相等且仅限于趾尖），观察双侧后肢是否都发生反应。

3）沿左后肢踝关节上做一环形皮肤切口，将切口以下的皮肤全部剥离（趾尖皮肤一定要剥干净），再用 1% H_2SO_4 溶液浸泡该趾尖（切不可将其他趾尖浸入），观察该侧后肢的反应。

4）于右侧坐骨神经做两个结扎，在两结扎间剪断神经，再用 1% H_2SO_4 溶液浸泡该趾尖，观察该侧后肢的反应。

5）以阈上刺激给予右侧坐骨神经中枢端单个电刺激，观察双下肢的反应。

6）用探针捣毁蟾蜍之脊髓后重复步骤 5）。

7）刺激坐骨神经的外周端，观察同侧下肢的反应。

8）直接刺激右侧腓肠肌，观察其反应。

【注意事项】

1. 离断颅脑部位要适当，过高可能保留部分脑组织而出现自主活动，过低会影响反射的引出。

2. 每次用硫酸刺激后要立即洗去，并用纱布擦干，以免损伤皮肤。测定反射时的硫酸浓度应由低到高。

3. 施加电刺激时，要注意区别是通过皮肤刺激了传出神经或肌肉引起的局部反应，还是引起的反射性反应。

4. 浸入硫酸溶液的足趾尖应限一个，且每次浸入的深度应恒定，勿浸入太多。

【思考题】

1. 何谓脊动物？为何本实验要采用脊蟾蜍进行？

2. 什么是反射时？反射时的长短取决于哪些因素？本实验用不同浓度 H_2SO_4 溶液测得的反射时为什么不同？

3. 简要分析反射弧的组成和作用。

4. 分析反射弧中某一部分受损对反射活动的影响。

5. 为什么反射的空间范围可随刺激强度的增强而扩大？

6. 为什么反射持续的时间可随刺激强度的增强而延长？

7. 为何不能引起反射的单个阈下刺激，在同时或相继给予两个以上刺激时可以引起反射？

8. 完全毁损中枢神经以后，用电直接刺激肌肉，还可观察到收缩。这是反射吗？

二、去小脑动物的观察

【实验目的】

观察小鼠的小脑急性损伤后引起的肌张力、随意运动的变化以及身体平衡的失调，从而了解小脑对躯体运动的调节作用。

【实验原理】

小脑（cerebellum）是调节姿势和躯体运动的重要中枢。它接受来自运动器官、平衡器官和大脑皮质运动区的信息，发出传出信息，经丘脑至皮质运动区，经红核、下橄榄核至小脑，或经红核、脑干网状结构（reticular formation of brain stem）到脊髓，组成复杂的反馈环路，对躯体运动作精细调节。根据小脑的传入、传出纤维联系，将小脑分为三个功能部分：前庭小脑、脊髓小脑和皮层小脑。前庭小脑：主要由绒球小结叶构成，其功能是与身体姿势平衡有关；脊髓小脑：其功能为调节肌紧张和协调随意运动；皮层小脑：其功能是与运动区、感觉区、联络区之间的联合活动和运动计划形成及运动程序的编制有关。小脑损伤后发生躯体运动障碍，主要表现为身体失衡、肌张力增强或减退及共济失调（ataxia）。

【实验对象】

小鼠。

【实验器材与药品】

哺乳动物手术器械、鼠手术台、9 号注射针头、棉球、200ml 烧杯、乙醚（aether）。

【实验步骤】

1. 麻醉　麻醉前首先要注意观察正常小白鼠的姿势、肌张力及运动的表现。然后将小鼠置于事先放有浸有乙醚棉球的烧杯中，随后覆玻璃板于烧杯口上（避免乙醚扩散到室内），使其麻醉，待动物呼吸变为深慢且不再有随意运动时，将其取出，俯卧位置于鼠台上。

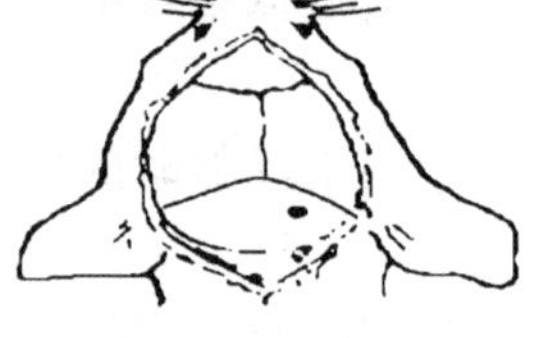

图 4-26　破坏小鼠小脑位置示意图

图中黑点为进针点

2. 手术及观察

（1）剪除头顶部的毛，沿正中线切开皮肤直达耳后部。用左手将头部固定，用刀背刮剥颈肌及骨膜，分离顶间骨上的肌肉，充分暴露顶间骨，透过颅骨可见到下面的小脑。

（2）仔细辨认小鼠颅骨的各骨缝（冠状缝、矢状缝、人字缝）用针头垂直穿透一侧小脑上的顶间骨（图 4-26），进针处为人字缝下 1mm，矢状缝旁 2mm，首先浅破坏，进针深度约 2mm，轻轻转动针尖,破坏其周围小脑组织,然后取出针头,用棉球压迫止血。将小鼠放在实验台上,待其清醒后观察其姿势,肢体肌肉紧张度的变化,行走时有无不平衡现象,动物是否向一侧旋转或翻滚。然后进行深破坏,进针深度约3mm,在小脑范围内左右前后搅动,以破坏该侧小脑。取出针头,用棉球压迫止血。观察方法及项目同前。

【注意事项】

1. 麻醉时要密切注意动物的呼吸变化,避免麻醉过深致动物死亡。手术过程中如果动物苏醒挣扎,可随时用乙醚棉球追加麻醉。

2. 毁损小脑时不可刺入过深,以免伤及中脑、延髓或对侧小脑。

3. 捏动物头部时,用力适度,否则易造成颈椎脱臼而死亡。

【思考题】

1. 通过本实验,可观察到去小脑动物的哪些异常现象?试分析其产生的机制。

2. 试述小脑各部分对躯体运动的调节作用。

3. 小脑性共济失调有何表现?

4. 通过观察破坏中枢神经系统某一部位后所产生的症状,探讨该部位的功能的实验方法有无局限性?为什么?

三、小鼠脊髓半横切与横切

【实验目的】

学习哺乳类动物脊髓半横切与横切的方法,了解脊髓的功能和感觉传导通路的交叉现象;比较脊髓半横切后肢体的运动功能和感觉功能的不同之处,以了解脊髓的传导功能。

【实验原理】

动物脊髓(spinal)半横切后,切面水平以下两侧肢体的运动功能(motor function)和感觉功能(sensory function)出现了不同的改变。脊髓不仅是机体的低级反射中枢,也是躯干部感受器与效应器同脊髓以上各级中枢的联络通路。感觉传导通路在脊髓上行,传导痛觉、温度觉和部分触压觉的传导路径先交叉后上行;肌肉本体感觉与部分触压觉传导路径则先上行后交叉。脊髓半离断时离断的对侧浅感觉障碍(痛觉、温度觉和部分触压觉),同侧深感觉和辨别觉障碍。大脑皮层调节躯体运动的功能是通过锥体系和锥体外系两条传导通路来完成。锥体系包括皮层脊髓束和皮层脑干束。其功能是执行大脑皮层运动区的指令,发动随意运动,调节精细动作,保持运动的协调性。锥体系是通过上运动神经元(皮层)直接(10%~20%)或通过中间神经元(80%~90%)与下运动神经元(脊髓和脑干)发生单或多突触联系,来控制躯体运动。锥体外系是指锥体系以外所有控制脊髓运动神经元活动的下行通路。其功能是调节肌紧张,肌群之间的协调运动。

脊髓是中枢神经系统易受损的部位。脊髓半横切模型可用于脊髓横断性损伤或脊髓半切损害的各种研究,具有重复性好,内脏器官急性反应轻或不明显,动物不易死亡等优点。

【实验对象】

小白鼠。

【实验器材与药品】

蛙类手术器械、蛙板、橡皮筋、200ml烧杯、棉球、直缝针、尖头、钟表、镊子或扁头小骨剪一把、冷冻棉签、乙醚。

【实验步骤】

1. 先观察正常小白鼠在实验台上爬行时四肢动作的协调情况。用针刺其两后肢脚趾，观察有无鸣叫或缩腿等反应。

2. 将小白鼠罩在浸有乙醚棉球的烧杯内进行麻醉，麻醉后用橡皮筋俯卧位固定于蛙板上。以拇、示指二指摸到小白鼠的浮肋，以此为标志剪去背中部的毛，沿背中线剪开，紧贴第1～3腰椎的棘突，用手术刀切开棘突两侧以及椎骨间的肌腱，用镊子和棉球分离肌肉，暴露椎骨。轻轻夹住其中一节腰椎，用镊子夹去或用扁头小骨剪剪去其棘突和一侧椎弓，暴露出白色的脊髓约2mm。以脊髓背面正中的脊髓后动脉为标志，用直缝针将一侧脊髓从中央向外侧完全横断，以生理盐水棉球覆盖创口。待小鼠清醒后立刻进行以下观察：

(1) 比较小鼠两侧后肢脚掌皮肤的颜色、温度及充血情况。

(2) 让小鼠在实验台上爬行，观察小鼠的前肢和后肢的姿势并加以比较。观察后肢有无瘫痪表现。

(3) 用冷冻棉签分别刺激两侧后肢，观察有无反应。

(4) 用针头分别刺两侧后肢趾部，观察有无鸣叫或缩腿等疼痛反应。

【注意事项】

1. 乙醚麻醉过程中，随时观察动物变化，以防止麻醉过深，造成动物死亡；麻醉过浅，小白鼠易苏醒，给手术操作带来不便。

2. 剪开椎骨时注意不要损伤脊髓。

3. 对脊髓半横切的要求：半切既不可过度，又不可不够。

4. 横切时不要损伤脊髓背面正中的脊髓后动脉，以免失血过多。

【思考题】

1. 为什么脊髓半横切的部位选定在第1～3腰椎处？如果半横切部位在胸髓，动物可能会出现什么反应？

2. 脊髓半横切时，躯体两侧的深、浅感觉障碍有何不同？

3. 脊髓空洞症患者为何会出现痛、温觉和触觉障碍的分离？

（朴　花）

实验十　药物对离体蛙心的影响

【实验目的】

1. 利用离体蛙心标本观察药物，如强心苷类、β受体激动剂和β受体阻断剂的作用及它们之间的相互作用。

2. 了解八木氏离体蛙心标本的制备方法。

【实验原理】

两栖类动物的组织器官在离体环境下存活时间较长，故选用青蛙或蟾蜍的离体心脏(isolated frog heart)研究药物对心脏的作用是一种常见的实验方法。蛙心离体后，用正常林格液灌注，在一段时间内，仍可保持有节律的舒缩活动，且可排除各种神经体液调节对药物作用的干扰影响。

本实验首先利用低钙林格液灌注使离体蛙心正常舒缩功能受到损害，复制心衰模型，继而观察不同药物对衰竭心脏的作用及药物间的相互作用。

强心苷类(cardiac glycosides)通过抑制心肌细胞膜的 Na^+,K^+-ATP 酶活性,增加心肌细胞内 Ca^{2+}浓度,使心肌收缩力增强;β 受体激动剂(β receptor agonist)如异丙肾上腺素通过激动 β 受体增强心肌收缩力;β 受体阻断剂(β receptor antagonist)如普萘洛尔则可拮抗 β 受体激动后产生的正性肌力作用。

【实验对象】

蛙或蟾蜍。

【实验器材与药品】

电子计算机、生物机能实验系统、探针、蛙板、蛙类手术器械、玻璃分针、蛙心套管、烧杯、滴管、蛙心夹、压力换能器、烧杯(25 ml,50 ml)、注射器(1 ml)、微量加样器(5 μl,100 μl)。

10 % 洋地黄酊(tinct digitalis)或 0.025 % 毒毛花苷 K(strophanthin K)、0.002 % 普萘洛尔(propranolol)、0.001 % 异丙肾上腺素(isoprenaline)溶液,林格液(任氏液)及低钙林格液(低钙任氏液)。

【实验步骤】

1. 制备八木氏离体蛙心标本

(1) 取蛙或蟾蜍一只,用探针捣毁脑和脊髓。然后将蛙或蟾蜍仰位固定于蛙板上,依次剪开胸部皮肤和胸骨,暴露胸腔,用眼科镊提起心包膜,用眼科剪小心将其剪开,充分暴露心脏,观察心脏结构(图 4-27)。

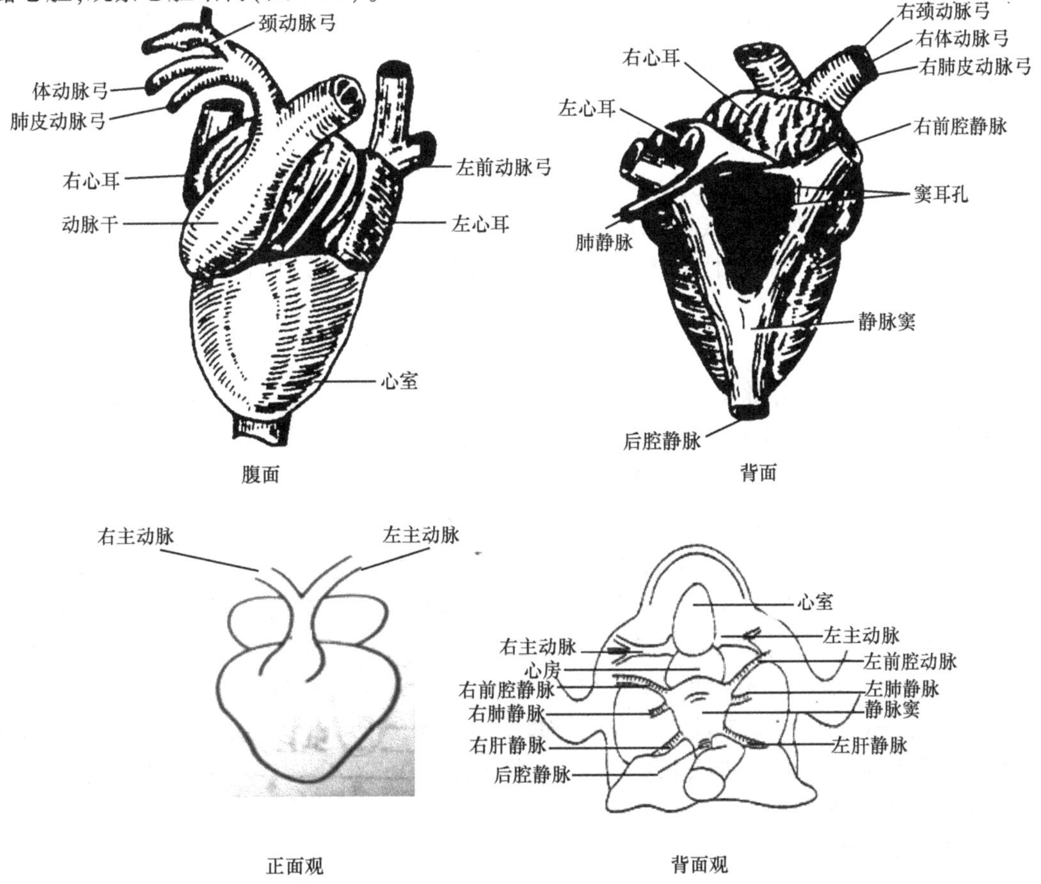

图 4-27　蛙心解剖图

（2）分离左、右主动脉，在其下穿2根线（a、b）备用；用玻璃分针将心尖翻向头侧，暴露出静脉窦、后腔静脉（下腔静脉）及左、右肝静脉，小心分离并剪开两侧肝脏与肺脏间的韧带，使后腔静脉完全游离出来；连同b线，于分离好的后腔静脉及左、右肝静脉下穿线c备用。

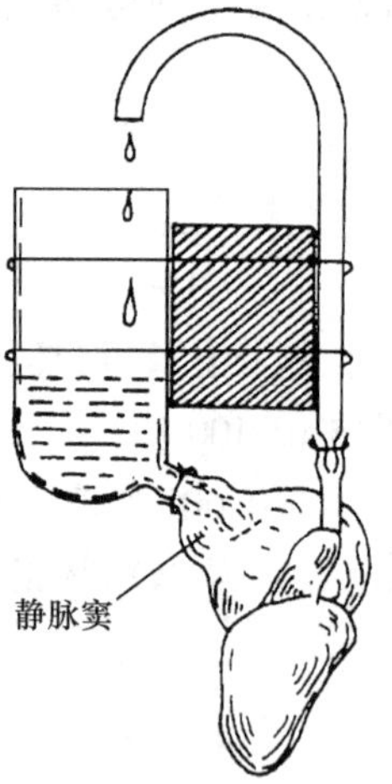

图 4-28　八木-Hartung 法离体蛙心灌流图

（3）用小镊子夹住肝脏提起后腔静脉，在远离静脉窦处剪一小口，将八木氏套管拆开，静脉套管内预先充入林格液，向心脏方向插入静脉套管，用乳头吸管往静脉套管内注入林格液，确认插入静脉窦后，用事先穿好的c线连同左、右肝静脉一并结扎并固定。

（4）结扎后用林格液将心脏内的余血驱除，然后向下翻转心脏，在左主动脉远心端处剪口，动脉套管内预先充入林格液，向心脏方向插入动脉套管，当看到灌流液从其中流出时，连同右主动脉用a线结扎并固定。

（5）最后，轻轻提起蛙心套管及所连蛙心，用b线将除左、右主动脉、后腔静脉及左、右肝静脉以外的血管全部结扎，剪断心脏与周围组织的联系，将八木氏套管重新组装好，即制成八木氏离体蛙心标本（图4-28）。

（6）此时可以看到，灌流液从静脉插管流入心脏，经动脉插管泵出，再回到静脉插管，如此形成一个循环系统。用林格液反复冲洗，更换静脉插管内的灌流液，直到将残留的血液完全洗出，灌流液呈无色透明为止。注意静脉插管内液面高度在整个实验过程中应保持不变。

2. 实验观察

（1）连接装置，描记正常心脏收缩曲线：将制备好的八木氏离体蛙心标本固定于试管架上，用蛙心夹在舒张期夹住心尖，并与压力换能器相连。调试计算机程序，描记一段正常收缩曲线，观察：①心脏收缩振幅；②心率；③每分输出量。

（2）更换蛙心套管中的林格液为低钙林格液，描记收缩曲线并观察记录上述①②③各项指标。

（3）药物作用

1）1 ml 注射器向静脉套管内滴入 0.025% 毒毛花苷 K 溶液（或 10 % 洋地黄）0.2 ml，连续观察 5 min，并记录上述①②③各项指标。如果作用不明显，可再适量滴入药物。至作用明显后，用低钙林格液冲洗 3 次（或 3 次以上）使心脏活动恢复至给药前状态。

2）滴加普萘洛尔使低钙林格液中药物终浓度为 3.38×10^{-7} mol/L，记录上述①②③指标有何变化。当出现作用时，立即重复步骤 1），记录上述①②③各项指标，观察心脏变化。

3）换另一心脏标本，描记正常及低钙环境收缩曲线，记录上述①②③指标后，向静脉套管内加入异丙肾上腺素使低钙林格液中药物终浓度为 3.59×10^{-8} mol/L，观察 5 min，记录上述①②③各项指标。用低钙林格液冲洗 3 次（或 3 次以上），使心脏活动恢复到给药前状态。

4）滴加普萘洛尔使营养液中药物终浓度为 3.38×10^{-7} mol/L，记录上述①②③指标有何变化。当出现作用时，立即重复步骤 3），记录上述①②③各项指标，观察心脏变化。

【结果与讨论】

1. 心脏收缩曲线。
2. 设计表格总结实验结果。

【注意事项】

1. 制备八木氏离体蛙心标本时,注意避免损伤心脏和静脉窦。

2. 亦可用斯氏(Straub)法制备蛙心进行实验。

3. 记录心率和心输出量时,应至少计数 30 s。

4. 每次换药前后,静脉套管内液体量应一致。

5. 离体心脏表面应经常保持湿润。

6. 静脉插管可用刻度管,便于研究改变前负荷对心肌收缩力及心输出量的影响。

【思考题】

1. 试对给予不同药物后出现的实验现象给予解释。

2. 普萘洛尔与强心苷类合用和普萘洛尔与异丙肾上腺素合用对蛙心作用的实验现象是否一致?为什么?

3. 试讨论八木-Hartung 法离体蛙心灌流装置都可用于哪些研究?

（王　丽）

实验十一　普鲁卡因对神经干的作用

【实验目的】

观察普鲁卡因对混合神经的作用特点;掌握局部麻醉药的概念及其作用机制。

【实验原理】

局部麻醉药(local anesthetics)简称局麻药,是一类局部应用于神经末梢或神经干周围,能可逆性地阻断神经冲动的产生和传导,在意识清醒的条件下,使局部痛觉暂时消失的药物。在局麻药作用下,痛觉先消失,其次是冷觉、温觉、触觉和压觉;神经冲动的传导则按相反顺序恢复。局麻作用消失后,神经功能可完全恢复,对神经和肌肉均无损伤。

局麻药在低浓度时就能阻断感觉神经冲动的发生和传导,较高浓度时对神经系统的任何部分和各种类型的神经纤维都有阻断作用,使神经纤维兴奋阈升高、传导速度减慢、动作电位幅度降低,最后完全丧失产生动作电位的能力。局麻药的作用特点为:神经纤维对局麻药的敏感性与纤维直径成反比,一般细的无髓鞘神经纤维比粗的纤维对局麻药的作用更敏感。因此,对混合神经,一般为感觉神经先麻醉,运动神经后麻醉。

局麻药主要作用于神经细胞膜。在正常情况下神经细胞膜的去极化有赖于 Na^+ 内流,局麻药可直接与电压控制的 Na^+ 通道相互作用而抑制其内流,阻止动作电位的产生和神经冲动的传导,产生局麻作用。

本实验拟观察局麻药普鲁卡因对混合神经(如坐骨神经)的作用特点。

【实验对象】

蟾蜍。

【实验器材与药品】

电子计算机、生物机能实验系统;蛙板、蛙类手术器械一套(粗剪刀、手术剪、镊子、玻璃分针、蛙钉)、刺激电极、脱脂棉、蜡纸、滴管、培养皿、棉线、污物缸;1 % 盐酸普鲁卡因溶液、任氏液(林格液)。

【实验步骤】

1. 取蟾蜍一只(不捣毁脑和脊髓),将其腹卧位固定于蛙板,剪开一侧股部皮肤,可见股二头肌和股三头肌，用玻璃分针在两块肌肉之间分离坐骨神经干，在其下穿一线，轻提起神经在其下垫一小片蜡纸，将神经与周围肌肉隔开。并暴露腓肠肌(图 4-29)。

2. 以方形波(BL-420 系统参数选择非程控、细电压、单刺激)刺激坐骨神经，找出最小刺激阈(增大到刚开始出现腓肠肌收缩的刺激强度)，选用适宜的刺激强度(最适刺激，即增大到刚开始出现全身反应的刺激强度，可稍大于最小刺激阈)，观察蟾蜍对刺激的全身反应及该侧腓肠肌的运动反应。以下实验中刺激强度采用最适刺激的 4 ~5 倍，并保持不变。

3. 将一段棉线(或直径为 1.5 mm 的细棉条)浸泡 1 % 盐酸普鲁卡因溶液后，包绕神经干的穿线部位。

4. 于给药后 0min、2min、4min、6min、8min、10min 时，分别以同样强度(最适刺激的 4 ~5 倍)刺激给药部位上端(近中端)、下端(远中端)的神经干，观察蟾蜍全身反应及该后肢的运动反应(腓肠肌反应)，将结果记录入表 4-7 中，并分析结果(图 4-30)。

【结果与讨论】

将实验结果列表表示，比较给药前(0 min)及给药后 2min、4min、6min、8min、10min 电刺激坐骨神经近中端及远中端的反应有何不同，分析可能发生的原因。

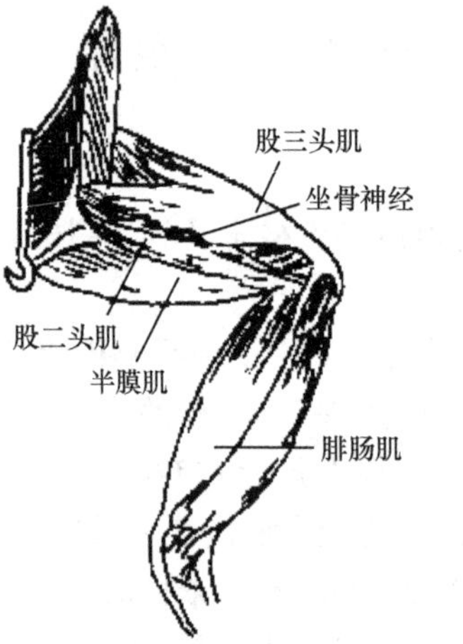

图 4-29 蟾蜍下肢肌肉解剖图

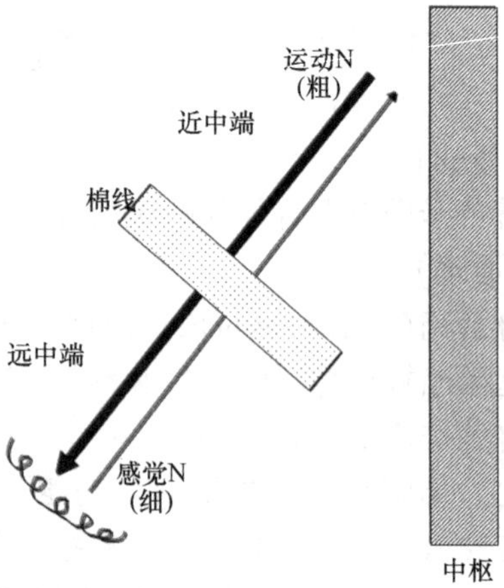

图 4-30 电刺激部位示意图

表 4-7 普鲁卡因对神经干的作用

时间	近中端		远中端	
(min)	腓肠肌运动	全身反应	腓肠肌运动	全身反应
0				
2				
4				
6				
8				
10				

"+"表示对刺激有反应；"-"表示对刺激无反应

【注意事项】

(1) 不捣毁蟾蜍的脑和脊髓。

(2) 棉线浸泡药液不宜过多。

(3) 神经分离时需用玻璃分针,分离过程中操作必须精细,避免用金属器械碰夹神经,以免损伤。

(4) 应经常用任氏液湿润标本,以保持良好的兴奋性。

【思考题】

(1) 蟾蜍坐骨神经中感觉神经与运动神经对普鲁卡因的敏感性是否相同?

(2) 为什么应用普鲁卡因后刺激近中端蟾蜍始终有全身反应,而腓肠肌运动可消失?

(3) 为什么应用普鲁卡因后刺激远中端蟾蜍始终有腓肠肌运动,而全身反应可消失?

(4) 简述局麻药的机制,其对混合神经作用特点是什么?

(吕　莉)

实验十二　作用于传出神经系统的药物对离体肠平滑肌的作用

【实验目的】

(1) 学习离体肠平滑肌器官的实验方法,制备离体肠管平滑肌标本。

(2) 观察作用于传出神经系统的药物对离体肠平滑肌的作用。

【实验原理】

消化运动的基本形式是蠕动。整体内消化管运动受神经和体液因素的调节。在离体条件下完全排除了神经和体液因素的影响,仍能产生节律性收缩。小肠平滑肌还具有伸展性、对化学因素、牵张刺激及温度变化敏感等特性。本实验根据肠平滑肌上传出神经系统递质的受体分布特点,可观察拟、抗胆碱药物及拟肾上腺素类药物对肠平滑肌的作用。

【实验对象】

家兔,2.5 kg 左右。

【实验器材与药品】

Magnus 实验装置一套(包括麦氏恒温水浴装置、麦氏浴管、气泵外接进气管,如图 4-31 所示)、张力换能器、铁支架、双凹夹、注射器、注射器针头、棉线、手术剪;台式液,1.0×10^{-4} mol/L 乙酰胆碱(acetylcholine)、2.5×10^{-5} mol/L 毒扁豆碱(physostigmine)、3.5×10^{-4} mol/L 阿托品(atropine sulfate)、6×10^{-5}mol/L 苯肾上腺素(phenylephrine)、5×10^{-7} mol/L 异丙肾上腺素(isoprenaline)。

【实验步骤】

1. 家兔离体肠平滑肌标本的制备　以手倒提家兔,用木槌猛击其头后部令其急死,立即剖开腹腔,轻轻剪取回肠,迅速置于冷台氏液中,除去肠系膜,并将肠管剪成数段,用台氏液将肠内容物冲洗干净,再将肠剪成 2～3 cm 小段备用。注意操作应轻柔。如不即时应用,可连同台氏液置于 4 ℃冰箱中保存,一般可维持活力 12 h 左右。

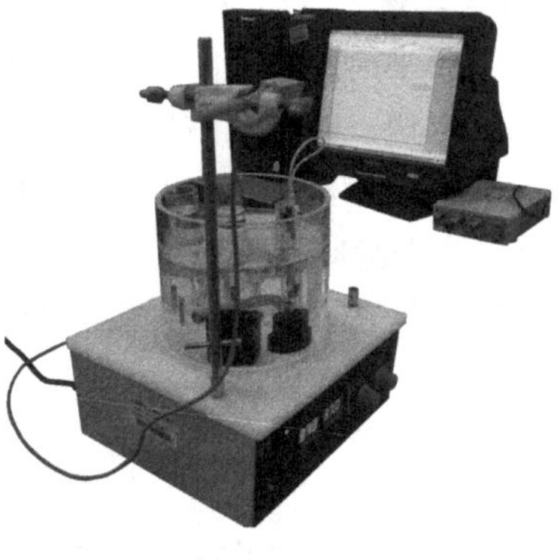

图 4-31　麦氏浴槽装置

2. 实验装置的准备　此装置由恒温、供气、供液和排液以及记录部分组成。麦氏浴槽内水温由恒温装置控制在 38±1 ℃。麦氏浴管置于麦氏浴槽内,以使浴管内营养液保持同样的恒温。气源(气泵)与麦氏浴管相联,气流量以 1～2 个小气泡/秒为宜。浴管下端与排液管相联。

3. 标本连接及记录　轻取一段小肠标本，一端固定于L型钩的小钩上，对角线方向将另一端挂于与张力换能器相连的小钩上，慢慢放入麦氏浴管中并调节至适宜紧张度，此时标本通过张力传感器与计算机相连。标本连接好后向麦氏浴管内充入约30 ml 38±1 ℃营养液(台式液)，适应10～15 min后，描记离体回肠平滑肌正常收缩曲线。

4. 给药　如果温度、供气、营养液(浴管内30 ml)适宜，标本存活，适应10～15 min后，描记一段正常曲线。然后按如下步骤给药：

(1) 加入1.0×10^{-4} mol/L乙酰胆碱0.1 ml，记录肠管收缩曲线变化，待作用明显后，用台氏液冲洗3次。

(2) 描记一段正常曲线，加入2.5×10^{-5} mol/L毒扁豆碱0.2 ml，观察收缩曲线变化，待作用明显时，再加入1.0×10^{-4} mol/L乙酰胆碱0.1 ml，作用达高峰后，加入3.5×10^{-4} mol/L阿托品0.1 ml，观察收缩曲线变化，当出现明显作用后，用台式液冲洗3次。

(3) 描记一段正常曲线，加入6×10^{-5} mol/L苯肾上腺素0.2 ml，观察收缩曲线变化，待作用不再加大后，用台氏液冲洗3次。

(4) 描记一段正常曲线，加入5×10^{-7} mol/L异丙肾上腺素0.2 ml，观察收缩曲线变化。

【结果与讨论】

根据所描记曲线分析不同的药物对离体肠平滑肌的作用及药物间的相互作用及其机制。

【注意事项】

1. 水浴温度应保持在38±1 ℃，换洗用营养液应预温，浴管内营养液的容积在冲洗前后要保持一致。

2. 肠管与张力换能器或L形管间连接线不能与浴管壁接触，亦不要太松或太紧。

3. 通气管的气泡逸出速度不可太快，以单个气泡连续出现为宜。通气管的气泡亦不可过大，以小米粒成串状出现为宜，否则会影响肠段运动的曲线记录。

4. 向浴管内加药时，每种药物应固定使用同一注射器；加药时不要碰连接线，也不要将药滴到管壁上。

5. 实验中不能改变记录仪的灵敏度及标本的负荷量。

6. 用台氏液冲洗，一般应冲洗2～3次，待肠段恢复正常活动后再进行下一项目。

【思考题】

1. 肠平滑肌可受哪些神经支配？分布有哪些受体？

2. 毒扁豆碱与乙酰胆碱对离体肠平滑肌作用有何异同？其机制是否相同？

3. 实验给药的第二步中先加入毒扁豆碱对乙酰胆碱的作用有何影响？再加入阿托品后离体肠平滑肌的收缩曲线有何变化，为什么？

4. 苯肾上腺素与异丙肾上腺素对离体肠平滑肌作用有何异同？其作用机制是否相同？

（吕　莉）

实验十三　有机磷酸酯类中毒及解救

【实验目的】

熟悉有机磷酸酯类中毒的临床症状和血液胆碱酯酶活力的抑制情况，通过比较阿托品、解磷定的解救作用效果的异同，掌握两药的作用原理。

【实验原理】

有机磷酸酯类中毒后,胆碱酯酶(cholinesterase,ChE)活力受到抑制,失去水解乙酰胆碱(Ach)的能力,Ach 在体内蓄积,引起一系列中毒症状(M 样、N 样和中枢神经系统症状)。抗胆碱药阿托品能拮抗 Ach 的作用,解除有机磷酸酯类中毒 M 样症状。

轻度:M 样症状(兴奋平滑肌致大小便增多、腺体分泌增多致流涎、瞳孔缩小等)。

中度:M 和 N 样(骨骼肌兴奋可致肌震颤)症状。

重度:M、N 和中枢神经系统(可由躁动不安等中枢兴奋转为昏迷等中枢抑制至死亡)症状。

胆碱酯酶复活药(cholinedterase reactivators)是一类可以使已经被有机磷酸酯类所抑制的胆碱酯酶经过治疗,恢复活性的药物。这类药物使有机磷酸酯类中毒的治疗获得了新的发展,其不仅使单用阿托品所不能控制的严重中毒病症可以得到解救,并且能够显著地缩短了一般中毒的病程发展。常用的有碘解磷定(pyraloxime methoiodide,PAM)和氯解磷定(pyraloxime methylchloride,2-PAM-cl),二者均为肟类(oxime)化合物。

解救原则:

(1) 清除毒物,避免继续吸收。

(2) 特殊治疗

1) M 受体阻断剂阿托品:与 Ach 竞争 M 受体,解除有机磷酸酯类中毒 M 样症状。要及早、足量、反复注射,达到阿托品化。对轻度中毒有效。对中、重度中毒,需合用胆碱酯酶复活药。

2) 胆碱酯酶复活药解磷定:能使被有机磷酸酯类抑制的乙酰胆碱酯酶(acetylcholinesterase ,AchE)活力恢复,对 M 及 N 样症状有效。要及早应用,防止酶的老化。需与阿托品合用,可提高解救效果(因为胆碱酯酶复活药不能对抗中毒时已经聚积在突触间隙的大量 Ach 激动 M 受体的作用)。胆碱酯酶复活药解磷定能使被有机磷酸酯类抑制的 AchE 活力恢复,对 M 及 N 样症状有效。两药合用可提高解救效果。

(3) 对症治疗:吸氧、人工呼吸,抗休克等。

【实验对象】

家兔,2.5~3.0 kg。

【实验器材与药品】

0.1%硫酸阿托品(atropine sulfate)、7.5%美曲膦酯(metrifonate,又称敌百虫)、1%肝素(heparin)、2.5%碘解磷定(pyraloxime methoiodide,PAM)、恒温水浴、721 型分光光度计、试管架、试管、吸管(0.2ml、1ml、2ml、5ml)、滤纸、漏斗、注射器(2ml、5ml、10ml)、测瞳孔尺、刀片、采血杯、动脉夹,棉球。

【实验步骤】

1. 家兔称重,观察并记录活动情况、呼吸(频率、有无呼吸困难,呼吸道有无分泌物等)、瞳孔大小、唾液分泌、大小便、肌张力及有无肌震颤等。

2. 用乙醇溶液棉球擦拭兔耳缘静脉,当其充血明显时,用刀片横断耳缘静脉,使血液(0.5~1.0 ml)自然流入采血杯(杯内预先滴入 2 滴肝素,自然干燥后备用)中,或用 2ml 注射器逆血流方向于耳缘静脉采血滴入采血杯中,轻轻振荡采血杯,防止凝血。依上述方法取家兔耳缘静脉血各一份放入试管中,标记为 O 管(空白管)和 S 管(标准管),供测正常胆碱酯酶活性用。

3. 家兔耳缘静脉注射 7.5%美曲膦酯(metrlfonate,又称敌百虫)1.5 ml/kg。按前述指标观察并记录中毒症状。待中毒症状明显时,依上法再次采血供测中毒后胆碱酯酶活性用。然后,将进行实验的家兔平均分为两大组,甲组立即静脉注射阿托品(atropine)1 ml/kg,乙组立即静脉注射 PAM 4 ml/kg，观察前述指标并记录中毒解救后症状有何变化，特别注意两组家兔临床症状的区别。在症状改善明显时，分别采血用于测定解救后胆碱酯酶活性使用。

4. 依据附录二所示，进行胆碱酯酶活性的测定填写表 4-8 并分析实验结果。

【结果与讨论】

根据本实验的观察项目，列表记录甲乙两兔中毒前后和用不同药物解救后症状及血液胆碱酯酶活性变化，并解释实验现象。

表 4-8 实验结果

组别	瞳孔(cm)	呼吸	二便	唾液	肌张力与肌震颤	OD 值	胆碱酯酶活性(U/ml)
中毒前							
中毒时							
阿托品							
碘解磷定							

【注意事项】

1. 所使用的敌百虫是有机磷农药，能透过皮肤吸收。在实验过程中，应充分注意自我保护，戴好防护手套，防止接触中毒。

2. 敌百虫注射时，因药物对家兔刺激性较大，一定要注意固定好家兔。如敌百虫溅到皮肤上，用清水洗，忌用肥皂清洗。

3. 如所给敌百虫不能引起动物显著的毒性反应，可适当追加 1/3 剂量。

4. 当中毒症状明显后，及时注射阿托品或碘解磷定，以防止酶老化。可提前准备好解救药。

5. 当进行瞳孔测量时，一定要注意几次测定要求对光一致。

【思考题】

1. 碘解磷定对 M 和 N 样中度症状的解救效果有何不同？

2. 阿托品、碘解磷定的解救效果有何不同？为什么？

3. 根据本实验思考有机磷中毒的临床治疗原则和注意事项。

4. 如敌百虫溅到皮肤上，为何用清水洗，而忌用肥皂清洗？

【附录一】实验试剂配制

(1) 配制 7×10^{-3}mol/L 氯乙酰胆碱(acetylcholine chloride, ACh)：取适量 Ach，用蒸馏水配成 2.54 % 溶液，4 ℃保存。用前以蒸馏水 20 倍稀释成 7×10^{-3} mol/L 溶液(氯乙酰胆碱相对分子质量为 181.7)。

(2) 配制 1 mol/L 盐酸羟胺($NH_2OH \cdot HCl$)：取 25g 盐酸羟胺，加蒸馏水 359 ml 配成 1 mol/L 溶液备用，4℃保存。

(3) 3.5 mol/L NaOH。

(4) 4 mol/L HCl。

(5) 配制 3.7×10^{-1} mol/L $FeCl_3 \cdot 6H_2O$：取 10 g $FeCl_3 \cdot 6H_2O$，加蒸馏水 20 ml 左右，浓 HCl 0.84 ml，加温溶解，最后加蒸馏水到 100 ml 制成 3.7×10^{-1} mol/L $FeCl_3$，0.1 mol/L HCl 溶液。

(6) 配制 pH 7.2 的磷酸盐缓冲液：取 $Na_2HPO_4 \cdot 12H_2O$ 16.72 g 和 KH_2PO_4 2.72 g，加蒸馏水到 100 ml，4 ℃保存。

【附录二】全血胆碱酯酶活性的比色测定法(Hestrin 法)

【实验原理】

血液胆碱酯酶催化乙酰胆碱水解。在一定条件下，水解的乙酰胆碱量与酶的活力呈正比。故在反应体系中加入一定量的乙酰胆碱，经血液中的胆碱酯酶作用后，测定剩余乙酰胆碱量，便可得知已水解的乙酰胆碱量，从而测出胆碱酯酶的活力。

剩余乙酰胆碱量的测定，系利用乙酰胆碱与羟胺生成异羟肟酸，后者在酸性条件下又与 Fe^{3+} 作用，生成红棕色的异羟肟酸铁络合物。其颜色深浅可以反映乙酰胆碱含量的多少。

反应过程如下：

（1）盐酸羟胺与氢氧化钠作用释放出游离羟胺：

$$NH_2OH \cdot HCl + NaOH \rightarrow NH_2OH + NaCl + H_2O$$

（2）剩余乙酰胆碱与游离羟胺作用，生成羟肟酸化合物：

$$(CH_3)_3 \equiv N-(CH_2)_2OCOCH_3 + NH_2OH \rightarrow CH_3CONHOH + (CH_3)_3 \equiv N-(CH_2)_2OH$$

（3）羟肟酸化合物在酸性条件下与三氯化铁生成褐色的复合物（羟肟酸铁络合物）：

$$FeCl_3 + CH_3CONHOH \xrightarrow{pH=1\sim1.5} [CH_3CONHO]_3Fe\text{（红棕色）}$$

【实验步骤】

操作步骤见表4-9。

表4-9　操作步骤表

步骤	加入量		
	空白管	标准管	测定管（1、2、3、4）
pH7.2的磷酸盐缓冲液（ml）	0.9	0.9	0.9
全血（ml）	0.1	0.1	0.1
37℃水浴预热3min			
0.007mol/L 乙酰胆碱（ml）	/	/	1.0
37℃水浴预热20min			
碱性羟胺溶液（ml）	4.0	4.0	4.0
0.007mol/L 乙酰胆碱（ml）	/	1.0	/
室温静置2min			
4mol/L 盐酸溶液（ml）	2.0	2.0	2.0
10% 三氯化铁（ml）	2.0	2.0	2.0
0.007mol/L 乙酰胆碱（ml）	1.0	/	/
滤纸过滤，于15min内用光电比色（波长525nm）			
测OD值			

注：1. 按下表操作，每加一种试剂后均充分摇均，保温时间需严格控制

2. 测定管1、2、3、4分别为给药前、中毒时、阿托品解救后及解磷定解救后血样

【计算公式】

$$胆碱酯酶活性(U/ml)=\frac{标准管光密度-测定管光密度}{标准管光密度}\times 10$$

注：通常以1 ml血液在规定条件下能分解1 μmol 乙酰胆碱定为1个胆酰酯酶活性单位。计算式中的“70”是由于每管中加有7 μmol 乙酰胆碱、0.1 mol 血液，7×1.0/0.1＝70。

（刘　琦）

实验十四　呋塞米对家兔的利尿作用

【实验目的】

观察利尿药对水及电解质排泄的影响，掌握利尿药动物实验方法。

【实验原理】

1. 利尿药

(1) 定义：是直接作用于肾脏，抑制肾小管对水和电解质的重吸收，增加水和电解质的排泄，产生利尿、消肿、降压作用的药物。

(2) 临床应用：用于治疗各种原因引起的水肿，也可用于某些非水肿性疾病，如高血压、心衰、肾结石等。

(3) 分类：根据利尿药的作用部位，可分为高效、中效和低效利尿药。

(4) 呋塞米（速尿，furosemide，高效利尿药）可通过抑制髓袢升枝粗段髓质和皮质部的钠、钾、氯等离子的重吸收产生强大利尿作用。

2. 利尿药的实验方法

(1) 代谢笼实验法：适用于大、小白鼠。

(2) 直接自输尿管或膀胱收集尿液：适用于较大动物（家兔、猫、狗）。

通过对排尿量及尿中电解质（Cl^-，Na^+，K^+）含量测定和分析，判断利尿作用强弱与电解质平衡的关系。

【实验对象】

家兔，体重 2 kg 以上。

【实验器材与药品】

手术器械一套，玻璃膀胱套管，注射器（1 ml，20 ml），烧杯（50 ml），离心管，3 % 戊巴比妥钠（pentobarbital sodium）或 25 % 氨基甲酸乙酯（乌拉坦，urethane），1 % 呋塞米，生理盐水（NS）。

【实验步骤】

1. 麻醉　称重，25 % 氨基甲酸乙酯 4 ml/kg 耳缘静脉麻醉。

2. 固定　仰卧位固定于兔手术台上。

3. 水饱和　38 ℃的 NS 20 ml（耳缘静脉注射）；或者于麻醉前 NS 50 ml/kg（灌胃）。

4. 手术　下腹部剪毛，由耻骨联合上缘向上，沿腹正中线作约 4 cm 长的皮肤切口，沿腹白线切开腹壁和腹膜、找出膀胱，沿膀胱腹侧面避开血管作 1cm 切口，插入膀胱套管（套管内应充满液体）。套管口对准输尿管口，然后结扎、固定。此时可见尿液经套管口流出。将膀胱同膀胱套臂一起回纳腹腔，用生理盐水纱布敷盖切口。

5. 记录　将最初 5 min 排出的尿液弃之不计。然后每 5 min 收集和记录正常尿液滴数，尿量和 30 min 总尿量。耳缘静脉注射 1 % 呋塞米 5 mg/kg，观察给药后每 5 min 尿液滴数及尿量，记录 30min 总尿量。最后将给药前后收集的尿液用比浊法（或用火焰光度法）测 Na^+，K^+。用滴定法测 Cl^-（方法见本实验附录）。

【结果与讨论】

汇总结果，计算不同时间尿量的均值，以尿量 ml 数（ml/2 min）为纵坐标，给药后不同时间为横坐标作直方图。比较给药前后尿量及离子排出的变化及各组间尿量及离子排出的变化。绘制图或表总结实验结果（表 4-10）。

表 4-10　实验结果

动物	体重(kg)	药物与剂量	给药前	给药后
			每分钟滴数及 30 min 总尿量	每分钟滴数及 30 min 总尿量

【注意事项】

1. 氨基甲酸乙酯麻醉不宜注射过快。

2. 水饱和时，自耳缘静脉迅速注射38℃的生理盐水20 ml(1 min内注射完)；灌胃时，将胃管另一侧放在水盆里，如有气泡，说明插入气道，退出重插。

3. 膀胱套管应对准输尿管口，不应扭曲，亦不应填塞输尿管口。

4. 本实验亦可用兔输尿管插管法收集尿液。该法要点如下：取家兔一只，麻醉，输液及手术步骤同上法。暴露膀胱，在膀胱底部找出双侧输尿管，轻轻分离一侧输尿管，穿过两根线。在输尿管近膀胱处用一根线结扎，用另一根线轻轻提起输尿管，在管壁上剪一小口，然后经此口向肾脏方向插入一细塑料管，用线结扎固定。此时可见少量尿液经管口流出，用量筒收集尿液。观察记录正常尿量15 min(每5 min一次)。然后由耳缘静脉注射1％呋塞米5 mg/kg，记录给药后尿量。测定分析尿中离子含量。结果处理同前法。

【思考题】

1. 呋塞米的利尿作用机制？呋塞米为何有较强的利尿作用？

2. 常用利尿药的作用部位和作用机制是什么？

3. 呋塞米有何临床用途？

4. 比较各类利尿药对尿电解质排泄影响的区别。

【附录一】比浊法测定尿 Na^+

【实验原理】

用无水乙醇沉淀尿中蛋白得无蛋白尿滤液，其中钠与焦性锑酸钾作用生成焦性锑酸钠沉淀，与标准管比较求其钠含量。化学反应式如下：$NaCl + K[Sb(OH)_6] \rightarrow Na[Sb(OH)_6] \downarrow + KCl$。

【实验药品】

1. 钠标准液(1 ml = 0.15 mg 钠)　取分析纯氯化钠置于110～150 ℃烘箱中干燥15 h以上，取0.3815 g氯化钠加水50 ml溶解，再以无水乙醇加至1000 ml，充分混匀后备用。

2. 无水乙醇

3. 2%焦性锑酸钾　取一级或二级试剂的焦性锑酸钾10 g，溶于500 ml蒸馏水中，煮沸3～5 min，用流水冷却，加10%二级或三级试剂的氢氧化钾15 ml，过滤后保存于塑料或涂有液状石蜡的棕色玻璃瓶中备用。

【实验器材】

试管架一个、刻度离心管(5 ml)、试管(10 ml)、吸管(1ml，2ml，5 ml)。

【实验步骤】

取尿0.1 ml加无水乙醇1.9 ml，置于离心管中，用力振摇后放置10 min，离心(2500r/min)5 min，取上清液按表4-11程序操作。

表 4-11 比浊法测定尿 Na^+ 程序

	标准管	测定管	空白管
尿上清液(ml)	-	0.5	-
钠标准液(1 ml=0.15 mg)	0.5	-	蒸馏水 0.5
2 % 焦性锑酸钾(ml)	5.0	5.0	5.0
对管底吹入			

操作完毕后混匀立即用 721 型分光计在 520nm 比色。以空白调零点,读出其光密度。

【计算】

1. 测定管光密度/标准管光密度×0.075/0.025=钠(mg/ml)。

2. 钠(mg/ml)×30 min 尿量=总钠量(mg)。

其中 0.075 表示标准液实际含钠毫克数(1 ml=0.15 mg,0.5 ml=0.075 mg 钠)。0.025 表示测定液中含尿量(0.1 ml 尿加无水乙醇 1.9 ml 稀释到 2 ml,实际取 0.5 ml 稀释液,故为 0.025)。

【注意事项】

1. 加无水乙醇后应用力振摇,使速成沉淀,致使蛋白颗粒均匀。

2. 标准液需临用前现配。

3. 操作完毕立即比色,久置颗粒变粗影响结果。

【附录二】火焰光度法测定尿 Na^+, K^+

取 1 ml 尿液标本,稀释一定倍数(如 50,100,200…)。按下列步骤测定:

1. 尿钠测定　标准钠溶液(C_0)为 1 mg%,测其辐射强度读数(a_0),并测几种稀释液的辐射强度值(a_x),选取与 a_0 相近的 a_x 进行计算。

1 ml 尿液样本的钠浓度=C_0×(a_x/ a_0)×稀释倍数。

30 min 钠总量=尿液样本钠浓度×30 min 尿量。

2. 尿钾测定　方法及结果处理同尿钠测定,只改用钾标准液即可(钾标准液为 1 mg%)。

【附录三】滴定法测定尿 $C1^-$

【实验原理】

用硝酸银试剂将尿液中氯离子沉淀为氯化银。如硝酸银稍有过量,便与铬酸钾作用形成橘红色铬酸银,以所消耗的硝酸银计算氯离子含量。

【实验药品】

1. 硝酸银标准液(1 ml 相当于氯化钠/mg 或氯离子 0.606 mg)　称取分析纯硝酸银 2.9063 g 置于 1000 ml 容量瓶内,加蒸馏水少许使之溶解,再用蒸馏水稀释至刻度。

2. 20 % 铬酸钾溶液　称取铬酸钾(K_2CrO_4)20 g,用蒸馏水溶解并稀释至 100 ml。

【实验器材】

滴定管,吸管(1 ml),白瓷蒸发皿。

【实验步骤】

用吸管吸取 1.0 ml 尿液,置于白瓷蒸发皿中,加蒸馏水 10 ml 和 20% 铬酸钾溶液 2 滴,慢慢滴入硝酸银标准液,随滴随摇,至呈现不褪色橘红色为止,记录硝酸银消耗的 ml 数。

【计算】

滴定所消耗的硝酸银标准液 ml 数×0.606×100=$C1^-$ mg/100 ml。

(孙鹏远)

实验十五　药物对麻醉动物血压的影响

【实验目的】

本实验主要通过观察传出神经系统药物对血压的影响及其相互作用，掌握麻醉动物急性血压的记录方法。加深对上述药物相互作用关系的理解。

【实验原理】

血压的形成与心室射血、血管阻力和循环血量三个基本因素相关，通过神经-体液调节机制维持血压正常。传出神经系统中的自主神经系统有以乙酰胆碱为递质的副交感神经系统和以去甲肾上腺素为递质的交感神经系统，它们相互作用，相互对抗，维持机体的生理机能平衡。药物影响副交感神经系统和交感神经系统的作用部位主要是递质和受体。

作用于传出神经系统的药物分为拟神经递质药物和拮抗神经递质药物两类，通过激动或阻断分布于心血管的肾上腺素受体和胆碱受体，影响心肌收缩性和血管舒张程度，从而升高或降低血压。本实验通过观察血压的变化，分析肾上腺素受体激动剂与拮抗剂之间的相互作用。

【实验对象】

家兔。

【实验器材与药品】

1. 器材　婴儿称，手术台，手术器械，气管插管，动脉夹，动脉插管，头皮针，压力换能器，BL-420 生物机能实验系统，注射器，丝线，纱布等。

2. 药品　0.003 % 盐酸肾上腺素，0.04 % 重酒石酸去甲肾上腺素，0.005 % 盐酸异丙肾上腺素，1 % 酚妥拉明，25 % 乌拉坦，50 U/ml、1000 U/ml 肝素生理盐水。

【实验步骤】

1. 动物麻醉　家兔称重后，耳缘静脉 iv 25 % 乌拉坦 4 ml/kg 麻醉。

2. 肝素化　选取一侧耳缘静脉，插入头皮针，注入 1000 U/ml 肝素生理盐水 1 ml/kg，然后固定头皮针以备给药。

3. 动脉插管及记录血压曲线

(1) 动脉插管：家兔颈部剪毛，正中切开颈部皮肤，在气管旁找出一侧颈总动脉并分离其周围的神经、筋膜等组织，在动脉下穿 2 根线，先结扎远心端，再用动脉夹夹住近心端，在结扎线与动脉夹之间用眼科剪剪一“V”口，插入预先充满肝素生理盐水的动脉插管，结扎固定。

(2) 记录血压曲线：打开电脑，选择“通道”→“压力”。设置记录血压通道参数：时间常数为 DC，滤波 30 Hz，扫描速度 25 ~ 50 s/div，设置实验标记。然后，打开与动脉插管相连的压力换能器上的三通开关，观察电脑屏幕上的血压信号波形及压力水平，并描记一段正常的血压曲线。

4. 药物对血压的影响　根据实验分组不同分别按顺序给予以下药物，观察给药后血压等的变化（每次给药后，要注入少量生理盐水冲洗管内残留药物，待血压等曲线平稳后再给予下一药物）。

A. 肾上腺素 0.2 ml/kg

B. 去甲肾上腺素 0.2 ml/kg

C. 异丙肾上腺素 0.2 ml/kg

D. 酚妥拉明 0.5 ml/kg

E. 15 min 后重复 B、A、C

【结果与讨论】

点击鼠标分别读取并记录给药前后的血压数据(包括收缩压、舒张压、平均动脉压)当前值,计算其变化值,打印血压曲线图,标注给药名称及剂量,对实验结果作出正确的分析讨论并得出简单的结论。

【注意事项】

(1) 分离、结扎颈总动脉时注意不要损伤和结扎迷走神经、减压神经和交感神经。

(2) 动脉插管时,远心端要结扎牢固,待动脉插管固定好后再松开动脉夹,避免大量出血。

(3) 拟肾上腺素药要快速输注,给药后立即用生理盐水冲洗管内残留药物。

(4) 麻醉动物须准确称重,根据动物体重计算出麻药用量,静脉注射戊巴比妥钠时须缓慢以防动物窒息。

【思考题】

(1) 试讨论肾上腺素、去甲肾上腺素、异丙肾上腺素对心血管系统作用的异同。

(2) 酚妥拉明为何能引起肾上腺素升压作用的翻转?

(金　越)

实验十六　药物的半数致死量(LD_{50})及半数有效量(ED_{50})的测定

【实验目的】

了解药物半数致死量(LD_{50})及半数有效量(ED_{50})测定的原理、方法、计算过程及其意义。

【实验原理】

LD_{50} 及 ED_{50} 归属于质反应的资料类型,其相关实验结果只有质的区别,但是没有具体的测量值。其数据是在实验过程中通过计数(即数阳性反应的个数)而取得的,通常以百分率(%)或小数来表示。LD_{50} 即指药物引起半数实验动物死亡的剂量。而 ED_{50} 则是指引起半数实验动物产生阳性效应的剂量。由此可知,LD_{50} 与 ED_{50},是衡量药物的急性毒性大小与效应力强弱程度的重要指标,是评价药物优劣和其安全性的重要参数。LD_{50} 与 ED_{50} 的比值称为药物的治疗指数(therapeutic index,TI),通常以此值表示药物安全性大小,但其又不能完全表现出药物安全性的差别。因此,在评价药物临床应用的安全性时,其安全性还应参考 1 % 致死量(LD_1)与 95 % 有效量(ED_{95})的比值。这些参数可以用几率单位正规法或通过点斜法等方法计算而得。

LD_{50} 或 ED_{50} 的测定方法一般分为两大类,即序贯实验法与分组实验法。其具体计算方法有 20 多种,其中以 Bliss 法在数理上最为严谨,结果精密,又被称为几率单位正规法。但是由于其计算步骤多,计算过程繁杂,虽然可以用函数计算器加快计算速度,但在学生实验的规定实验时间内一般都不能完成,且对学生的相关实验技术要求较高,因此一般在学生实验时不予采用,如因科研工作需要可参见有关文献。

点斜法又称综合法、改良寇氏法,是由我国学者孙瑞元提出的,此法简便,精确度也好,所得数据与正规法接近。序贯法也称上下法、阶梯法，是将研究对象一个一个序贯的进行试验，根据前一次结果决定后一次所用剂量，每次所用剂量与前一次不同。由于所用剂量围绕在 50 % 反应率上下，因此节省样本例数是其优点，但只适用于快速出结果的观察。

LD_{50} 结果应用中标准误和标准差的区别和联系：①概念不同：标准误是描述样本均数的抽样误差；标准差是描述观察值（个体值）之间的变异程度。②用途不同：标准差与均数结合估计参考值范围、计算变异系数、计算标准误等；标准误用于估计参数的可信区间，进行假设检验等。③它们与样本含量的关系不同：当样本量 n 足够大时，标准差趋向稳定；而标准误随 n 的增大而减小，甚至趋于 0。联系：标准差、标准误均为变异指标，当样本含量不变时，标准误与标准差成正比。

【实验对象】

小白鼠，体重 18 ~ 22 g，雌雄各半，实验前禁食 12 h，不禁水。

【实验器材与药品】

盐酸普鲁卡因或其他药品（表 4-12）、小鼠笼、注射器（1 ml）、小鼠体重秤、计算器（带函数计算器）。

表 4-12 小白鼠腹腔注射药物 LD_{50} 或 ED_{50} 上下限参考剂量（*Dm* 及 *Dn*）

药名	测定项目	观察时间及指标	D_m（mg/kg）	D_n（mg/kg）	母液浓度	等容量注射液
盐酸普鲁卡因	LD_{50}	30min 内死亡	250	164	1.25%	0.2ml/10g
硝酸士的宁	LD_{50}	20min 内死亡	1.56	0.88	0.0078%	0.2ml/10g
戊巴比妥钠	LD_{50}	24h 内死亡	187.5	76.8	0.94%	0.2ml/10g
尼可刹米	LD_{50}	10min 内死亡	1750	600	8.75%	0.2ml/10g
戊四氮	LD_{50}	10min 内死亡	125	42.9	0.625%	0.2ml/10g
美曲磷脂	LD_{50}	1h 内死亡	800	304	4.0%	0.2ml/10g
戊巴比妥钠	ED_{50}	15min 内睡眠（翻正反射消失）	40	19	0.2%	0.2ml/10g
氯化筒箭毒碱	ED_{50}	30min 内连续 3 次不能攀附铁丝网上，自行跌落	0.2205	0.1282	0.0011%	0.2ml/10g

$$\text{母液浓度 } C_{\text{母}} = \frac{D_m}{\text{等容注射量}}$$

例如：普鲁卡因 $C_{\text{母}} = \dfrac{250\ \text{mg/kg}}{0.2\ \text{ml/10 g}} = \dfrac{250\text{mg/kg}}{20\ \text{ml/kg}} = 12.5\ \text{mg/ml} = 1.25\ \%$

【实验步骤】

1. 按点斜法求 LD_{50} 或 ED_{50}　本实验方法要求剂量按等比级数进行排列，每组小鼠数相同，通常 10 只或 20 只即可。每只小鼠给药液容量应符合其胃内容量，一般以 0.1 ~ 0.2 ml/10 g 体重为宜，药物死亡率应大致符合常态分布，不一定出现 0 或 100 % 死亡率。观察时间 24 h 或更长一些为最佳，根据药物性质而定。动物一般以分为 5 ~ 8 组为宜。

（1）预实验

1）探索剂量范围：首先应找出 0 与 100 % 的致死剂量（或阳性反应的剂量）即为实验的上下限剂量（D_{max} 和 D_{min}）。

具体过程为：选取实验动物，每组 4 只，按所确定的估计量给药，若出现 4/4 死亡时则下一组的实验剂量需降低。但是当下一组出现 3/4 死亡时，则上一组剂量即为 D_{max}，如若降低一级的实验剂量出现的死亡率为 2/4 或 1/4 时，则应考虑到可能的原因是 4/4 死亡组剂量在正式实验时出现死亡率可能低于 70 %。为慎重起见，可以将 4/4 死亡剂量乘以 1.4 倍后的剂量，作为 D_{max}。同法找出 D_{min}。具体实验过程和方法可参考表 4-12。

2）选择合理的剂量分组方案：组数（G）以 5 ~ 8 组为宜，组间剂量之比值为 r。在确定实验组数后，按下列公式求算 r。

$$r=\sqrt[(G-1)]{\frac{D_{max}}{D_{min}}}$$

取对数

$$\lg r=\frac{1}{G-1}\cdot\lg\left(\frac{D_m}{D_n}\right)$$

$$r=\lg^{-}\left(\frac{\lg D_m-\lg D_n}{G-1}\right)$$

求得 r 值后，再按公式进行各组剂量 D_1、D_2、D_3、…D_m 的计算，其中 $D_1=D_n$ 为最小剂量，$D_2=D_1\times r$，$D_3=D_2\times r$，…$D_m=D_{m-1}\times r$。

（2）正式实验

1）配制实验用等比系列稀释液：表 4-12 已列出等容量注射 0.2 ml/10 g 时 Dm 组的母液浓度，进行稀释后，确保每只小鼠给药容量均在 0.1 ~0.2 ml/10 g。

2）动物编号、分组：抓取实验用小白鼠，首先称取体重，并以苦味酸做好标记，然后按已确定好的组数随机进行分组，在分组过程中要注意尽可能保证各组小鼠体重、性别分布均匀一致。

3）给药：先计算出各实验组小鼠所需的药物容量，并按相应等比进行稀释，之后给各组小鼠进行腹腔注射（ip）。给药顺序最好采用间隔跳组法，例如分为 6 组时，则先给 1、3、5 组，后给 2、4、6 组。

4）观察记录结果：给药后密切观察动物中毒表现，并记录动物死亡数，应观察到动物不再死亡为止，通常观察 24 h，可根据药物作用快慢，而缩短或延长观察时间（各药观察时间可参见表 1）。最后将实验结果填入记录表内。

（3）LD_{50}（ED_{50}）所应用的点斜计算法的计算原理

1）原理：是通过“定点”与“斜率”来计算回归方程。定点即是 $X=\lg LD_{50}$，$Y=5$ 之中心点，根据改进并发展了的寇氏面积法求算，点斜法采用近似权重几率单位法求算。

2）点斜法的公式及计算步骤

a. 基本公式：

不含 0 及 100 % 死亡率的 LD_{50}：

$$LD_{50}=\lg^{-1}[Xm-i(\sum p-0.5)]+i/4(1-Pm-Pn)$$

含 0 及 100 % 死亡率时的 LD_{50}：

$$LD_{50}=\lg^{-1}[Xm-i(\sum p-0.5)]$$

$$Sx_{50}=i\times\sqrt{\frac{\sum P-\sum P^2}{N-1}}$$

$$b=\frac{Y_h-Y_L}{i(G-H)}$$

Sx_{50} 为 $\lg LD_{50}$ 的标准误。

b. 其他全部有关公式：由于在实验中所求得的 LD_{50} 存在着抽样误差，因此在计算过程中应按照 LD_{50} 统计学方法确定 LD_{50} 值 95 % 可能出现的范围（即为 95 % 可信限）。

LD_{50} 的 95 % 可信限 $= lg^{-1}(lg\ LD_{50} \pm 1.96\ Sx_{50})$

LD_{50} 的 95 % 平均可信限值（L_{95}）$= 4.513 \times LD_{50} \times Sx_{50}$

LD_{50} 的 95 % 可信限率 $= L_{95}/LD_{50}$

回归线截距：$a = 5 - b \cdot lg\ LD_{50}$

回归方程式：$Yr = bx + a$

回归系数之标准误 S_b

$$S_b = \frac{2.8}{nGSx_{50}}$$

$$LD_K = lg^{-1}\left(\frac{Y_k - a}{b}\right)$$

$$Sx_k = Sx_{50} \times \sqrt{1 + \frac{4}{G}\left(\frac{Y_k - 5}{bi}\right)^2}$$

LD_k 的 95 % 可信限 $= lg^{-1}(lgLD_k \pm 1.96 \cdot Sx_k)$

LD_k 的 95 % 平均可信限值 $= 4.513 \times LD_k \times Sx_k$

以上式中 X_m 为最高死亡率 Pm 组的对数剂量，i 为组距的对数，P_m 为最高死亡率，P_n 为最低死亡率（P_m 与 P_n 可以为 100 % 及 0，亦可不是），n 为组内动物数，G 为实验分组数，H 为 G/2 的整数部分。Y_h 与 Y_L 为高、低几率单位组的均值，即按实验组数。

在计算过程中，将较高几率单位的几组算出平均值为 Y_h；低几率单位的几组算出平均值为 Y_L。当 G 为偶数时（例如，G=6），各取 G/2 求 Y_h 与 Y_L 均值（此时 H=G/2=6/2=3）；G 为奇数时，正中间一组不参加计算 Y_h 和 Y_L，此时的 H=G/2-0.5，之后将较大的 H 组的 Y 求出 Y_h，较小的 H 组的 Y 求出 Y_L。Y 值根据死亡率查表（几率单位表）。

公式中的 Y_k 是死亡率为 K % 的几率单位，可根据要求任意设定，如 10 % 的死亡率时，则 Y_k 即为 10 % 死亡率查几率单位表所得之值，即 Y_{10} 之值，所有公式中的 b 值为回归曲线斜率，a 为截距。

2. 采用序贯法（阶梯法、上下法）计算 LD_{50}（ED_{50}） 按前法首先进行预实验，求出 D_m 与 D_n 并确定 G 及 r 值，进而计算出各组实验小鼠所需的给药量。

正式实验：先确定所用的实验动物数，一般用 10 只即可获满意结果。一只一只动物进行实验，先从大剂量开始，如若第一只动物在实验规定时间内死亡，则在记录表记录标记（+），而下一只则用低一级剂量进行实验。如若给药后实验动物在规定时间内没有死亡，则在表中标记（-），下一只则再提高一级剂量给药。

依此类推，直到 10 只动物皆做完后，需最后虚设一只动物不做实验，按上述实验的最后一只动物结果，同样用（+）或（-）记录在表中相应位置上。则此时，实验动物总数为 10 只，而表中记录总数则为 11 只。

最后将实验数据及结果填在记录表中，计算 $\sum C$ 和 $\sum t$，按公式求 LD_{50}。

$$LD_{50} = log^{-1}(\sum C / \sum t)$$

【结果与讨论】

将实验结果记录于表格中，并计算相关参数（表 4-13）。

表 4-13　结果记录表

组别	剂量(mg/ml)	对数剂量	动物数(只)	死亡数(只)	死亡率 P

实例 1:计算:给小白鼠(体重 20±2 g)腹腔注射某药,测得 24 h 的死亡率见表 4-14,计算 LD_{50} 与 LD_{10} 及其有关数据。

表 4-14　实例测定的实验数据

剂量(mg/kg)	500	350	245	172	120	84	59
死亡数(r/n)	20/20	20/20	17/20	6/20	6/20	2/20	0/20

先将各剂量换算成对数剂量,再计算出各组的死亡率,后填入表内。

$$Y \approx 5+1.5\ \log\left(\frac{0.029+P}{1.029-P}\right)$$

列表计算 LD_{50} 及有关数据(表 4-15)。

表 4-15　LD_{50} 点斜计算表

对数剂量 x	死亡率 P	P_2	几率单位 Y	Y 的高低均值	其他中间数据
2.544	1.00	1.0000	7.24	$Y_h=1/3\times(7.24+6.04+5.84)$	Xm=2.544
2.389	0.85	0.7225	6.04	=6.390	i=0.155
2.234	0.80	0.6400	5.84		n=20
2.074	0.30	0.0900	4.48	$Y_L=1/3\times(4.48+3.72+2.76)$	G=6
1.924	0.10	0.0100	3.72	=3.653	H=3
1.770	0.00	0.0000	2.76		
	3.05	2.4625			
	ΣP	ΣP2			

$LD_{50}=\log^{-1}[Xm-i(\sum P-0.5)]=\log^{-1}[2.544-0.155\times(3.05-0.5)]=140.9\text{mg/kg}$

若在实验过程中实测死亡率各数据点参差不齐,有时出现小剂量组的 P 反而大于大剂量组的 P 值,就需要再校正,Bliss 法有此项校正,如需要时请参见孙瑞元所著的《定量药理学》。

实例 2:按序贯法测得小鼠腹腔注射戊四氮,10 min 内死亡实验结果如表 4-16。

表 4-16　序贯法结果记录表

剂量 D(mg/kg)	对数剂量 X	实验结果	存活数 S	死亡数 P	组内动物数 t	C(x+t)
125.0	2.097	(+)	0	1	1	2.097
87.5	1.942	(+)(+)(+)(+)	0	4	4	7.768
61.3	1.787	(-)(-)(+)(-)(+)	3	2	5	8.935
42.9	1.632	(-)	1	0	1	1.632
					11	20.432
					Σt	ΣC

$$* 剂量公比\ r = 1.43$$

$$LD_{50} = Log^{-1}(20.432/11) = 72.0\ mg/kg$$

【注意事项】

1. 实验为定量的药物效价测定,精确度要求高,在实验过程中各个环节均需准确无误。

2. 动物的种类、品系、体重范围、给药途径及观察时间等因素均可影响 LD_{50}(ED_{50})的结果,故在报告中应加以注明。

3. 剂量比表示方法:$D_2 : D_1 = r$,即 $D_2 = D_1 \cdot r$。

【思考题】

1. 测定 LD_{50} 与 ED_5 的意义何在?

2. 测定 LD_{50} 最准确的计算方法是哪一种?点斜计算法的优点有哪些?实验设计要求是什么?

3. 如何评价药物的安全性?

4. 中毒后能观察到哪些症状?95 %可信限的含义是什么?

【附录】测定 LD_{50} 与 ED_{50} 的意义

LD_{50} 与 ED_{50} 不仅可表示药物的毒性与效力,而且可用它们来计算出许多有关药物毒性的重要参数,对药物的临床应用有着重要指导意义。

例如:

(1) 计算治疗指数及安全系数

1) 治疗指数(TI) = LD_{50}/ED_{50}

2) 安全系数(safety index ,SI)

$$SI = LD_{50}/ED_{95}$$

3) 安全范围(safety margin,SM)

$$SM = (LD_1/ED_{99} - 1) \times 100\ \%$$

4) 可靠安全系数(certain safety factor,CSF)

$$CSF = LD_1/ED_{99}$$

(2) 计算药物效价。

(3) 参数的显著性检验等多种用途。

(刘　琦)

实验十七　药酶诱导剂及抑制剂对戊巴比妥钠催眠作用的影响

【实验目的】

以戊巴比妥钠(pentobarbital sodium)催眠时间作为肝药酶体内活性指标,观察苯巴比妥钠(phenobarbital sodium)及氯霉素(chloramphenicol)对戊巴比妥钠催眠时间的影响,从而验证苯巴比妥钠及氯霉素对肝药酶的诱导及抑制作用。

【实验原理】

药物在体内的生物转化,依赖于酶的催化,主要包括专一性酶和非专一性酶两大类:

1. 专一性酶　主要是指催化选择性很强,活性很高的酶,如胆碱酯酶和单胺氧化酶分别转化乙酰胆碱和单胺类药物。

2. 非专一性酶　主要是指肝细胞的微粒体混合功能氧化酶系统，简称肝药酶。它由许多结构和功能类似的细胞色素 P450 同工酶(cytochrme P450 isozyme)组成。细胞色素 P450 同工酶受药物等因素的影响会使其活性改变。酶的诱导和抑制：某些药物可使肝药酶的活性增强或减弱，进而影响药物的疗效及与其他药物的相互作用。能够增强肝药酶活性的药物就称为药酶诱导剂，如苯巴比妥、利福平、乙醇等。能够减弱肝药酶活性的药物就称为药酶抑制剂，如氯霉素、酮康唑等。当合用药物时，药酶诱导剂可使合用药物作用减弱(或增强)，而药酶抑制剂可使合用药物作用增强(或减弱)。

戊巴比妥钠为中枢作用的巴比妥类催眠药，显效较快，用作催眠和麻醉前给药，主要在肝脏代谢后由肾脏排出。苯巴比妥可诱导肝药酶活性，可使戊巴比妥钠在肝微粒体的氧化代谢加速，药物浓度降低，表现为戊巴比妥钠药理作用减弱，即催眠潜伏期延长，催眠时间缩短；而氯霉素则相反，其能抑制肝药酶的活性，导致戊巴比妥钠药理作用增强，即催眠潜伏期缩短，催眠时间延长。

【实验对象】

小鼠，体重 18 ~ 22 g。

【实验器材与药品】

生理盐水(NS)、0.75 % 苯巴比妥钠、0.5 % 氯霉素、0.4 % 戊巴比妥钠，体重秤、秒表、注射器(1 ml)。

【实验步骤】

1. 小鼠 6 只，随机分为药酶诱导组(甲)、药酶抑制组(乙)和对照组(丙)。甲组 0.75% 苯巴比妥钠 10 ml/kg(75 mg/kg，腹腔注射)，乙组及丙组 NS 10 ml/kg(腹腔注射)，1 次/天，共 2 天。

2. 于第 3 天(实验当天)，乙组 0.5 % 氯霉素 10 ml/kg(50 mg/kg，腹腔注射)；甲组及丙组等容积的 NS(腹腔注射)。30 min 后甲、乙、丙三组 0.4 % 戊巴比妥钠 10 ml/kg(40 mg/kg，腹腔注射)。

【结果与讨论】

1. 观察小鼠反应，记录各组小鼠腹腔注射戊巴比妥钠时间，翻正反射消失及恢复时间，计算戊巴比妥钠催眠潜伏期(从腹腔注射该药到翻正反射消失的间隔时间)及催眠时间(从翻正反射消失到翻正反射恢复的间隔时间)。上述数据记入表 4-17。

2. 根据实验结果说明苯巴比妥钠及氯霉素对戊巴比妥钠催眠作用的影响。

表 4-17　数据记录表

组别	戊巴比妥钠催眠潜伏期	戊巴比妥钠催眠时间
对照组		
苯巴比妥组		
氯霉素组		

【注意事项】

1. 0.5 % 氯霉素溶液用下法配制：以干燥注射器吸取市售氯霉素注射液(0.25 g/2 ml)1 ml，加入 24 ml 蒸馏水中。边加边振摇，充分混匀后即成。若稀释液有结晶析出，可在水浴中温热溶解后使用，吸取氯霉素注射液的注射器应预先干燥，否则，氯霉素可能在注射器中析出结晶，并堵塞注射器针头。该溶液亦可采用氯霉素琥珀酸钠(chloramphenicol sodium succinate)粉针剂配制，其每支 0.69 g(相当于纯氯霉素 0.5 g)。加蒸馏水 100 ml 溶解即成。

2. 本实验过程中,室温不宜低于 20℃,否则,由于温度较低,苯巴比妥钠代谢减慢,动物不易苏醒。

【思考题】

1. 何谓肝药酶诱导剂与抑制剂?

2. 试从理论解释 phenobarbital 及 chloramphenicol 对 pentobarbital 催眠时间的影响。

3. 查阅文献,举例说明临床中典型的药酶诱导剂及药酶抑制剂与其他药物合用所产生的药物相互作用以及临床应注意的问题。

(孙鹏远)

实验十八　药典、药物剂型与处方学

【实验目的】

1. 了解药典、药物剂型。

2. 掌握处方结构和意义,练习开处方。

【实验内容】

1. 药典　药典(pharmacopoeia)是一个国家药品规格标准的法典,由国家编撰,并由政府颁布施行,具有法律性的约束力。药典收载功效确切、副作用较小、质量较稳定的常用药物和制剂,并规定其质量标准、制备要求、检验方法、作用与用途、用法和用量等,以作为药品生产、检验和使用的依据。药典内收载的药品称为法定药;未收载的称为非法定药。为了保证用药的安全,对剧毒药规定有极量(maximal dose),在一般情况下,医师在临床用药时不应超过极量。药典还有附录和附表,说明各种剂型与药品质量的详细检定法。

(1)《中国药典》:我国于 1953 年颁布了《中华人民共和国药典》,简称《中国药典》。此后,于 1963 年、1977 年、1985 年又对《中国药典》进行了修订。《中国药典》1963 年版开始将收载内容分为二部。"一部"主要为中药,"二部"为合成药品和抗生素等。此编撰体例沿用至今。《中国药典》1985 年版发行后,决定对《中国药典》每 5 年修订一次。目前最新版本为 2005 年版。

(2)《英国药典》(British pharmacopoeia, B. P.);1864 年颁行第一版。1980 年版(第十三版)将药典分为二部。第一部分收载基本药品,第二部分收载各种制剂、血液制品、免疫制品、放射性药品,并增加不少手术用品。《英国药典》在世界各国药典中占有重要地位,我国出品的药品也是参照该药典的规定进行生产的。

(3)《美国药典》(the pharmacopoeia of the United States of America, U. S. P.):每 5 年修订一次,其编写体例与《英国药典》大致相似。

2. 药物剂型　药物剂型系指按药典或处方配制成的具有一定规格的药物制品。根据药物的性质和用药目的不同,可将药物制成各种适宜的剂型以便充分发挥疗效,减少不良反应。制剂除应保证含量准确、均匀稳定,便于临床应用和储存外,还应具有较高的生物利用度。常用剂型按形态分为固体剂型、半固体剂型、液体剂型和气雾剂等。下面介绍一些常用的药物剂型。

(1) 固体剂型

1) 片剂(tablet, tab.):是将药物加入赋形剂经压制而成的片状体。片剂的制造、分发和服用都很方便。片剂一般在胃液中崩解和开始吸收，是临床应用最多的一种制剂。此外，片剂可根据需要制成下列不同类型：

多层片：外层为速释部分药物，内层为缓释部分药物，如多酶片。

植入片（经过灭菌）：埋藏于皮下，起长效作用，如睾酮植入片。

肠溶片：是在片剂外层包有耐酸的肠溶包衣，能完整地通过胃部而到达肠内才崩解，如氨茶碱肠溶片。

含毒药的外用片剂：应着色，并压制成与内服片剂能够明显区别的片型。

2）丸剂（pill）：通常是将药物细粉（多为中草药，100 目以上）或药物提取物加适宜的黏合剂或辅料制成的圆球形固体制剂，专供内服用。黏合剂可用蜂蜜、水、米糊或面糊，所制成的丸剂分别称为蜜丸、水丸、糊丸，如银翘解毒丸。

3）散剂（powder）：系指一种或多种药物均匀混合而制成的干燥粉末状制剂，供内服或外用，如冰硼散。

4）胶囊剂（capsule，caps.）：系将药物装入空硬胶囊或软胶囊中制成的制剂，供内服，如四环素胶囊。

5）微型胶囊（microcapsule）：药物被包裹在囊膜内制成微小的无缝胶囊。外观呈粒状或圆珠形，直径 5～400 μm。囊心可以是固体或液体药物，包裹材料是高分子物质或共聚物，如氯乙烯醇、明胶及乙基纤维素等。微型胶囊的优点在于可防止药物的氧化和潮解，控制囊心药物的释放以延长药效，如维生素 A 微囊。还有一些类似微型胶囊的新剂型，如脂质体（liposomes）、磁性微球（magnetic micro-spheres）等。脂质体是将药物包封于类脂质双分子薄层膜中制成的一种超微型球状体、直径不超过 5 μm。磁性微球是将药物（大多是抗癌药）与超微磁铁粒子包封于生物降解聚合物（如聚氨基酸）膜中而制成的磁性微球，直径为 1 μm。这类制剂均具有一定的缓释性（控制药物的释放速度）与定向性（导向靶组织），从而提高药物疗效，降低药物的不良反应。

6）颗粒剂（granule，gran.）：是将化学药物制成干燥颗粒状的内服剂，如四环素颗粒剂。近年来，以中草药为原料，根据汤剂特点，炮制成一种颗粒性散剂（powder granule），服用时加水冲服，故又称冲剂。冲剂既保留了汤剂发挥药效较快的优点，又便于保存和运输，如感冒退热冲剂。

7）膜剂（药膜，sheet）：是将药物溶解于或混悬于多聚物的溶液中，经涂膜、干燥而制成。按给药途径分为口服膜剂（如安定膜剂），眼用膜剂（如毛果芸香碱眼用膜剂），阴道用膜剂（如避孕药膜），皮肤、黏膜外用膜剂（如冻疮药膜）等。膜剂具有体积小、重量轻以及便于携带和储存的优点。

（2）半固体剂型（软性剂型）

1）软膏剂（ointment）：是指药物加入适宜基质（凡士林、液状石蜡、羊毛脂等）制成的半固体外用制剂，如氢化可的松软膏。专供眼疾用的极为细腻的软膏又称眼膏剂，如黄降汞眼膏。

2）硬膏剂（plaster）：系将药物溶解或混合于半固体或固体的黏性基质中，涂于敷背材料上，供贴敷于皮肤上的外用制剂。中药制剂中的硬膏剂称为膏药，如骨健灵贴膏。

3）栓剂（suppository，supp.）：系药物与适宜基质混合制成的专供塞入人体不同腔道使用的一种软性制剂。重量和形状因用途不同而有差别，如肛门栓剂是圆锥形，重约 2 g。常用的基质有甘油、明胶和可可豆脂。

4）浸膏（extract，extr.）：系将药物浸出液浓缩后的粉状或膏状固体剂型。除特别规定外,1 g 浸膏的药量相当于 2 ~5 g 原生药,如颠茄浸膏。

(3) 液体剂型

1) 溶液剂(solution,sol. 或 liquid,liq.):一般为非挥发性化学药物的澄明水溶液,供内服或外用,如 10 % 氯化钾溶液(内服),4 % 硼酸溶液(外用)。

2) 注射液(injection,inj.),亦称安瓿剂(ampoul):是药物的灭菌溶液或混悬液,供注射用,如盐酸肾上腺素注射液。有的药物在溶液中不稳定,则以其灭菌的干燥粉末封装于安瓿中,通常称为粉针剂,临用时配成溶液,如青霉素 G 钠盐。注射剂是临床最常用的制剂之一,具有疗效迅速、剂量准确、作用可靠的优点。适用于不宜口服的药物以及不能口服或急症的患者。

3) 合剂(mixture,mixt.):是多种药物配制成透明或混悬液的水性液体制剂,供内服,如胃蛋白酶合剂。

4) 煎剂(decoction,dec.):是用水煎煮的生药煎出液。中草药常用这种剂型,需新鲜制备。

5) 糖浆剂(syrup):系含有药物、药材提取物或芳香物质的蔗糖近饱和的水溶液,如小儿止咳糖浆。

6) 酊剂(tincture,tr.):系生药或化学药品用乙醇萃取或溶解而制成的澄清液体制剂,如复方樟脑酊。

7) 醑剂(spirit):一般是指含芳香挥发性药物的醇溶液,含醇量一般比酊剂高,如芳香氨醑。

8) 流浸膏(liquid extract,liq. ext.):一般是指生药的浸出液经除去部分溶媒而成为浓度较高的液体剂型。除特别规定外,每毫升相当于生药 1 g,如甘草流浸膏等。

9) 乳剂(emulsion,emul):是指互不相溶的两种液体(如油类药物和水),经过乳化剂的处理,制成均匀而较稳定的乳状液体,一般供内服用,如鱼肝油乳剂。目前尚有脂肪乳剂可供静脉注射。

10) 洗剂(lotion,lot.):主要是指含有不溶性药物的混悬液,专供外用,如炉甘石洗剂。

(4) 气雾剂(aerosol):是指药物与抛射剂(液化气体或压缩气体)一起装封于带有阀门的耐压容器内的液体制剂。使用时借助于气化的抛射剂增加容器内压力,当阀门打开后,能自动将药液以极细的气雾(颗粒直径一般在 10 μm 以下)喷射出来。患者顺势吸入药物直达肺部深处,就能很快发生作用。

3. 处方学

(1) 处方的意义:依据《处方管理办法》规定:处方(prescription)是指由注册的执业医师和执业助理医师(以下简称医师)在诊疗活动中为患者开具的、由取得药学专业技术职务任职资格的药学专业技术人员(以下简称药师)审核、调配、核对,并作为患者用药凭证的医疗文书。处方包括医疗机构病区用药医嘱单。

处方可分有医生处方、协定处方、法定处方。通常见到的都是医生处方。处方是医生对患者用药的书面文件,是药剂人员调配药品的依据,具有法律、技术、经济责任。凡是由于所写处方或配制、发药的差错而造成的医疗事故,处方便是重要的证据之一,借以确定医师或药师应负的法律责任。为了正确开写处方,医师不仅应具有丰富的临床医学知识,而且要通晓药物的药理作用、毒性、剂量、用法、配伍禁忌及药剂学的知识。

(2) 处方的格式与书写要求:处方标准由卫生部统一规定,格式由省、自治区、直辖市卫生行政部门(简称省级卫生行政部门)统一制订,医疗机构按照规定的标准和格式印制。

不同类别处方印刷纸张颜色不同。麻醉药品处方、急诊处方、儿科处方、普通处方的印刷用纸应分别为淡红色、淡黄色、淡绿色和白色,并在处方右上角以文字注明。

处方格式主要由以下三部分组成。

1）前记：包括医疗、预防、保健机构名称，费别，患者姓名、性别、年龄，门诊或住院病历号、科别或病区和床位号，临床诊断，开具日期等，也可添列特殊要求的项目。

此外，麻醉药品和第一类精神药品的处方还应当包括患者身份证号，代办人的姓名、身份证号。

2）正文

a. 正文以 Rp 或 R（拉丁文 Recipe“请取”的缩写）标示，其后分列药品名称、剂型、规格、数量。

例：Rp 阿托品片 0.3 毫克×9

扑热息痛片 0.5×10

如果一张处方开写两种或两种以上的药物，则每种药物均应另起一行书写。药品剂量与数量用阿拉伯数字书写。药量应写在各药的后面，纵横对齐。处方中的剂量应当使用法定剂量单位：如重量以克（g）、毫克（mg）、微克（μg）、纳克（ng）为单位；容量以升（L）、毫升（ml）为单位；还可以国际单位（IU）、单位（U）来表示；中药饮片以克（g）为单位；片剂、丸剂、胶囊剂、颗粒剂分别以片、丸、粒、袋为单位；溶液剂以支、瓶为单位；软膏及乳膏剂以支、盒为单位；注射剂以支、瓶为单位并应注明含量；中药饮片以剂为单位。以克（g）或毫升（ml）为单位时可省略不写，但其他单位不得省略，如毫克（mg）或国际单位（IU）等。药量的小数点必须准确，如为整数，则数值后必须加小数点和零，如 5.0；小数点前如无整数，必须加零，如 0.5，以免出错。

b. 完整处方开完药物后，还要写明调配方法，多见于某些中药处方中，现多已省略。简化处方没有这一项。

c. 用法：以 Sig. 或 S.（拉丁文 Signa 或 Signature“标志，标识”缩写）标志，其后列出每次用量，每日次数，给药途径，给药时间

例：Sig 0.3 毫克 每日三次（口服）（饭后）

口服，可省略给药途径。饭后服用，可省略给药时间。具体使用则既可用中文书写，也可用外文缩写表示（表 4-18）。

表 4-18 处方中常见外文简缩字表

分类	缩写	中文意义
剂量单位	Dos.	剂量
	g（gram）	克
	gt（gutta）	滴
	IU（international unit）	国际单位
	kg（kilogram）	千克
	mg（milligram）	毫克
	ml（milliliter）或 c. c.	毫升、立方厘米
	qs.	适量
	μg（microgram）或 mcg	微克
药物剂型	Aq.	水，水剂
	Cap.	胶囊（剂）
	Co.	复方的、复合的
	gtt.	滴、量滴、滴剂

续表

分类	缩写	中文意义
药物剂型	Inj	注射剂
	Liq.	液,溶液
	mist.	合剂
	Tab.	片剂
	ung.	软膏剂
给药途径及部位	I. M. (intramuscular)	肌内注射
	I. V. (intravenously)	静脉注射
	iv. gtt	静滴
	OD.	右眼
	OL.	左眼
	OS.	左眼
	OU.	双眼
	P. O. (per os)	经口,口服
	P. r. (per rectum)	经直肠,直肠给药
	S. C. (subcutaneous)	皮下注射
给药次数和给药时间	aa(ana)	各,各个
	A. C. (ante cibum)	饭前
	add(additur)	加至
	Ad.	加
	A. M. (ante meridiem)	上午,午前
	aq dest(aqua destillata)	蒸馏水
	b. i. d(bis in die)	一天两次
	Dil.	稀释的、稀释
	etc(et cetera)	其他,等等,和
	h. s. (hora somni)	就寝时
	OTC	非处方药
	p. c. (post cibum)	饭后
	P. M. (post meridiem)	下午,午后
	p. r. n.	必要时
	q. d. (quaque die)	每天
	qd. alt. (quaque die alterna)	隔天
	q. h.	每时
	q. i. d. (quarter in die)	一天四次
	q. 4. h. (quarter quarta hora)	每四小时
	q. m(quaque mane)	每天早晨
	q. n(quaque nocte)	每天晚上
	q. o. d.	隔日 1 次
	S. O. S. (si opus sit)	必要时
	st(statim)	立即
	ss.	一半
	t. i. d. (ter in die)	一天三次

3）后记：后记有医师签名或加盖专用签章，药品金额，审核、调配、核对、发药的药学专业技术人员的签名或加盖专用签章。药学专业技术人员签名的目的是：①明示药师的责任；②严格执行处方管理办法及药房工作规范；③统计工作量或绩效考核。

处方开具当日有效。特殊情况下需延长有效期的，由开具处方的医师注明有效期限，但有效期最长不得超过 3 天。一般药物以开 3 天量为宜，最多不超过 7 天量，对于某些慢性病、老年病或特殊情况，处方用量可适当延长，但医师必须注明理由。急诊处方一般不得超过 3 日用量；剧药总量一般不超过 2 日极量。麻醉成瘾药品一般不超过 3 日用量，并应单独以专用处方笺（红色）书写。药品用法用量应当按照药品说明书规定的常规用法用量使用，特殊情况需要超剂量使用时，医师在剂量或总剂量旁边加示惊叹号，如 3.0!，应当注明原因并再次签名。

急诊处方需立即取药者一般用急诊处方笺书写，或在处方左上角加“急!”字。需做过敏试验的药物应注明“皮试!”。写完处方应仔细核对保证无误，并向患者做适当说明后交给患者（或护士）到药房取药。药师有责任检查处方，如发现错误，有权退还请医师改正。确认无误后，才能进行配制和发药，并在处方笺上签名。

处方书一般规则及注意事项：

a. 患者一般情况、临床诊断填写清晰、完整，并与病历记载相一致。除特殊情况外，应当注明临床诊断。每张处方限于一名患者的用药。

b. 患者年龄应当填写实足年龄，新生儿、婴幼儿写日、月龄，如新生儿（1 个月内）：生后几天；婴儿（1 年内）：生后几月零几天；幼儿（3 岁内）：生后几岁零几月；成年：几岁。必要时要注明体重。

c. 药品名称应当使用规范的中文名称书写，没有中文名称的可以使用规范的英文名称书写；医疗机构或者医师、药师不得自行编制药品缩写名称或者使用代号；书写药品名称、剂量、规格、用法、用量要准确规范，药品用法可用规范的中文、英文、拉丁文或者缩写体书写，但不得使用“遵医嘱”、“自用”等含糊不清字句。

d. 西药和中成药可分别开具处方，也可开具一张处方，中药饮片应当单独开具处方。

e. 开具西药、中成药处方，每一种药品应当另起一行，每张处方不得超过 5 种药品。

f. 中药饮片处方的书写，一般应当按照“君、臣、佐、使”的顺序排列；调剂、煎煮的特殊要求注明在药品右上方，并加括号，如布包、先煎、后下等；对饮片的产地、炮制有特殊要求的，应当在药品名称之前写明。

g. 开具处方后的空白处画一斜线以示处方完毕。

h. 处方医师的签名式样和专用签章应当与院内药学部门留样备查的式样相一致，不得任意改动，否则应当重新登记留样备案。

i. 麻醉药品、精神药品、医疗用毒性药品、放射性药品的处方用量应当严格执行国家的有关规定。开具麻醉药品处方时，还应有病历记录。

j. 书写处方时，字迹要工整、清楚。不得用圆珠笔或铅笔书写。中英文不得在一张处方上混写。

（3）处方类型及中、英文处方实例：处方类型主要有完整处方和简化处方两大类。考虑到当前国内的实际情况，这里只介绍简化处方，处方所列的药物名称以中文或英文书写。简化处方是开写已经制成各种剂型的药物。在处方正文中，药物的名称、剂型、规格、药量一行即可写完。配制方法省略。简化处方目前又可分为单量处方和总量处方两类。

1）单量处方：有些药物剂型每次用量独立可分，如片剂，每片单量是一定的。注射剂、胶囊剂亦然。此类处方的通式是：

Rp 药名及剂型　单量×总个数(片、支等)

S. 或 Sig.：每次用量　每日次数　给药途径　给药时间

举例1：

Rp 四环素片　0.25×16

S. 每次0.5，每6小时1次

Rp　Tetracycline Tab. 0.25×16

S. 0.5　q.6.h.

举例2：

Rp 青霉素G　40万单位×6

S. 皮试阴性后，一次肌注40万单位，每日2次

Rp Penicillin G 400 000 U×6 Amp

S. 400 000 U　i.m b.i.d.

举例3：

Rp 盐酸肾上腺素注射剂　1毫克每毫升×1

S. 立即皮下注射　1毫克

Rp　Adrenaline Hydrochloride Inj. 1 mg/ml×l

S. 1mg　S.C. st

2）总量处方：有些药物剂型，每次用量需从总量中取出，开处方时制剂后应写总量，如溶液剂、糖浆剂、酊剂、软膏剂等。

此类处方的通式如下：

Rp 剂型及药名　浓度　总需要量

用法：每次用量　每日次数　给药途径　给药时间

举例1：

Rp 胃蛋白酶合剂　100.0 毫升

S. 每次10.0毫升　每日3次

Rp　Pepsin Mixt.　100.0 ml

S. 10.0　t.i.d.

举例2：

Rp 氯化钾溶液　10 %　100.0 毫升

S. 每次10.0毫升　每日3次

Rp Potassium Chloride Sol. 10 %　100.0

S. 10.0 t.i.d.

4. 处方练习

(1) 王某，男，30岁，开四环素(tetracycline)片(Tab.)，0.25 g/片，0.5 g/次，6小时一次口服，开3日用量。

(2) 李某，女，45岁，开异戊巴比妥(amobabital)片(Tab.)，0.1 g/片，0.1 g睡前口服，开3日用量。

(3) 赵某，男，28岁，开磺胺嘧啶(sulfadiazine)片(0.5 g/片)与碳酸氢钠(sodium bicarbonate)片(0.5 g/片)，二药同时口服，每次各服1 g，每日2次，首剂加倍，开3日用量。

(4) 张某,男,50 岁,开盐酸吗啡(morphine hydrochloride)注射液(inj.)1 支,规格 10.0 mg/1.0 ml,立即皮下注射 10.0 mg。

(5) 刘某,女,50 岁,开盐酸肾上腺素(hydrochloride adrenaline)注射液,规格 1.0 mg/1.0 ml,需要时皮下注射 0.8 mg,开 3 日用量。

(6) 钱某,男,40 岁,开硫酸链霉素(sulphate streptomycine),规格 1.0 g/支,每次肌内注射 0.5 g,每日 2 次,开 3 日用量。

(7) 赵某,男,60 岁,开复方(Co.)甘草合剂(mix glycyrrhige),规格 100.0 ml/瓶,每次 10.0 ml 口服,每日 3 次。

【思考题】

观察并分析自己周围所见的处方,是否为简化处方?是单量处方还是总量处方?各项名称?开具格式及内容是否规范?

(王　丽)

实验十九　缺　　氧

【实验目的】

1. 通过机体神经系统机能状态的改变,了解原因和条件在疾病(缺氧)发生发展中的作用。

2. 复制低张性、血液性、和组织性缺氧(hypoxia),观察缺氧对呼吸的影响和血液颜色变化的特点,分析其机制。

【实验原理】

现代病因学认为,疾病是由于原因和条件综合作用的结果。原因是引起疾病所不可缺少的因素,并且往往决定疾病的特异性,它与相应的疾病有着必然的因果关系;而条件则不是疾病所不可缺少的因素,它往往是通过作用于致病因子或改变机体反应性,对疾病的发生发展起促进或阻碍作用。本实验通过预先给小白鼠注射生理盐水、尼可刹米、水合氯醛后放入缺氧瓶,最终小白鼠全部因为缺氧而死亡,小白鼠存活时间因为药物对中枢神经系统的作用而有所差别,尼可刹米选择性兴奋延髓呼吸中枢;水合氯醛具有催眠和抗惊厥的作用,大剂量能抑制延髓呼吸中枢和心血管中枢,因此与注射生理盐水的小鼠相比,注射尼可刹米能增加小鼠耗氧量,而注射水合氯醛降低小鼠耗氧量。因此小鼠存活时间不同。本实验中,缺氧为疾病的原因,而三种药物的注射为疾病的条件。

缺氧是指组织供氧减少或不能充分利用氧,导致组织代谢、功能和形态结构异常变化的病理过程。根据不同的病因,可以把缺氧分为四种类型:低张性缺氧(hypotonic hypoxia)、血液性缺氧(hemic hypoxia)、循环性缺氧(circulatory hypoxia)、组织性缺氧(histogenous hypoxia)。本实验分别将小鼠放入密闭广口瓶,使瓶内氧气随吸气逐渐被消耗,而呼出的 CO_2 和水蒸气会被钠石灰所吸收,造成吸入气氧分压下降。通过吸入氧分压降低的气体、吸入 CO、注射亚硝酸钠、注射氰化钾复制不同类型的缺氧。不同类型的缺氧具有不同的病因以及不同的血液颜色和血氧变化特点。放入缺氧瓶的小鼠,瓶内氧分压会逐渐降低,使动脉血氧分压下降,会发生低张性缺氧,其血液中脱氧血红蛋白含量增加,血液颜色呈暗红色。吸入 CO 的小鼠,血液中大量碳氧血红蛋白形成而失去携氧能力,CO 中毒使氧离曲线左移,使 Hb 结合的氧不易释放,进一步加重组织缺氧。碳氧血红蛋白使血液颜色呈现樱桃红色。注射亚硝酸钠的小鼠,其血液二价铁血红蛋白被氧化形成高铁血红蛋白,失去结合氧的能力并使氧离曲线左移,组织缺氧。高铁血红蛋白使血液颜色呈现咖啡色。注射氰化钾的小鼠,由于氰化钾使线粒体细胞色素氧化酶形成氰化高铁细胞色素氧化酶,使细胞色素氧化酶不能还原,失去传递电子的功能,呼吸链中断,生物氧化受阻,使组织细胞不能充分利用氧,所以血液中氧合血红蛋白仍然较高,血液颜色呈鲜红色。

【实验对象】

小鼠,25 ~ 28g,体重相近。

【实验器材与药品】

电子秤,注射器,钠石灰,小鼠缺氧瓶,剪刀,镊子,滤纸,苦味酸,一氧化碳气袋,生理盐水,1. 25% 尼可刹米,2% 水合氯醛,5% 亚硝酸,0. 1% 氰化钾。

【实验步骤】

1. 原因和条件作用的分析

(1) 取 3 只小鼠称重,编号为 1、2、3 号,用苦味酸做好标记。

(2) 注射及处理:1 号,生理盐水,0. 2ml/10g,腹腔注射。2 号,1. 25% 尼可刹米,0. 2ml/10g,腹腔注射。3 号,2% 水合氯醛,0. 2ml/10g,腹腔注射。

给药后分别放入三个缺氧瓶中,盖紧瓶塞,密闭计时,记录从放入缺氧瓶到小鼠死亡所经历的时间即存活时间。

(3) 观察动物呼吸、口唇颜色和活动情况。将实验结果填入表 4-19 中。分析讨论药物处理和缺氧何为原因何为条件。

表 4-19　不同条件下小鼠缺氧状态的比较

序号	体重(g)	注射及处理	表现(活动,呼吸,口唇颜色)	存活时间(min)
1		生理盐水		
2		1. 25% 尼可刹米		
3		2% 水合氯醛		

2. 几种类型的缺氧

(1) 取 3 只小鼠称重,编号为 4、5、6 号,用苦味酸做好标记。

(2) 注射及处理:4 号,放入空广口瓶,向瓶内通入一氧化碳气体。5 号,腹腔注射 5% 亚硝酸钠,0. 2ml/10g。6 号,腹腔注射 0. 1% 氰化钾,0. 2ml/10g。

观察小鼠活动情况直至其死亡。

(3) 分别解剖 1、4、5、6 号小鼠,打开腹腔,剪下一片肝脏组织放于滤纸上,观察对比血液颜色。将实验结果填入表 4-20 中,课堂讨论几种类型的缺氧原因和主要特点。

表 4-20　几种类型的缺氧

序号(号)	体重(g)	注射及处理	缺氧类型	血液颜色
1		注射生理盐水		
4		一氧化碳中毒		
5		注射 5% 亚硝酸钠		
6		注射 0. 1% 氰化钾		

【注意事项】

1. 所有实验装置的连接必须保持通畅而且密闭,也可以在瓶口涂些凡士林以期密闭。
2. 腹腔注射位置应在左下腹,避免损伤肝脏,注射的药物剂量应准确。

3. 钠石灰必须完全干燥。
4. 氰化钾有剧毒，避免皮肤黏膜与之接触。
5. 实验完毕后，所有器械应冲洗干净。

【思考题】

1. 在本实验中，分析原因和条件在缺氧发生中的作用。
2. 缺氧分为几种类型，本次实验各属于何种类型的缺氧，分析各型的原因。
3. 从实验结果中各种类型的缺氧血液颜色的不同，分析其原因和机制。

（徐婷婷）

实验二十　实验性高钾血症

【实验目的】

1. 掌握家兔高钾血症模型的复制方法。
2. 掌握高钾血症时家兔心电图变化的特征。
3. 观察高钾血症对心脏的毒性作用。
4. 了解高钾血症的基本治疗方法和抢救。

【实验原理】

钾离子是机体重要阳离子之一，人体血清钾高于 5.5mmol/L 为高钾血症（正常值：3.5～5.5mmol/L）。高钾血症（hyperkalemia）对机体的影响主要表现为膜电位异常引发的一系列障碍及酸碱平衡紊乱。高钾血症对心肌的毒性极强，干扰正常心肌细胞的电生理活动，可使心肌动作电位和有效不应期缩短，传导性、自律性、收缩性降低，兴奋性则呈双相变化：轻度高钾血症使心肌兴奋性增高，急性重度高钾血症可使心肌兴奋性降低甚至消失，心脏停搏。高钾血症时的心电图表现为：①T 波高尖：在高钾血症早期即可出现；②P 波和 QRS 波波幅降低，间期增宽，可出现宽而深的 S 波；③多种类型的心律失常。严重高钾血症时可出现正弦波，心室扑动、心室颤动和心室停搏（图 4-32）。

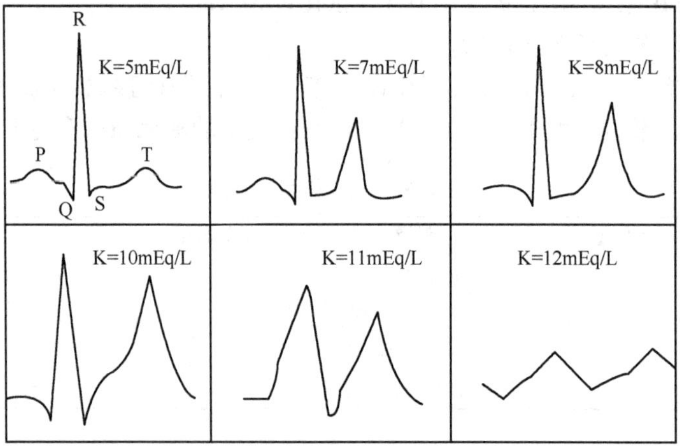

血钾水平	心电图变化
6-7mmol/L	T 波尖陡
8 mmol/L	P 波消失或 P 波与 QRS 波群关系消失
10 mmol/L	增宽、异常的 QRS 波群
11 mmol/L	双相变异(QRS-ST-T 波融合)
12 mmol/L	室颤或心室停搏

图 4-32　高钾血症的心电图变化

高钾血症的处理原则主要是祛除病因。通过减少钾的摄入和透析疗法降低体内总钾量;通过注射碳酸氢钠,葡萄糖-胰岛素溶液,促进 K^+ 移入细胞内以降低血钾浓度。通过注射 Na^+、Ca^{2+}溶液以拮抗高血钾对心肌的毒性作用。

本实验通过静脉滴注氯化钾,使血钾浓度短时间内快速升高造成家兔急性高钾血症模型,观察心电图变化,了解高钾血症对心脏的毒性作用,通过观察药物对高钾血症的治疗效果,了解高钾血症的抢救治疗措施。

【实验对象】

家兔,体重 2 ~ 3kg,雌雄不限。

【实验器材与药品】

25% 氨基甲酸乙酯、1% 氯化钾溶液、10% 氯化钙溶液、4% $NaHCO_3$、胰岛素葡萄糖溶液(25% 葡萄糖,每 4 克葡萄糖加 1U 胰岛素)、常规手术器械、注射器、输液器、听诊器、BL420F 生物机能实验系统、电脑。

【实验步骤】

1. 称重、麻醉和固定动物　家兔称重后,用 25% 氨基甲酸乙酯(参考剂量 4ml/kg)从耳缘静脉缓慢注入。注射期间注意观察动物肌张力、呼吸频率、角膜反射和夹捏反射的变化,防止麻醉过深。麻醉后动物仰卧固定在家兔手术台上。

2. 手术与血管插管　颈部剪毛,沿甲状软骨下正中切开皮肤约 6cm,分离右侧颈外静脉,在颈外静脉下面穿 2 根线,远心端结扎,近心端先打一个活结,在颈外静脉用眼科剪剪口,插入颈外静脉插管,用线固定,注意要进行二次固定,防止插管滑脱。插管连接输液瓶,为了保持管道通畅,缓慢滴注生理盐水(5 ~ 10 滴/分)。

3. 心电图描记　将针型电极分别插入家兔四肢皮下。导联线按左前肢(黄),右前肢(红),左后肢(绿),右后肢(黑)的顺序连接,打开电脑,点选 BL-420 生物机能实验系统 F,在实验项目中选择循环实验-心电图描记,描记心电图,选择导联 II,要能看到正向的 T 波,否则更换导联,待实验结束后打印分析。

用头胸导联可描记出比普通导联更为高大清晰的心电图波形。方法是将右前肢电极插在下颏部皮下,左前肢的电极插在胸壁上相当于心尖部位的皮下。这样可较早发现高血钾家兔的心电图异常波形。

4. 观察指标

(1) 动物一般情况:包括心律、心音、心率;呼吸频率、深度和节律;肌张力。

(2) 心电图变化。

(3) 实验最后打开胸腔观察心室颤动。

5. 氯化钾溶液注入方法　从颈外静脉滴入 1% 氯化钾,输液速度要慢,约 15 滴/分。

6. 观察记录心电图　在静脉滴注氯化钾的过程中,观察生物信号采集处理仪显示器上心电图波形的变化。可观察到 P 波低压增宽、QRS 波群低压变宽和高尖 T 波。这时停止滴注氯化钾,立即准备抢救。

7. 实施抢救　在滴注氯化钾生理盐水溶液前,必须提前选择和准备好抢救药物。10% 氯化钙(2ml/kg)或 4% $NaHCO_3$(5ml/kg),或胰岛素葡萄糖溶液(7ml/kg),将药液放入输液瓶,排净输液管中的气泡,随时准备抢救时用。可分实验组采用不同治疗方法,观察记录心电图的变化。

待心电图基本恢复正常时,再由颈外静脉注入致死剂量的 10% 氯化钾,开胸观察心肌纤颤及心脏停搏时的状态。

【注意事项】

1. 保持静脉导管的通畅,用肝素生理盐水溶液 2m1 冲洗管道内的余血,防止导管内血液凝固。

2. 静脉滴注氯化钾一定要注意速度,一般以 3 ~ 5ml/min 的速度输注。要充分考虑氯化钾输入后,动物心电图改变的反应时间,控制注入的量,过量会死亡,少了又不能观察到。

3. 正确记录心电图波形,有时家兔 T 波高出正常值 0. 5mV 或融合在 S-T 段中而不呈现正向波,这与动物个体差异有关,此时要变换导联。若在头胸导联、肢体标Ⅱ导联及 avF 导联上描记出正向 T 波就可进行实验,否则需更换动物。

4. 心电干扰波的处理:接好地线;针形电极刺入部位要对称,位于皮下,实验台上的液体要随时清除。

【思考题】

1. 给家兔输入氯化钾溶液,出现哪些心电图改变,讨论其心电图变化的病理生理学机制。

2. 你设计的是什么抢救治疗方案,理论根据是什么?观察到哪些效果?说明氯化钙、碳酸氢钠和葡萄糖-胰岛素溶液救治高钾血症的机制。

(徐婷婷)

第五章　机能学综合性实验

实验一　胃肠运动及氨在肝性脑病发病中作用的观察

【实验目的】

(1) 观察哺乳动物消化管运动形式,以及神经和体液因子(药物)对胃肠运动的影响;学习制备离体肠管平滑肌的实验方法。

(2) 通过观察肝脏对外来物质(如肾上腺素)的灭活作用,了解肝脏在机体内的生物代谢作用。

(3) 学习制备急性肝功能不全动物模型,观察氨中毒在肝性脑病发病中的作用。

(4) 用谷氨酸钠治疗,观察疗效,探讨其治疗的药理机制。

【实验原理】

消化运动的基本形式有紧张性收缩、分节运动和蠕动等。活体内消化管运动受神经和体液因素的调节。根据肠平滑肌上传出神经系统递质受体分布的特点,可观察拟、抗胆碱及拟、抗肾上腺素等体液因子或药物对肠平滑肌的作用。

肝性脑病(hepatic encephalopathy)又称肝性昏迷,系继发于严重肝脏疾病的神经精神综合征。其发病机制至今尚未完全阐明,存在多种发病学说,以氨中毒学说受到重视。目前多数学者主张,肝性脑病的发生主要是由于多种从肠道吸收的蛋白质代谢终末产物(如氨、硫醇、胺、芳香族氨基酸等)不能被肝脏生物转化或经门-体侧支循环绕过肝脏解毒而进入体循环增多,进而透过血脑屏障引起脑的功能和代谢障碍所致。氨中毒学说认为:正常情况下,血氨的来源与清除保持动态平衡,而氨在肝中经鸟氨酸循环合成尿素是维持此平衡的关键。病理情况下,当肝功能严重障碍时,肝内尿素合成发生障碍,导致血氨清除不足;或肝功能严重受损时(如肝硬化等),肠壁吸收肠道内生成的氨过多,经侧支循环直接进入体循环,均可导致血氨升高,从而引起脑的功能代谢障碍。除此之外,肠道和尿液中 pH 的变化也是影响血氨的重要因素。

谷氨酸(glutamic acid)可与血中过多的氨结合形成无害的谷氨酰胺(glutamine),由尿排出,降低血氨浓度。谷氨酸还可以参与脑细胞的代谢,改善中枢神经系统功能。

【实验对象】

家兔。

【实验器材与药品】

电子计算机、生物机能实验系统、兔手术台、哺乳类动物手术器械一套、动脉玻璃插管、动脉夹、刺激电极、棉绳、细导尿管、离心管、微量瓶、注射器(0.25ml、5ml、20ml)、吸管(0.1ml、0.5ml、5ml)、Magnus 实验装置一套(麦氏浴槽、麦氏浴管、恒温装置)、氧气袋、铁架台、双凹夹、张力换能器、动物血压及呼吸描记装置。

25% 氨基甲酸乙酯溶液、台氏液、新斯的明溶液、肾上腺素溶液(1×10^{-4}mol/L)、乙酰胆碱溶液(1×10^{-4}mol/L)、阿托品溶液(3.5×10^{-4}mol/L)、复方氯化铵溶液(含 2.5% NH_4Cl 和

1.5% $NaHCO_3$)、2.5% 复方谷氨酸钠溶液、毒扁豆碱溶液(2.5×10^{-5}mol/L)、去氧肾上腺素溶液(6×10^{-5}mol/L)、异丙肾上腺素溶液(5×10^{-7}mol/L)、1∶10000 肾上腺素溶液、1∶50000 肾上腺素溶液、测血氨及尿素氮试剂。

【实验步骤】

1. 家兔活体内胃肠运动观察

(1) 动物称重,25% 氨基甲酸乙酯溶液(4ml/kg)耳缘静脉注射麻醉,固定。

(2) 颈部剪毛,沿颈部正中线切开皮肤,切口长 6~8cm,钝性分离,逐渐暴露气管,分离两侧迷走神经(vagus),穿线备用。

(3) 腹部剪毛,自剑突(xiphoid process)下沿腹部正中线切开皮肤,切口长约 10cm,沿腹白线剪开腹壁肌层及腹膜,暴露胃肠。用两对皮钳夹住腹壁,把切口的两缘向外上方提起,形成一皮兜。

(4) 观察项目

1) 观察正常胃肠运动形式,注意胃的蠕动(peristalsis)和紧张度(tensity)(用手触摸),小肠的蠕动和分节运动(segmentation)(注意分节运动有时不易观察到)。

2) 结扎、剪断迷走神经,刺激近心端,观察胃肠运动变化。

3) 胃肠局部(小肠)依次滴加乙酰胆碱(acetylcholine)、生理盐水洗净后滴加肾上腺素(adrenalin)、洗净后滴加新斯的明(neostigmine)、在新斯的明作用的基础上局部滴加阿托品(atropine)各 2~3 滴,仔细观察胃肠运动的变化并记录。

2. 肾上腺素灭活作用的观察　通过对肾上腺素灭活作用的观察,了解肝脏对药物作用的影响。

(1) 动物称重,25% 氨基甲酸乙酯溶液(4ml/kg),耳缘静脉注射麻醉,固定。

(2) 颈部剪毛,沿颈部正中线切开皮肤,切口长 6~8cm,钝性分离,暴露气管,分离一侧颈总动脉,穿线备用并做好气管插管。

(3) 腹正中部剪毛,纵向切开皮肤长约 3cm,沿腹白线剪开腹壁肌层及腹膜,暴露腹腔,引出一段小肠及肠系膜,用温生理盐水纱布覆盖备用。

(4) 自耳缘静脉注入 0.3% 肝素溶液(heparin,3ml/kg)抗凝。

(5) 颈总动脉插管,并连接血压描记装置。

(6) 观察项目

1) 记录正常血压曲线。

2) 中等速度向耳缘静脉注射 1∶50 000 肾上腺素溶液 0.2ml,观察和记录血压变化情况。

3) 血压平稳后,向肠系膜静脉注射 1∶50 000 肾上腺素溶液 0.2ml,观察记录血压情况。

4) 向耳缘静脉注射 1∶10 000 肾上腺素溶液 0.2ml,观察记录血压情况。

5) 向肠系膜静脉注射 1∶10 000 肾上腺素溶液 0.2ml,观察记录血压情况。

6) 向耳缘静脉及肠系膜静脉分别注入生理盐水溶液 0.2ml,观察记录血压情况。

3. 氨在肝性脑病发病中作用的观察

(1) 此部分实验分为对照组、肝功能不全模型组和治疗组。

1) 颈总动脉采血:建议首选。分离并游离出 3cm 左右一段颈总动脉后(参考第三章各种插管技术部分),将颈总动脉离心端用结扎线结扎,其近心端用动脉夹夹闭,用 5ml 注射器在靠近结扎远心端处进针,进针时以左手拇指及中指拉住远心端结扎线头,右手持针注意保持和颈总动脉平行，进针确保针头在血管中间后，打开动脉夹，缓慢抽血 5ml，其中 2ml 血用于血氨定性测定，3ml 血置于离心管中，静置 10min 后离心(2500 r/min，10min)，取血清测尿素氮含量(血氨和尿素氮含量测定方法见附录 1)。有条件的实验室可在家兔额顶两侧插入电极，连接脑电仪，记录一段正常脑电波频率与波幅图形。

2）心脏采血：建议颈总动脉采血失败后或与其并用。家兔仰卧固定后，于第 3 肋间隙距胸骨左缘约 3mm 处，用食指触及心搏最明显点，将注射针头垂直刺入心脏，边进针边注意有无回血，如抽血困难，可适当变换一下进针位置，抽血 5ml，用于血氨定性和尿素氮含量检测，其余步骤见颈总动脉采血部分。

(2) 肝功能不全动物模型制备：暴露肝脏，以左手将肝脏轻轻向下推动，切断肝脏与膈肌之间的韧带，然后将肝脏向上翻，分离和剪断肝胃韧带，用棉绳从肝蒂部将肝左外侧叶、左中叶、方形叶和右中叶结扎，保留右外叶和尾状叶，也可以仅保留尾状叶，其余肝叶结扎。以阻断大部分肝血流，造成家兔急性肝功能不全(对照组不结扎)。参照图 5-1。

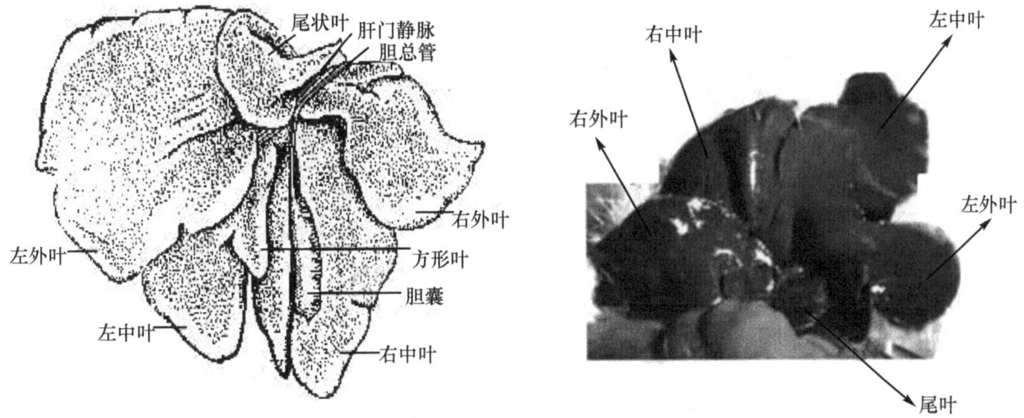

图 5-1　兔的肝脏(背面观)

(3) 十二指肠插管：首先寻找到胃后，沿胃小弯、幽门向下找出十二指肠，避开血管，在其下方穿 2 根线，近端(离胃近的一侧)结扎，用眼科剪在远端血管少的肠壁上做一小切口，将插管顺十二指肠远端方向插入肠腔约 5cm。结扎固定，确保不滑脱后，把肠管送回腹腔内，插管的一端留于腹壁外，用皮钳对合夹住腹壁切口，关闭腹腔，观察和记录动物四肢肌张力和对刺激(敲打兔台或用针刺)的反应。

(4) 十二指肠插管内灌流复方氯化铵溶液，每次 10ml，间隔 5min，仔细观察家兔呼吸、肌张力变化，同时做好再次抽血准备，如出现呼吸加速，反应性增高，直至痉挛、抽搐发作，立即停止注射。迅速再次颈总动脉或心脏采血 5ml(如前者采血不顺利)，其中 2ml 血用于血氨定性测定，3ml 血测定血尿素氮，方法同上。另一组员同时打开脑电仪，描记出现症状时(氨中毒后)的脑电图变化。记录所用复方氯化铵溶液总量及出现肝性脑病发作的时间间隔。

(5) 治疗：将发病的动物分为两组，一组耳缘(或颈外)静脉缓慢注入复方谷氨酸钠溶液(30ml/kg)，另一组给予同等剂量的生理盐水，观察并记录治疗后体征有无缓解。

4. 体液因子(药物)对离体肠管平滑肌运动的影响

(1) 肠管标本制备：倒提家兔，用木棒迅速猛击枕部使其急死，立即剖开腹部，轻轻快速选取一段回肠，用预冷台氏液灌洗肠腔，清除肠内容物，剪成 2～3 cm 长的肠段十余个（供整个实验室用），注意整个选取肠标本过程要快，否则易造成所取肠段功能丧失，导致实验失败（此步操作应在教师指导下完成）。

（2）标本连接：将小肠标本一端系于 L 型管上，放入麦氏浴管内，另一端用小钩钩住，通过张力换能器与计算机相连。麦氏浴管内的水浴温度保持在（38±1）℃，充以空气（1～2 气泡/秒）。待标本稳定 10～20min 后，观察体液因子或药物对肠管收缩的影响（图 5-2）。

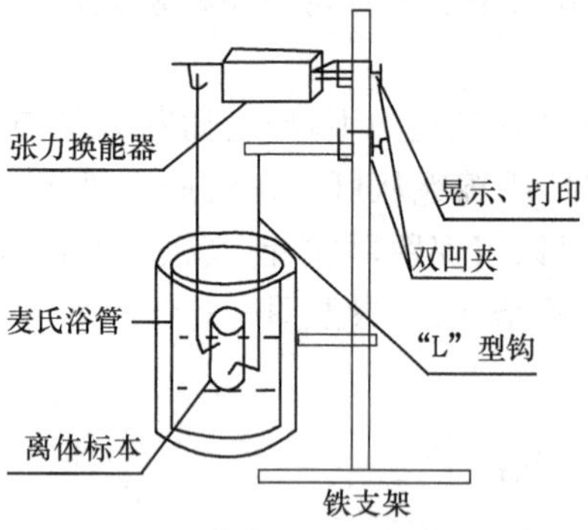

图 5-2 离体小肠恒温灌流装置及离体标本连接示意图

（3）观察项目

1）描记离体小肠正常收缩曲线。

2）向麦氏浴管内加入乙酰胆碱（acetylcholine）0.1ml，观察肠管收缩曲线变化。待作用达高峰后，用 38℃ 台氏液冲洗 3 次。

3）加入毒扁豆碱（physostigmine）0.2ml，观察收缩曲线变化，待变化达高峰时，再加入乙酰胆碱 0.1ml，作用达高峰后，加入阿托品（atropine）0.1ml，观察收缩曲线变化，当出现明显作用后，用 38℃ 台氏液冲洗 3 次。

4）加入去氧肾上腺素（phenylephrine）0.2ml，观察收缩曲线变化，待作用不再加大后，用 38℃ 台氏液冲洗 3 次。

5）加入异丙肾上腺素（isoprenaline）0.2ml，观察收缩曲线变化。

【结果与讨论】

1. 根据实验结果，填写表 5-1，结合肠活体实验，分析实验中所用体液因子（药物）对胃肠平滑肌的作用机制。

表 5-1 药物对胃肠平滑肌的作用

项目	刺激迷走神经	滴加乙酰胆碱	滴加肾上腺素	滴加新斯的明	再滴加阿托品
胃肠运动					

2. 根据实验结果，填写表 5-2，分析和讨论氨中毒在肝性脑病发病中的作用。

表 5-2 灌流复方氯化铵溶液前后血氨、尿素氮的变化

组别	灌注剂量（ml/kg）	发病时间（min）	血氨（+/-）		血尿素氮（mg%）	
			发病前	发病后	发病前	发病后
结扎肝脏组						
不结扎组						

3. 实验内容的扩展：从肝性脑病氨中毒学说理论上推理，判断表 5-3 中 5 只小鼠注入不同试剂后可能发生的变化乃至死亡的先后。本实验设计说明什么？（最后选一组同学做示教实验）。

表 5-3　影响小鼠氨中毒发生的实验设计

编号	十二指肠或腹腔注射比例	剂量	发病次序
1	0.85% 生理盐水	0.5ml/10g	
2	2.5% 氯化铵溶液	0.5ml/10g	
3	0.5% 乙酸溶液、2.5% 氯化铵溶液	0.5ml/10g	
4	2.5% 氯化铵溶液、1.5% 碳酸氢钠溶液	0.5ml/10g	
5	2.5% 谷氨酸钠溶液、2.5% 氯化铵溶液	0.5ml/10g	

4. 结合应用谷氨酸钠治疗后的情况分析和讨论降低血氨措施的原则和意义。

5. 据实验结果，填写表 5-4，分析体液因子（药物）对离体肠管运动的作用。

表 5-4　体液因子（药物）对离体肠管运动的作用

项目	乙酰胆碱	毒扁豆碱+乙酰胆碱+阿托品	苯肾上腺素	异丙肾上腺素
胃肠运动				

【注意事项】

1. 胃肠运动观察

（1）小肠的蠕动较分节运动容易观察到。

（2）避免胃肠暴露时间过长，以及使表面干燥，影响胃肠活动，应随时用温热的生理盐水（或纱布）湿润胃肠。

（3）局部滴加药物后稍需时间可观察到小肠运动。

2. 颈总动脉取血时的注意事项

（1）颈总动脉抽血保持针头与血管平行，以防刺破动脉管壁，引起大出血。

（2）如刺破动脉壁，应立即用动脉夹夹闭颈总动脉，再向心脏端分离一段颈总动脉，重新穿刺抽血。

3. 心脏取血时的注意事项

（1）注射器要干燥，以防止溶血。

（2）动作要迅速，以缩短在心脏内的留针时间和防止血液凝固。

（3）针头在胸腔内不要左右摆动，以防止伤及组织。

4. 游离肝脏时，动作要轻柔，以免肝叶破裂出血；分离肝周边韧带时，不要损伤膈肌，造成气胸；结扎线应扎于肝叶根部，避免勒破肝叶造成出血。

5. 十二指肠插管需固定好，防止脱入腹腔。

6. 家兔出现痉挛时，容易很快死亡，为确保实验成功，要提前做好第二次采血准备，可尝试颈总动脉、心脏、耳部中动脉、直至开胸采血。

7. 在给予肠管氯化铵注射观察作用同时，为节省时间，可分出组员，同时开始药物对肠管平滑肌运动影响的实验，教师需先示教。

8. 钠氏试剂本身含有轻度微颗粒沉淀，注意混匀，判定结果时，需实验和对照组一起比较。

9. 肠段系于L型管上松紧适度，向麦氏浴管内加药时，洗净前一次残余药量，每种药物固定使用同一注射器；加药时不要碰连接线，也不要把药滴到管壁上。备足清洗用38℃台氏液。

10. 如肠管加药后收缩不明显，可更换新的肠管节段，注意挑选在台氏液中蠕动较好的肠段。

11. 实验中不能随意改变记录仪器灵敏度和其他参数。

【思考题】

1. 胃肠运动的神经调节和体液调节具体表现在那几方面？

2. 有关肝性脑病发病的几种学说是什么？肝性脑病血氨升高的原因？氨中毒在肝性脑病发病中的作用？

【附录一】

1. 血氨定性测定　吸取饱和 K_2CO_3 溶液 1.5ml 注入微量扩散瓶内，然后将2ml 血液缓慢注入微量扩散瓶中，立即用该瓶塞上的玻璃棒蘸 0.5 mol/L H_2SO_4 一滴（不宜过多，以免下滴），迅速盖上瓶塞，注意玻棒不能与瓶内液体及瓶体接触。轻轻混匀瓶内液体 20min。扩散完毕，取出玻棒与玻片上的钠氏试剂混合，观察是否有棕黄色沉淀出现，并根据形成沉淀的量初步判定血氨的量（半定量）。

2. 尿素氮测定　分离血清后，取4支玻璃试管，做好标记，按照表5-5步骤加样操作。

注：混合后，置沸水中煮沸10min，流水冷却3min，520nm波长比色，以空白管调零。

$$血清尿素氮(mg\%)\frac{测量管光密度值(OD)}{标准管光密度值(ODS)}\times 0.002\times 100/0.02$$

注：管A为灌流复方氯化铵溶液之前血清，管B为灌流复方氯化铵溶液之后血清。

标准应用液：0.005mg 氮/ml；DAM-TSC 液：二乙酰-肟-氨硫脲液。

表5-5　测定尿素氮的步骤

加样名称	测定管A	测量管B	标准管S	空白管C
血清	0.02	0.02	-	-
水	0.5	0.5	0.1	0.5
标准应用液Ⅱ	-	-	0.4	-
DAM-TSC 液	0.5	0.5	0.5	0.5
二酸混合液	4.0	4.0	4.0	4.0

【附录二】

1. 复方氯化铵溶液　氯化铵25g，碳酸氢钠15g，溶于5%葡萄糖溶液1000ml中。

2. 复方谷氨酸钠溶液　谷氨酸钠25g，溶于5%葡萄糖溶液1000ml中。

3. 二乙酰-肟-氨硫脲液　称取二乙酰-肟600mg，氨硫脲30 mg，蒸馏水溶解并加水至100ml。

4. 二酸混合液　浓磷酸（85%～87%）35ml，浓硫酸80ml，慢慢滴加于800ml水中，冷却后加水至1000ml。

5. 尿素氮标准储存液（1 mg 氮/ml）　称取分析纯尿素2.143g，加0.01 mol/L 硫酸溶解，并加水至1000ml。

6. 尿素氮标准应用液Ⅰ(0.025 mg 氮/ml) 吸取尿素氮标准储存液2.5ml,加0.01 mol/L 硫酸至100ml。

7. 尿素氮标准应用液Ⅱ(0.005 mg 氮/ml) 吸取尿素氮标准应用液Ⅰ20ml,加0.01mol/L 硫酸至100ml。

(王 军)

实验二 影响心功能的因素及实验性心力衰竭的发生与治疗

实验性全心衰竭

【实验目的】

(1) 学习离体在位蟾蜍心脏恒压灌流法。

(2) 观察前负荷、后负荷和心肌收缩性改变对心功能的影响,并描绘心功能曲线。

(3) 学习制备实验性心力衰竭的动物模型。

(4) 观察强心药对衰竭心肌的影响,并掌握心衰药物的作用机制。

【实验原理】

心脏最重要的功能是泵血功能,衡量心功能的基本指标有每分心输出量(minute output),简称心输出量(cardiac output,CO);每搏输出量(stroke volume);射血分数(ejection fraction);心指数(cardiac index);每搏功(stroke work)等。

每分心输出量(ml/min)= 每搏输出量(ml)×心率。

1. 心输出量的调节 利用离体在位的蟾蜍心脏,消除了神经反射(nervous reflex)对心率(heart rate,HR)变化的影响,使心率基本恒定。因此,实验主要考虑每搏输出量对心输出量的影响,前者反映了心肌舒缩力与做功的大小,它主要受前负荷(preload)、后负荷(after load)及心肌收缩功能等因素的影响。

(1) 前负荷对每搏输出量的调节:在一定范围内,回心血量(returned blood volume)增加,心室舒张末期容积(ventricle end-diastolic volume,VEDV),即前负荷增加,使心肌纤维初长(initial length)拉长,心肌收缩力增强,每搏输出量增加,即 Frank-Starling 定律,它主要保持心每搏出量与回心血量间的平衡。

(2) 后负荷对每搏输出量的调节:心室肌后负荷是指动脉血压。当心室后负荷增加时,即心室收缩射血克服阻抗增加,心室壁收缩期张力增大,心脏做功增加。

(3) 心肌收缩能力对每搏输出量的调节:心肌收缩性能改变是指心肌内在收缩机制改变所引起的收缩力量改变,与前、后负荷无关,但可以受去甲肾上腺素(nonepinephrine)、乙酰胆碱(acetylcholine,Ach)等神经递质(neurotransmitter)和体液因素的影响。

(4) 心功能曲线:就是反映左室舒张末期容积或充盈压(前负荷)与心室每搏功之间关系的曲线,纵坐标表示左室每搏功,横坐标为左室舒张末期压。

心室功能曲线(图 5-3)大致可分为三段:

1) 充盈压 12 ~ 15mmHg 是人体心室最适前负荷,位于其左侧的一段为功能曲线的升支;表明在初长度达到最适前负荷之前,搏功随初长度的增加而增加。

2）充盈压在 15 ~20mmHg 范围内，曲线渐趋平坦，说明前负荷在上限范围内变动时对泵血功能的影响不大。

3）充盈压高于 20mmHg 后，曲线平坦，或轻度下倾，但并不出现明显的降支，说明正常心室的充盈压即使很高，搏功基本不变或仅轻度减少。

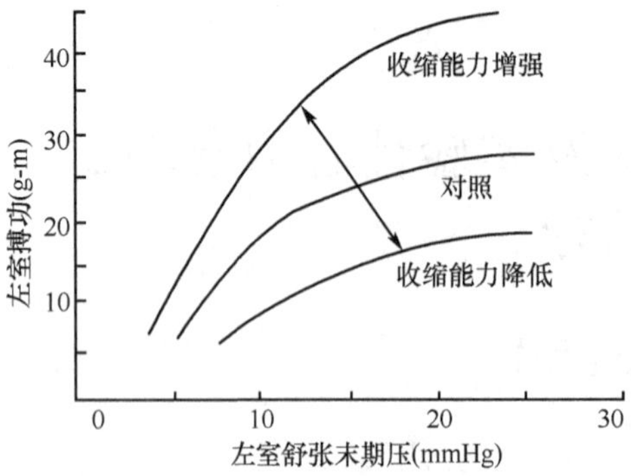

图 5-3　心室功能曲线

本实验通过改变蟾蜍心脏的前、后负荷及对心脏表面滴加某些神经递质如去甲肾上腺素、乙酰胆碱等来验证这些现象。

2. 心衰时心脏的代偿反应及临床表现

（1）心脏的代偿反应

1）心率加快：在一定范围内的心率加快可提高心输出量，维持动脉血压，保证心脑的灌流量。

2）心脏扩张：在正常情况下，心肌肌小节的初长度未达到最适长度，因此，心室还有进一步扩张的余地，使之达到最适长度，以增强心肌收缩力，增加心输出量。

3）心肌肥大：肥大的心肌可在两方面发挥代偿作用：一是可以增加心肌的收缩力，有助于维持心输出量；二是降低室壁张力，降低心肌耗氧量，有助于减轻心脏负担。

（2）临床表现：当左心衰竭时，可引起不同程度的肺循环充血，主要表现为各种形式的呼吸困难和肺水肿；当心衰发展到全心衰竭或右心衰竭时，主要表现为体循环静脉系统过度充盈，静脉淤血，压力增高，内脏器官充血、水肿。当心衰失去代偿能力，此时心脏的功能储备将消耗殆尽，心输出量开始明显下降，出现一系列外周血流灌注不足的症状如皮肤苍白或发绀，疲乏无力、失眠、嗜睡，尿量减少；当出现急性、严重心力衰竭时，由于心输出量急剧减少，动脉血压也随之下降，组织的灌流量显著减少，机体还会发生心源性休克。

3. 心衰模型的制备及治疗　本实验通过改变心脏的前、后负荷及利用低钙溶液灌注心脏，降低心肌收缩性，制备出全心衰模型（whole heart failure model）。心衰的治疗主要从以下三方面着手：第一，防治基本病因，消除诱因；第二，改善心脏舒缩功能；第三，减轻心脏前、后负荷。这次实验就根据以上三方面，观察普萘洛尔、异丙肾上腺素及毒毛花苷 K 治疗心衰的机制。

强心苷因使心肌细胞膜 Na^+，K^+-ATP 酶活性降低，增加细胞内 Ca^{2+}浓度；异丙肾上腺素则作为膜 β 受体激动药，均可增强心肌收缩力；而普萘洛尔作为 β 受体阻断药，可拮抗 β 受体激动药的正性肌力作用。

【实验对象】

青蛙或蟾蜍。

【实验器材与药品】

蛙类手术器械（金属探针、粗剪刀、镊子、玻璃分针、蛙板、组织剪、眼科剪），恒压灌流装置一套，10 ml 量筒，小烧杯，动静脉插管，计算器，滴管，电极，坐标纸，林格液，1 ∶ 10 000 肾上腺素溶液，1 ∶ 10 000 乙酰胆碱溶液，低钙林格液，毒毛花苷 K，0.002% 普萘洛尔溶液，0.001% 异丙肾上腺素溶液。

【实验步骤】

1. 灌流装置(图 5-4) 储液瓶中液面的高低代表灌流压的大小;与储液瓶相连的插入肝静脉玻璃管中液面——输液液面高度代表了前负荷;心脏收缩搏出的液体从流出管的侧口流出,其高度代表心室后负荷。在实验前应于储液瓶中注入一半容积以上的林格液。

2. 制备蟾蜍离体在位心脏灌流标本

(1) 破坏蟾蜍脑、脊髓将其仰卧固定在蛙板上,用外科剪于剑突处向两锁骨肩峰端呈倒三角形剪开皮肤,用粗剪刀剪开胸壁,切勿损伤心脏,剪去胸骨、锁骨。

(2) 用镊子提起心包膜,用细眼科剪将其剪开,暴露心脏(图 5-5)。

(3) 分离出左、右主动脉穿两根线备用(a、b 线);用玻璃分针将心脏翻向头侧,可看到静脉窦(venous sinus)与下腔静脉(后腔静脉)及左、右肝静脉,小心分离并剪开与左、右肝静脉相连的心包膜组织,在其下穿一根线(c 线)备用;同时将刚才穿于主动脉下的一根备用线(b 线)一起穿过(即从后腔静脉下绕过),结扎此线,便把除两主动脉和下腔静脉及左、右肝静脉以外的全部血管(主要是左、右肺静脉)扎住,结扎过程中切勿扎到静脉窦(图 5-6)。

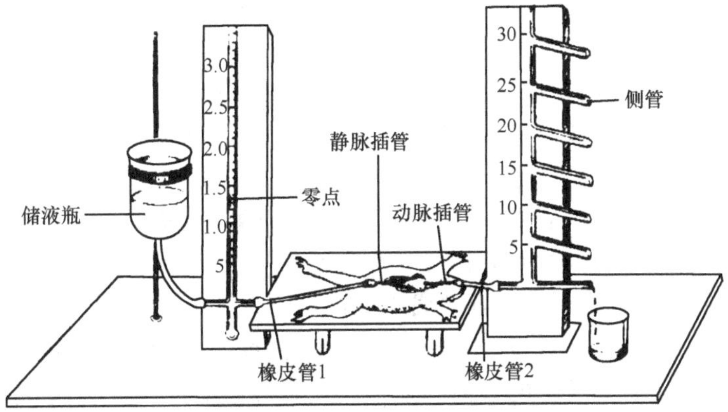

图 5-4 离体在位蛙心灌流装置

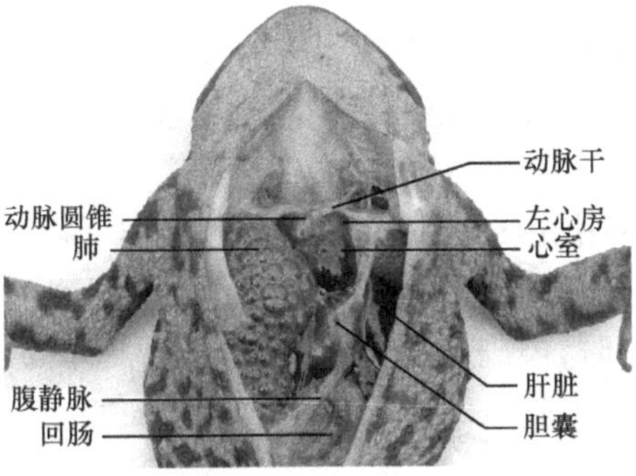

图 5-5 蟾蜍胸部手术及心脏结构

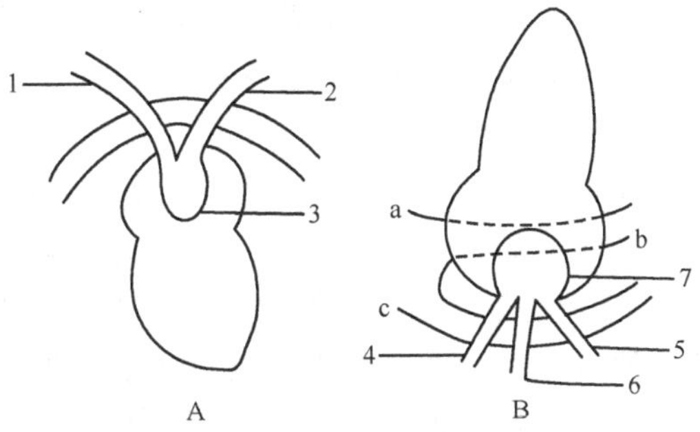

图 5-6 蟾蜍血管分离及穿线

1、2. 动脉;3. 动脉圆锥;4. 静脉;5. 静脉;6. 静脉;7. 静脉窦

(4) 分离除左叶肝组织,牵拉以增加左肝静脉张力,用小剪刀做一切口,将事先装满林格溶液(不含气泡)的静脉插管插入切口,直至静脉窦,此时插管内液体液面下降,液体经静脉流入心房,证明插管成功,用备用线(c 线)结扎固定插管,否则调整插管位置,直至看到液

面下降方可结扎固定插管。在右主动脉远端剪一小口，然后用滴管向静脉插管中加入林格溶液冲洗心脏直至没有血凝块为止，注意不要进气泡。

(5) 翻转心脏向下(复位)，提起左主动脉，以尽量远离心脏的位置做一斜形切口，将事先充满林格溶液的动脉插管向心脏方向插入，作为心搏出口，并用备用线(a 线)连同右主动脉结扎固定。

(6)把静脉插管与橡皮管 1 相连，但先不要打开夹子，把动脉插管与橡皮管 2 相连。(图 5-4)

3. 影响心脏做功因素的实验观察

(1) 观察项目的操作与有效心功率的计算方法

1) 肉眼观察心脏舒张容积、心肌收缩力量的变化。

2) 测量：①每分钟输出量，用小烧杯收集 1 min 内心脏搏出的灌流液，用小量筒测定搏出液量(ml)；②在测定每分钟输出量的同时，计数心率：1 min 心搏次数(次/分)；③心功管高度：流出液管的高度。

3) 计算有效心功率：有效心功率(g · cm/min)= 心输出量(ml/min)×心功管高度(cm)×水密度(1g/ml)。

4) 绘制心功能曲线：以心功管高度(cm)为横坐标，以有效心功率(g · cm/min)为纵坐标。标记出不同心功管高度下的有效心功率之点，将各点连接成线即为该心脏的做功曲线。

注意：每次收集心输出量后立即记录各项数据并计算(保留两位有效数字)。

(2) 改变前负荷对心脏的影响：将与心脏在同水平的流出口管夹闭，打开侧管 1(即选择后负荷高度为 5cm)，固定后负荷在侧管 1 的高度不变，调节储液瓶的高度，使前负荷(即输液管的液面高度)分别处于 5 cm、10 cm、15 cm 等高度，观察心舒张容积和心肌收缩力变化，同时分别依次测定各高度下的心输出量、心率、每搏输出量，并找出最适前负荷(即心脏不过分充盈扩张而心输出量又较高时的前负荷)。

注意：前负荷处于 5cm 时，每搏输出量应保持在 20 ~ 30 滴/分，不应过高。以下各项实验中，所取的固定前负荷(cm)= 最适前负荷(cm)-5cm。

(3) 改变后负荷对心脏做功的影响：固定前负荷，通过逐步升高流出口的高度(逐个关闭侧管)，使后负荷依次分别处在侧管 1、2、3、4…档的高度(每档的间距为 5 cm)，观察并测定上述(1)中的各项指标。

注意：在实验过程中，每改变一次侧管高度，要稳定 1 ~ 2 min 再进行测定；当侧管高度超过心脏代偿范围至有效心率下降时，应不再继续提高侧管高度，把侧管高度降回到侧管 1 保持灌流，待心输出量基本到达(3)测定前的水平时，再进行以下的实验，并以此作为后续实验心肌收缩力的对照值(以下各步实验均遵循此原则)。

(4) 心肌收缩性能对心脏做功的影响

1) 肾上腺素的影响：将 1 : 10 000 肾上腺素溶液 1 ~ 2 滴用滴管均匀滴于心脏表面，待 1 ~ 2 min 效果明显后，计数心率，当心率基本不变时再重复实验步骤(3)的内容。

2) 乙酰胆碱的影响：将心脏表面的肾上腺素溶液冲洗干净，恢复并固定前负荷和侧管 1 高度，待心脏活动基本恢复后，按上法滴加 1 : 10 000 乙酰胆碱溶液 1 ~ 2 滴于心脏表面，待效果明显后，重复实验步骤(3)的内容。

4. 制备药物性全心衰竭　将心脏表面的乙酰胆碱溶液冲洗干净，恢复固定前负荷和侧管 1 高度，待心脏活动恢复后，用低钙林格溶液代替林格溶液灌流，当低钙林格溶液完全进入心脏 1 ~ 2min 后，重复实验步骤(3)的内容。观察并比较更换灌流液前后各项指标有何不同。

5. 药物影响及药物相互作用　恢复固定前负荷和侧管 1 高度，待心脏活动恢复后，将学生分成四组，分别观察下述几种治疗心力衰竭药物的作用效果。

第一组：于心脏表面滴加 3 ~ 4 滴毒毛花苷 K 溶液，待效果明显后(5 ~ 10min)，重复实验步骤(3)的内容。

第二组：于心脏表面滴加 2 ~ 3 滴 0.002% 普萘洛尔溶液，观察有何变化，待出现作用后，立即按第一组步骤操作。

第三组：于心脏表面滴加 1 ~ 2 滴 0.001% 异丙肾上腺素溶液，待作用明显后，重复实验步骤(3)的内容。

第四组：于心脏表面滴加 2 ~ 3 滴 0.002% 普萘洛尔溶液，观察有何变化，待出现作用后，立即按第三组步骤操作。

【结果与讨论】

1. 记录各项实验数据及心脏舒缩变化的情况，分别填入表 5-6、表 5-7 和表 5-8 中。
2. 按实验记录，绘制本次实验的心功能曲线变化图，并分析心功能变化的机制。
3. 讨论造成本次急性全心衰竭实验的可能机制。
4. 分析药物对心脏功能的影响及相互作用机制。

表 5-6　改变前负荷对心功能的影响

前负荷(cm)	心输出量 CO(ml/min)	心率 HR(beats/min)
5		
10		
15		
20		
25		

表 5-7　多种因素对心脏做功的影响

影响因素	后负荷(cm)	心率 HR(beats/min)	心输出量 CO(ml/min)	有效心功率(g · cm/min)
固定前负荷 =(最适前负荷 -5cm)	5			
	10			
	15			
	20			
	25			
1 : 10 000 肾上腺素	5			
	10			
	15			
	20			
	25			

续表

影响因素	后负荷(cm)	心率 HR(beats/min)	心输出量 CO(ml/min)	有效心功率(g · cm/min)
1 : 10 000 乙酰胆碱	5			
	10			
	15			
	20			
	25			

表 5-8　全心衰时心功能的变化及不同药物对心脏做功的影响

影响因素	后负荷(cm)	心率 HR(beats/min)	心输出量 CO(ml/min)	有效心功率(g · cm/min)
低钙任氏液	5			
	10			
	15			
	20			
	25			
毒毛花苷 K	5			
	10			
	15			
	20			
	25			
普萘洛尔+毒毛花苷 K	5			
	10			
	15			
	20			
	25			
异丙肾上腺素	5			
	10			
	15			
	20			
	25			
普萘洛尔+异丙肾上腺素	5			
	10			
	15			
	20			
	25			

【注意事项】

1. 实验过程中切勿损伤静脉窦,勿用手捏拿心脏,以免损伤心脏。
2. 实验过程中及时在心脏表面滴加林格溶液,以保持湿润和良好的机能状态。
3. 保证整个实验过程中灌流装置系统的通畅性。

4. 实验过程中,应回收循环使用林格溶液或低钙林格溶液。

【思考题】

1. 评价心功能的指标有哪些？目前最好的指标是什么？

2. 从心脏本身来分析,有哪些因素可以影响心功能？

3. 临床上,左、右心衰及全心衰的临床表现各是什么？其治疗原则是什么？治疗全心衰竭的药物有哪些？

（张彩华）

实验三　家兔失血性休克与救治

【实验目的】

1. 学习并掌握哺乳类动物动脉血压的直接描记方法,观察神经和某些体液因素对微循环机能的影响。

2. 复制几种类型的休克动物模型,观察休克发生、发展过程中血压和微循环血流的变化,加深“休克发生的关键不在于血压,而在于血流”的理论认识。

3. 设计几种抢救方案,通过对治疗效果的观察,加深对休克防治原则及所用药物药理机制的理解,培养独立分析问题及根据所学理论解决具体实际问题的能力。

【实验原理】

在正常生理情况下,人和其他哺乳动物的心脏与血管的活动、组织血液供应及血压均处于相对稳定状态。这种相对稳定是通过机体的神经、体液因素进行不断的调节而实现的。譬如颈动脉窦-主动脉弓压力感受性反射就是其中较为重要的调节因素。它可以在机体血压升高时反射性地引起血压下降,而在血压降低时又可反射性地引起血压升高。这一反射过程的传入神经为主动脉神经与窦神经。在人、犬等动物体内,主动脉神经与迷走神经混为一条,不能将其独立分离出来。而家兔的主动脉神经则为独立的一条神经,也称减压神经。这一解剖学特点使其易于被分离出来从而独立分析其作用。此外,这一反射的传出神经为心交感神经、心迷走神经和交感缩血管神经纤维。当心交感神经兴奋时,其末梢可以释放去甲肾上腺素(norepinephrine,NE)。去甲肾上腺素与心肌细胞膜上的β受体结合,引起心脏正性的变时、变力、变传导等作用,使心输出量增加,血压升高。反之,当心迷走神经兴奋时,其末梢可释放乙酰胆碱(acetylcholine,ACh)。乙酰胆碱与心肌细胞膜上的M受体结合,引起心脏负性的变时、变力、变传导作用,使心输出量减少,血压下降。因此,可以看出,心脏功能的改变对血压的维持具有重要的影响。

影响血压的另一重要因素是血管对儿茶酚胺的反应性。当交感缩血管神经纤维兴奋时释放去甲肾上腺素,后者与血管平滑肌细胞的α1-受体结合引起阻力血管的收缩,从而保证血压的稳定。休克晚期,机体常常因为发生严重的酸中毒而导致血管对儿茶酚胺的反应性下降甚至丧失,引起血压下降。因此,当心脏功能、血管舒缩功能及神经体液调节出现异常时,机体可出现循环系统功能紊乱,引起血压改变,甚至导致休克的发生。

休克是临床各科常见的危重病症和战伤主要的死亡原因。目前被多数学者认同的休克定义为机体在多种强烈损伤性因素的作用下,有效循环血量下降,使组织微循环血液灌流量急剧减少,由此导致细胞损伤、重要器官功能障碍、代谢紊乱和结构破坏的急性全身性病理过程。其主要特征是机体重要器官微循环灌注量急剧减少、细胞受损是休克发生的主要特征。

大量失血可以引起失血性休克(hemorrhagic shock)。常见于外伤出血、胃溃疡出血、食管下端曲张的静脉破裂及产后大出血等情况。失血性休克的发生、发展不仅取决于失血量,还取决于失血速度。若失血量少于全身总血量的10%,机体可以通过自身调节进行代偿,并保持血压和组织灌流的稳定;当快速、大量失血,失血量短期内超过全血量的30%~35%时,同时又得不到及时、有效的补充,即可发生休克;而失血量超过全血量的45%~50%时,则可能会迅速导致死亡。

典型的失血性休克,可根据微循环的变化,将其分为三个主要阶段。它们分别是①微循环缺血缺氧期,又称休克代偿期(compensatory stage);②微循环淤血期,又称休克进展期或可逆性失代偿期(progressive or decompensatory stage);③微循环衰竭期(microcirculatory failure stage),又称休克难治期或不可逆休克期(refractory or irreversible stage of shock)。每一期的微循环变化特点及各期的意义与对机体的影响参见表5-9。

表5-9 典型失血性休克分期及微循环变化特点

分期	微循环变化特点	代偿意义或影响结果
休克Ⅰ期	少灌少流,灌少于流,组织、细胞处于缺血、缺氧状态	自身输血、自身输液、血流重分配,保证重要脏器的血液供应
休克Ⅱ期	灌而少流、灌大于流,组织、细胞处于淤血、缺氧状态	自身输血、自身输液停止,恶性循环形成
休克Ⅲ期	不灌不流,血流停止,有微血栓形成	凝血和纤溶系统被激活,微循环内形成广泛的微血栓,回心血量进一步减少,器官功能衰竭

休克的治疗原则主要包括病因学治疗和发病学治疗两个方面。病因学治疗主要目的是去除休克的始动因素,比如失血性休克时的止血就是针对病因的一个重要治疗措施。发病学治疗主要包括纠正酸中毒、充分扩充血容量及合理使用血管活性药物。扩充血容量应遵循及时尽早、“需多少,补多少”的原则给予输血补液。目的是及时、有效提高组织循环的血液灌流量,改善微循环。

一、家兔动脉血压描记

【实验对象】

家兔。

【实验器材与药品】

电子计算机、生物机能实验系统、解剖显微镜、换能器、血压描记系统、恒温灌流槽、家兔手术台、哺乳类动物手术器械一套、动脉夹、细塑料管、气管插管、三通管、注射器(1 ml、5 ml、20 ml)、针头(6号、9号)、试管、小烧杯、线绳(黑色、白色粗线)。

25%氨基甲酸乙酯溶液、0.9%生理盐水、5%枸橼酸钠溶液(sodium citrate)、0.3%肝素溶液、台氏液、中分子右旋糖酐、1∶10 000去甲肾上腺素溶液、山莨菪碱(654-2)、5%碳酸氢钠注射液。

【实验步骤】

1. 动物称重(kg),耳缘静脉注射25%氨基甲酸乙酯溶液(3～4 ml/kg)至家兔处于全麻状态(注意麻醉要领),之后仰卧位将其固定于手术台上。

2. 颈部手术(分离颈外静脉,气管,双侧颈总动脉,右侧迷走神经,减压神经)。手术区备皮,用剪刀小心剪掉颈前部的毛,暴露手术区域。用手术刀在颈正中甲状软骨皮肤处,延中线纵形依次切开皮肤、皮下组织,形成一长6～7 cm纵形切口,直至暴露覆盖于气管上方的胸骨舌骨肌和侧面斜行的胸锁乳突肌等肌肉组织,改用镊子提起中线附近肌肉,利用止血钳钝性分离肌肉组织并用弯剪刀适当调整切口尺寸,最终充分暴露气管。用爱丽丝钳固定切口边缘,将气管前颈部肌肉向两侧分开,然后依次分离:

(1) 颈外静脉:位置较浅,位于颈部皮下。剪开颈部皮肤后即可见颈部左右两侧各有一粗大深紫色血管即为颈外静脉,用止血钳钝性分离,穿两根线备用。

(2) 利用弯止血钳钝性分离气管(用于气管插管),在分离处下方穿1根粗棉线备用。

(3) 分离颈总动脉:在气管两侧深处,可见到与其平行走行的左、右颈总动脉,颈总动脉旁有一束神经与动脉伴行,这束神经包括迷走神经(最粗),减压神经(最细)和交感神经(粗细介于上述两者之间)。可用蚊式止血钳做逐一钝性分离(也可用玻璃分针),依次分离右侧减压神经、迷走神经及颈总动脉,在其下分别穿线并保持湿润(可用不同颜色的线加以区分),分离左侧颈总动脉(游离长度尽量足够长,以备插管和结扎),其下穿两条线备用(远心端结扎,近心端插管用)。

3. 股部手术:在一侧股三角区,用手探查、触摸股动脉搏动,判断动脉位置及走向,然后对该处进行剪毛、备皮,沿动脉走行做一个5～6 cm长的皮肤切口,用爱丽丝钳将皮肤分开,即可在股三角区观察到股静脉(颜色较深且直径较粗的血管)、股神经(白色,实心),在股静脉下面可见到股动脉(颜色较红的血管,用手指轻触可探明显波动),利用弯蚊式钳小心钝性分离股动脉,并在其下穿两根线备用。

上述操作完成之后对家兔进行全身血液肝素化,具体操作如下:耳缘静脉注射肝素1 ml/kg,此后每隔1 h注射1ml维持,目的是为了防止插管部位形成血凝块影响放血或影响血压监测。

4. 动脉血压描记

(1) 用注射器向与血压换能器相连的细塑料管中注入5%枸橼酸钠溶液,直至将换能器中的剩余气体全部排净,并用夹子夹闭细塑料管,使枸橼酸钠溶液保持充满状态。

(2) 首先利用刚才置于血管下备用的细线结扎左侧颈总动脉的远心端,然后用动脉夹夹闭近心端(结扎处与夹闭部位之间的距离尽可能长,以便之后的插管、结扎具有足够的操作空间),用眼科剪在靠近远心端结扎线处的动脉壁上剪一小斜行切口,向近心端方向插入动脉插管,用另一备用线结扎固定该插管,慢慢开放动脉夹(切勿急于拿掉),如发现出血则立即夹闭动脉夹,检查出血原因。如因结扎松弛导致的出血,可将线再扎紧一些,然后重新检测。插管成功后可见到血液进入动脉插管些许,并随着心跳而产生波动。

(3)打开计算机,进入动脉血压调节界面,即可进行实验观测。

注意:

1) 调整好计算机参数(灵敏度在50～100,滤波10 K,时间常数DC)后,在整个实验过程中不要再变动。

2) 观察正常血压(blood pressure,BP)、心率(heart rate,HR)。血压曲线有时可以看到

三级波。

一级波(心搏波):随心脏收缩和舒张出现的血压波动,与心率一致。

二级波(呼吸波):伴随呼吸运动的血压波动,故与呼吸节律(次/分)一致。

三级波:可能是由于血管运动中枢紧张性的周期性变化所致。

(4) 动脉夹夹闭右侧颈总动脉(10 s),观察血压有何变化?突然放开动脉夹,血压有何变化?

(5) 将刺激电极与计算机相连,再将电极置于减压神经下,刺激减压神经(10 s),观察血压的变化。

(6) 耳缘静脉注射 1 : 10 000 去甲肾上腺素溶液 0.3 ml,观察血压如何变化。

5. 组织(微循环)血流观察项目及指标

(1) 观察皮肤、黏膜颜色,球结膜血管口径及血流情况:提起耳壳,对光透视血管口径及血流。

(2) 测量尿量。

(3) 正常家兔肠系膜微循环活体镜检观察:在家兔腹部正中做一个 6 ~ 10 cm 纵形切口,依次切开皮肤及皮下组织,并沿着腹白线切开,利用爱丽丝钳钳夹腹白线两侧边缘,充分暴露腹腔。将卵圆钳或用手伸入左下腹腔内侧(紧贴前腹壁),钳出阑尾末端上 8 ~ 12 cm 处的回肠袢,轻轻从腹腔拉出,用温生理盐水纱布保护平铺并固定于超泵恒温微循环灌流盒内,以 38 ℃ 台氏液恒温水浴灌流,并将兔肠系膜灌流盒固定于解剖显微镜镜台上(此装置置于家兔左腹侧)。观察家兔肠系膜微循环的特点。首先在镜下区分确认粗、细有别,血流方向相反的微动脉与微静脉(静脉内血色较暗)。然后,连续观察毛细血管血流速度、血流量及血管内径改变。

二、家兔失血性休克与救治

1. 复制失血性休克动物模型

(1) 股动脉插管:用线结扎股动脉远心端,以事先用生理盐水浸润的动脉夹在尽量靠近心端处夹住股动脉,使结扎端与夹闭端尽量保持足够的长度,用眼科剪在靠近结扎处的股动脉壁上剪一小口,沿向心方向轻轻插入一细塑料管(注意插管前用 5% 枸橼酸钠溶液将其充满),结扎并固定。操作完成后,观察并记录以下指标:①皮肤黏膜、球结膜血管口径及血流(或颜色);②血压、心率、呼吸、尿量;③肠系膜微循环情况。

(2) 观察少量放血对机体的影响:开放股动脉上的动脉夹,自股动脉少量快速放血,当放血量约达全身血量的 1/10(家兔总血量占体重的 5.46% ~8.7% 或按 5 9±2.3 ml/Kg 体重计算)时(此时血压应有所下降),夹闭股动脉停止放血,观察并记录上述各指标的变化。

注意:将放出的血液收集于一烧杯中(预先进行抗凝处理),备做实验性抢救输血时使用。

(3) 观察大量放血对机体的影响:少量放血 10 min 后,当血压趋于稳定状态后,再次开放股动脉上的动脉夹,自股动脉快速、大量放血,放血量约为全身血量的 1/5 ~ 1/4,放血时间为 3 ~5min,如放血过程中血压开始迅速下降,以后又略有上升,可再放血,待血压(平均动脉压)稳定在 4.0 ~5.33 kPa(30 ~40 mmHg)后,可夹住动脉夹停止放血,如果血压回升,可再少量放血,观察血压的变化。若血压低于 4.0 kPa(30 mmHg)时,可将放出的血立即由股动脉加压回输若干,使整个观察期内血压始终维持在 4.0 ~5.33 kPa(30 ~40 mmHg)水平,即失血性休克状态，观察记录指标①的变化，同时观察比较②、③项中的各指标的变化情况，之后每 5 min 记录一次如下指标：平均动脉压、收缩压、舒张压，观察时间为 30 ~ 40 min。

(4) 失血性休克家兔活体小肠肠系膜微循环(microcirculation)观察(示教)分别观察少量放血、大量放血后，肠系膜微循环的变化。当大量放血 10 min 后毛细血管内径开始缩小，30 min 后缩小到最小。当平均动脉压为(6.0±0.267)kPa [(45±2)mmHg]后，10 μm 以下毛细血管血流速度和血流量随时间逐渐下降，60 min 后部分微血管内可见白细胞附壁翻滚。

2. 实验性抢救　根据失血性休克的病理生理变化，按休克发病学的防治原则进行纠酸、扩容、应用血管活性药物及防治细胞损伤等治疗，并根据病情进展情况合理安排药物使用顺序。可自行设计抢救方案，观察并比较各项救治措施后血压和微循环的变化。

(1) 颈外静脉输液(此步骤可以在开始抢救前，即制备失血性休克模型前做好准备)，步骤如下：首先连接好颈外静脉插管、输液器和输液瓶，排净输液器中的气体，备用。然后利用已经置于颈外静脉下的细线，首先结扎其远心端，如果颈外静脉较粗或为了保持术野干净也可用动脉夹夹闭其近心端，并保证结扎端与夹闭端的距离尽量足够长，之后在二者间的颈外静脉侧壁剪一小口。沿其向心端插入与输液装置相连的颈外静脉插管(该细塑料管内事先充满液体并排净空气)，插好后用另一备用线结扎并固定插管，调节输液器的调节旋钮，使输液速度先保持在 10 滴/分以下，以防止静脉插管内发生凝血，治疗时可根据治疗需要加快滴注速度。但也要注意防止滴速过快，从而导致急性肺水肿的发生。

(2) 可用于休克治疗的备用药物：

1) 5% 碳酸氢钠，输液量可根据血压对升压药反应及末梢循环情况酌定。

2) 5% 葡萄糖生理盐水，输液量根据病情转归确定(即休克的治疗原则)。

3) 去甲肾上腺素：2 mg 溶于 25 ml 生理盐水中，静脉滴注(30 min 输完)，并与放血前所测得的收缩压高度进行比较，观察效果。

4) 山莨菪碱：2 mg 溶于 25 ml 生理盐水中，静脉滴注(30 min 输完)。

5) 中分子右旋糖酐：静脉滴入，输液量自行确定。

6) 0.01% 异丙肾上腺素(isopernaline)溶液 1ml，静脉注射。

7) 全血(blood)：将放出的血液经抗凝处理后全部倒入输液瓶内，输回患兔体内。

抢救治疗后，再复查动物的一般情况，以及各项生理指标和微循环血管血流量是否恢复正常。

(3) 抢救恢复后，结扎右侧迷走神经，在结扎处远心端剪断迷走神经，观察血压有何变化？刺激右侧迷走神经外周端(近心端)，观察血压有何变化？

【实验结果与讨论】

1. 以表格的形式记录各实验数据，观察神经、体液因素对动脉血压的影响(表 5-10)。

表 5-10　动脉血压的神经体液调节

处理	动脉血压变化(处理前-处理后)(mmHg)			
	平均动脉压	收缩压	舒张压	脉压
刺激减压神经				
夹闭颈总动脉				
刺激迷走神经				
注射去甲肾上腺素				

2. 对比少量失血与大量失血前、后，家兔动脉血压的各自变化趋势和特点，观察微循环变化，讨论相关机制（表5-11）。

表5-11 失血性休克发生发展过程中血压及微循环的变化

股动脉放血量（ml）	放血时间（min）	动脉血压（mmHg）				微循环变化
		平均动脉压	收缩压	舒张压	脉压	
少量放血（约占全血量的1/10）	0					
	5					
	10					
	15					
大量放血（约占全血量的1/4，待血压稳定维持在30～40 mmHg开始观察）	0					
	5					
	10					
	15					
	20					
	25					
	30					
	35					
	40					

3. 根据所学病理生理学及药理学相关理论和机制，自行设计抢救方案，针对抢救前后的动脉血压及微循环变化情况，分析所采用的不同药物、不同抢救方案对家兔失血性休克的救治效果差异及相关机制（表5-12）。

表5-12 失血性休克的抢救

处理	动脉血压（mmHg）				微循环变化
	平均动脉压	收缩压	舒张压	脉压	
抢救前					
抢救后（写出具体方法）					

【注意事项】

1. 在整个实验过程中，均需保持动脉、静脉插管与血管平行，以免刺破血管。

2. 保护耳缘静脉，注射时应从耳尖部进针，如不成功，逐点向耳根部移位，切记勿在第一次失败后马上在耳缘静脉根部再次穿刺进针，如果再次失败，就意味着该血管很难再被使用。

3. 本实验手术操作多，应尽量减少手术性出血，否则将影响对实验结果的客观观察。如手术过程中失血过多时，可通过事先准备好的颈外静脉输液，补充血容量，至血压维持在正常范围后再开始实验。

4. 所插各管前，事先必须先充满肝素溶液，排出气泡。静脉插管一经插入，应立刻缓慢滴注生理盐水，以防凝血。

5. 牵拉肠袢要轻，以免引起创伤性休克。

6. 注意分工合作，保持手术术野干净及实验台面整洁。

【思考题】

1. 讨论实验动物放血前后各项指标变化的机制，并分析判断家兔已经发生了失血性休克的依据是什么？

2. 你如何设计抢救方案，此方案的依据是什么？

3. 试分析每种抗休克药都有什么作用？

4. 试分析休克理论的转变对休克治疗有什么样的影响？

（赵赫男）

实验四　呼吸运动的调节及实验性呼吸衰竭的发生与治疗

【实验目的】

1. 观察体内、外因素对呼吸运动的影响。

2. 复制油酸性肺水肿动物模型，并初步探讨呼吸衰竭的发病机制。

3. 观察吸氧对呼吸衰竭的治疗作用。

【实验原理】

呼吸是机体与外界环境之间进行气体交换的过程。完整的呼吸过程包括外呼吸、气体在血液中的运输和内呼吸。外呼吸分为肺通气（肺与外环境之间的气体交换）与肺换气（肺泡与肺泡毛细血管血液之间的气体交换），其中肺通气是整个呼吸过程的基础。肺通气的原动力是呼吸运动引起的肺内压变化。平静呼吸情况下，吸气时，呼吸中枢通过膈神经和肋间神经支配呼吸肌，通过引起相应的呼吸肌收缩，胸廓顺应扩张，并带动肺扩张，使肺内压低于大气压，外界气体经气道进入肺泡，完成吸气；呼气时，膈肌和肋间外肌舒张，胸廓和肺依靠其自身的弹性回缩力回位，从而引起胸腔和肺的容积减小，肺内压高于大气压，肺内气体被呼出，完成呼气。呼吸运动是呼吸中枢节律性活动的反应，其深度和频率随体内、外环境的改变而发生相应变化，以适应机体代谢活动对气体（O_2 和 CO_2）交换的需要。肺内外参与呼吸运动的各组织结构异常或功能障碍均可引起通气不足或换气障碍。

呼吸衰竭是指由于外呼吸功能严重障碍，导致动脉血氧分压（PaO_2）低于正常范围，伴有或不伴有二氧化碳分压（$PaCO_2$）增高的病理过程。根据 $PaCO_2$ 是否升高，可将呼吸衰竭分为低氧血症型（Ⅰ型）和高碳酸血症型（Ⅱ型）。

用油酸复制肺水肿呼吸衰竭模型是一经典实验。油酸（9-十八碳烯酸）所致急性肺损伤主要是通过趋化因子使中性粒细胞与巨噬细胞在肺内聚集、激活，释放大量氧自由基、蛋白酶和炎性介质等，造成急性弥漫性肺泡—毛细血管膜的损伤，使之发生通透性增高、肺水肿等变化，引起肺通气障碍、气体弥散障碍及肺泡通气/血流比例失调，导致急性呼吸衰竭。

吸氧有助于提高 PaO_2。Ⅰ型呼衰只有缺氧而无 CO_2 潴留，可吸入高浓度的氧（一般不超过 50%）。Ⅱ型呼衰患者的吸氧浓度不宜超过 30%，并控制流速。

【实验对象】

家兔。

【实验器材与药品】

电子计算机、生物机能实验系统、兔手术台、哺乳类动物手术器械一套、气管插管、注射器、50cm 长橡皮管一根、球胆、呼吸换能器、血细胞计数板、量筒。

25% 氨基甲酸乙酯溶液、钠石灰、油酸、生理盐水、白细胞稀释液(1% 盐酸、稀甲紫液,95% 乙醇溶液)、考马斯亮蓝试剂、蛋白标准液、pH7.4 的 0.1mol/L 磷酸缓冲液。

一、呼吸运动的调节

【实验步骤】

1. 动物称重,25% 氨基甲酸乙酯溶液(4ml/kg)耳缘静脉注射麻醉,固定。

2. 气管插管　颈部剪毛,沿颈正中线切开皮肤 5 ~ 6cm,用止血钳钝性分离颈部软组织及肌肉,暴露并分离气管,在气管下穿一棉绳备用,在环状软骨下约 1cm 处,做一"⊥"形切口,插入气管插管,用棉绳将插管结扎固定。

3. 描记呼吸运动

(1) 将呼吸换能器缚于胸部呼吸最明显的部位,且松紧适宜。

(2) 打开计算机,进入呼吸运动调节界面,进行实验观察。

4. 描记正常呼吸曲线。

5. 观察吸入气 CO_2 浓度增加对呼吸运动的影响　气管插管的一侧与 CO_2 球胆相连,打开球胆导管的夹子,使家兔吸入气中 CO_2 浓度增加,观察并记录呼吸运动的变化。

6. 观察吸入气氧分压降低对呼吸运动的影响　气管插管的一侧通过装有钠石灰的瓶子,并与盛有一定空气的球胆相连,同时夹闭气管插管的另一侧,使家兔呼吸球胆内的空气。此时动物呼出的 CO_2 可被钠石灰吸收,随着呼吸的进行,球胆中的 O_2 越来越少,观察并记录家兔呼吸运动的变化。

7. 观察增大无效腔对呼吸运动的影响　将气管插管的一侧连接 50cm 长橡胶管,并夹闭另一侧,观察并记录呼吸运动的变化。

8. 观察气管狭窄对呼吸运动的影响　用中号镊缩窄与气管插管相连的一侧橡皮管口径的 2/3,同时夹闭气管插管的另一侧胶管,观察并记录呼吸运动的变化。

9. 观察窒息对呼吸运动的影响　迅速将气管插管的两侧胶管完全夹闭,观察并记录呼吸运动的变化,待呼吸明显增强后,立即松开,以防家兔窒息死亡。

【结果与讨论】

输出打印正常呼吸曲线及各处理因素作用下的呼吸曲线。

二、实验性油酸性呼吸衰竭的发生与治疗

【实验步骤】

1. 动物称重,25% 氨基甲酸乙酯溶液(4ml/kg)耳缘静脉注射麻醉,固定。

2. 描记正常呼吸曲线,记录呼吸频率和深度。

3. 耳缘静脉取血 20μl,加入至 0.38mlWBC 稀释液当中,混匀,光学显微镜下进行 WBC 计数,参见附录一。

4. 颈部手术,分离气管,并行气管插管。

5. 分组：①模型组：耳缘静脉注射油酸（0.2ml/kg），如果症状不明显，30min 后再追加注射 0.2ml。②正常对照组：耳缘静脉注射等量生理盐水。

6. 观察家兔一般情况及呼吸频率（次/分）与深度，描记呼吸运动曲线。

7. 当呼吸变浅变快时给予吸氧，观察吸氧对急性肺损伤的治疗效果。

8. 注射油酸 30 ~60min 后，气管插管内涌出粉红色泡沫样痰，提示肺水肿的形成，再次耳缘静脉采血，测定肺损伤后的外周血 WBC 计数。

9. 处死家兔，打开胸腔，取气管-支气管-肺组织。两肺称重，并测肺体积，计算肺系数及肺体比。

10. 收集支气管-肺泡灌洗液（broncho-alveolar-lavage fluid，BALF）。气管内注入 10ml 生理盐水，反复抽吸后，吸出支气管-肺泡灌洗液，并用此支气管-肺泡灌洗液进行 WBC 计数、蛋白含量测定。

【结果与讨论】

将实验结果记录于表 5-13 中。

表 5-13　实验性油酸性呼吸衰竭实验指标一览表

	外周血 WBC 计数（个/ mm^3）		灌洗液 WBC 计数（个/ mm^3）	灌洗液蛋白（$\mu g/mm^3$）	呼吸频率（次/分）		肺系数（g/kg）	肺体积（ml）
	呼衰前	呼衰后			呼衰前	呼衰后		
模型组								
正常对照组								

【注意事项】

1. 气管插管前注意把气管内清理干净。

2. 气体流速不宜过急，以免直接影响呼吸运动，造成假象，干扰实验结果。

3. 在取肺组织之前先用粗棉线在气管插管下方结扎气管，以防肺组织内渗出液流失。

4. 在取出支气管-肺组织时，动作应轻柔，注意不要损伤肺组织，以免造成肺组织内渗出液丢失，从而影响灌洗液 WBC 及蛋白的测定。

【思考题】

1. 增加吸入气中二氧化碳浓度、吸入氧分压过低的气体各对呼吸运动有何影响？为什么？

2. 增大无效腔对呼吸运动有何影响？其作用机制如何？

3. 气管狭窄、窒息各对呼吸运动有何影响？为什么？

4. 什么是呼吸衰竭？

5. 油酸造成急性呼吸衰竭的机制是什么？

6. Ⅰ型呼吸衰竭的给氧原则与Ⅱ性呼吸衰竭有何不同？

【附录一】WBC 计数

1. 实验原理　用稀乙酸将血液或 BALF 稀释 20 倍，使红细胞全部溶解，而 WBC 稀释液中的甲紫可使 WBC 的核染上颜色，从而使 WBC 形态更加清晰。将稀释样品滴入白细胞计数池中，在显微镜下计数，求得每立方毫米血液中的白细胞数。

2. 实验步骤

（1）熟悉血细胞计数板的构造。

（2）清洗血细胞计数板：计数板用自来水和蒸馏水相继洗净后，即用擦镜纸擦干，切不可用乙醇或乙醚洗涤，以免损坏计数板上的刻度。

(3) 观察白细胞计数池:低倍镜下观察白细胞计数池,见图 5-7。

(4) 加样、充池

1) 取一个盖玻片放在计数板中央平台上,使其必须完全盖住一个计数池。

2) 用吸管或移液器吸取少量(约数微升)经 WBC 稀释液处理的样品。

3) 将样品滴在靠近盖玻片边缘的计数板中央平台上,使其通过毛细作用充满计数池。

(5) 计数:充液后静置 3min,在低倍镜下计数图 6-7 箭头所指白细胞计数区内的白细胞数,压线细胞数上不数下,数左不数右。

(6) 记录实验结果:计算计数池中四角的四个大方格中白细胞总数(Y),按公式计算出单位体积内的白细胞数。

白细胞数(个/mm^3)= Y×(10/4)×20 = Y×50

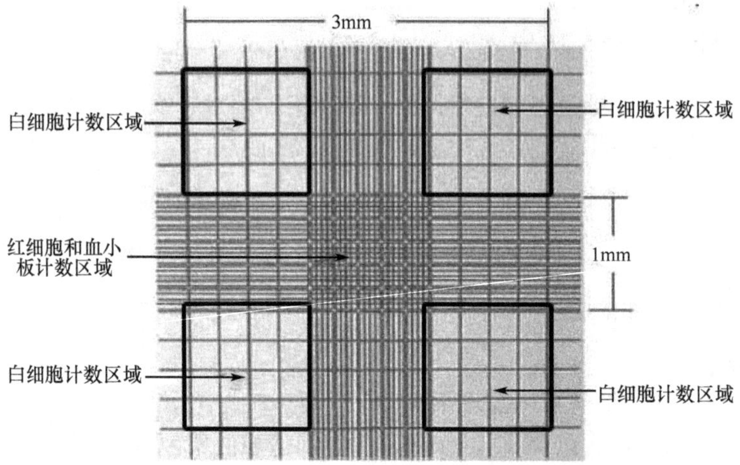

图 5-7 显微镜下的血细胞计数板结构

$$\text{待测液蛋白质浓度}(\mu g/ml) = \frac{ODu}{ODs} \times 50$$

【附录二】支气管-肺泡灌洗液(broncho-alveolar-lavage fluid,BALF)

将气管插管上两外管口封阻,以免肺渗出液外流。“Y”型气管插管一端连接含有 10ml 生理盐水的注射器,另一端用 50ml 注射器充气使肺泡充分膨胀。先注射 10ml 生理盐水然后继续向肺泡内充气,使生理盐水全部进入支气管、肺泡内,用 50ml 注射器反复抽吸,混合肺内渗出液,用 10ml 注射器吸出肺内的液体,即为 BALF,留作 WBC 计数及蛋白测定。

【附录三】BALF 的蛋白质测定(考马斯亮蓝法)

BALF 的蛋白质测定(即考马斯亮蓝法)见表 5-14。

表 5-14 BALF 的蛋白质测定(考马斯亮蓝法)

	空白管(B)	标准管(S)	测定管(U)
生理盐水	0.1	-	-
蛋白标准液(ml)(50μg/ml)	-	0.1	-
待测液(ml)	-	-	0.1
考马斯亮蓝液(ml)	5	5	5

注:2min 后,用 721 分光光度计在 595nm 波长下比色,以空白管调零

【附录四】肺系数

肺系数即肺重量与体重之比，正常家兔肺系数为 4 ~5。

$$肺系数=\frac{肺重量(g)}{体重(kg)}$$

【附录五】肺体比

肺体积与体重之比。

$$肺体比=\frac{肺体积(ml)}{体重(kg)}$$

（贾玉红）

实验五　肾泌尿功能与肾功能不全

【实验目的】

1. 复制急性中毒性肾衰竭动物模型。

2. 通过对肾功能指标的检测及肾脏形态学改变的观察，了解中毒家兔肾功能的改变。初步判断、分析和讨论致病因素及导致急性肾衰竭的可能发病机制。

3. 观察利尿药对肾泌尿功能的影响，以及对急性中毒性肾衰竭的治疗效果，分析其可能的作用机制。

【实验原理】

肾脏是一个多功能的器官，其主要功能之一是泌尿功能。肾脏通过调节肾血流、肾小球滤过率、肾小管分泌与重吸收来实现排出机体代谢终产物，调解水、电解质、酸碱平衡，以维持机体内环境的稳定。肾脏的泌尿功能受动脉血压、有效循环血容量、肾内自身调节的一些神经体液等因素变化的影响。当各种病因导致肾血流量（renal plasma volume）减少，肾小球滤过率（glomerular filtration rate，GFR）下降或肾小管分泌、重吸收功能（renal tubular reabsorption）障碍时，肾的泌尿功能受到影响，可引起肾功能不全（renal insufficiency），表现为尿量、尿成分的变化，氮质血症，水、电解质和酸碱平衡紊乱。

氯化汞溶液中含重金属汞，被转运到肾小管上皮细胞后，在肾小管细胞内累积，并与细胞膜和细胞内巯基和二硫基结合，影响细胞膜和细胞内酶活性，导致细胞损伤及膜功能障碍，离子转运异常（如、Na^+-K^+泵、Ca^{2+}泵），汞可引起肾小管上皮细胞损伤，甚至发生变性坏死，引起急性肾功能不全（acute renal failure，ARF）。在重金属汞（肾毒物）作用下，引起肾小管上皮细胞脱落形成管腔阻塞，使原尿不易通过，引起少尿。同时，由于管腔内压增高，使肾小囊内压增加，有效滤过压降低，导致 GFR 减少。在持续重金属汞作用下，肾小管上皮细胞变性、坏死、脱落，原尿通过受损的肾小管壁处回漏入周围肾间质，除直接造成尿量减少外，还引起间质水肿，压迫肾小管，造成肾小囊内压升高，使 GFR 减少，出现少尿。由于肾小管损伤，对原尿中 Na^+和 Cl^-重吸收减少，流经致密斑 Na^+和 Cl^-浓度增高，可导致管-球反馈异常激活，使入球小动脉收缩，GFR 持续降低。ARF 临床上最主要的表现就是少尿，引起少尿的中心环节是 GFR 降低。通过对肾小球、肾小管功能的检测以及尿常规和肾形态的观察初步判断肾功能状态，以便对急性中毒性肾衰（acute toxic renal failure）的发生机制进行分析讨论。

利尿药是一种作用于肾脏，通过抑制肾小管电解质的重吸收，减少水的重吸收，从而产生利尿作用,以达到治疗各种原因(包括急、慢性肾衰)引起的水肿和对 ARF 少尿期的治疗。当发生急性肾毒性肾衰时,其对药物的反应也会下降,进而影响药物的作用。

【实验对象】

家兔(体重 2 ~ 3 kg,最好为雄性)。

【实验器材与药品】

哺乳动物手术器械一套,注射器、试管、加样器、721 型分光光度计、水浴锅、离心机。

1% 氯化汞溶液($HgCl_2$)、25% 氨基甲酸乙酯溶液、0.6% 酚红溶液、20% 葡萄糖溶液、1% 呋塞米溶液(俗称速尿,furosemide)、20% 磺柳酸溶液、10% 氢氧化钠溶液(NaOH)、生理盐水。

【实验步骤】

1. 复制急性中毒性肾衰模型

(1) 分组:每两个实验小组为一个实验大组,其中一个小组为模型组,另一个小组为正常对照组。

(2) 制备模型:每一个实验大组于实验前 24h 取两只家兔(体重、性别应当一致)。模型组给家兔肌内注射 1% 氯化汞溶液(0.8 ~ 1.2ml/kg,根据实验动物的体重、一般状况来确定剂量的大小)。正常对照组给家兔肌内注射等量的生理盐水。在药物作用的 24h 内,给家兔喂食富含水的蔬菜或多饮水(水负荷)。* 为防止肾衰的程度过重或过轻,影响实验结果,教师可指导学生在一次实验中对氯化汞的剂量多设几个组,如 0.6 ~ 1.2ml/kg。

(3) 观察:比较两组动物的一般状态(精神、活动、皮毛、呼吸),尿量(量、颜色、清澈程度)。

2. 肾脏功能检测　手术和样品采集:

1) 耳缘静脉注射 25% 氨基甲酸乙酯(4.0ml/kg)麻醉动物,固定于兔手术台。

2) 颈部正中剪毛,切开皮肤,分离左侧颈总动脉插管采血 3ml,注入一干燥试管中(不抗凝),静置 10min,经 3000 r/min 离心 10min,小心吸取血浆置于另一干净试管中,备测血肌酐(plasma creatinine,Crp)、血钠(plasma Na^+,Nap)用。

3) 分离右侧颈外静脉,插管用于输液。* 此时可给家兔输入 5% 葡萄糖溶液(15ml/Kg),以保证有足够的尿量。

4) 下腹部正中剪毛,在耻骨联合上约 1.5cm 处作切口,长约 4cm,暴露膀胱,用注射器收集尿液(2ml),放入试管中,用于尿常规、尿蛋白(uric protein,Pru)、尿肌酐(Cru)和尿钠(uric Na^+,Nau)检查。

5) 双侧输尿管插管:在膀胱底部,找出两侧输尿管,钝性分离,穿线备用。在近膀胱端分别结扎两侧输尿管,稍等片刻,待输尿管略充盈后,用眼科剪在管壁上斜剪一小口,向肾脏方向插入细塑料管(塑料管事先用肝素冲洗或充满肝素),结扎并固定,用于实验过程中收集尿液。收集 5 分的尿液,计算出尿量(ml/min)。

6) 酚红排泄率测定 :① 0.6% 酚红溶液(1ml/kg)经家兔耳缘静脉注入(准确快速,不要外漏),并开始记录时间。②立刻从颈外静脉插管处缓慢注入 20% 葡萄糖溶液(20ml/kg)。③收集从注射酚红后的 15 或 30min 的尿液,并换算成单位时间的尿量(urinary output)(ml/min)。④取出约 0.5ml 尿液置于干净试管中,备测尿肌酐(Cru)和尿钠(如果已从膀胱中收集到尿液,此步可省略)。⑤将收集到的尿液倒入 500ml 量筒内,加入 10% NaOH 10ml,再用自来水补充至 500 ml 处,充分混匀。取出适当量放入与比色管口径相同的试管中与标准比色管比较(颜色),得出 15min 或 30min 肾脏的酚红排泄率。

3. 利尿剂对急性中毒性肾衰的作用观察

（1）耳缘静脉注射 1% 呋塞米（1ml/kg）。

（2）记录给药后 30min 内收集 5min 的尿液，计算出尿量。

4. 肾形态学观察　处死家兔，取出肾脏，称肾重量，计算肾体比，比较两组家兔肾脏外形（体积大小、颜色、包膜紧张度）。纵向剖开肾脏，观察皮髓质条纹、色泽等。

5. 尿液常规检查

（1）尿蛋白测定：取少量尿液滴于玻片上，加 10% 磺柳酸溶液一滴，观察其是否混浊，确定浑浊程度以判断尿蛋白的含量，判断标准：

“-”尿液清晰不浑浊。

“+”表示尿液出现轻度白色浑浊（含蛋白质 0.1～0.5g/L）。

“++”表示尿液稀薄乳样浑浊（含蛋白质 0.5～2g/L）。

“+++”表示尿液乳浊或有少量絮片存在（含蛋白质 2～5g/L）。

“++++”表示尿液出现絮状浑浊（含蛋白质>5g/L）。

（2）尿液镜检：取少量尿液滴于载玻片上，镜下观察细胞及管型，细胞至少检查 10 个高倍视野，管型至少检查 10 个低倍视野，用最低至最高数报告。

【结果】

结果见表 5-15。

表 5-15　急性中毒性肾衰实验观察指标一览表

组别	Ccr（ml/min）	$Cr_{尿}/Cr_{血}$	酚红排泄率	FE_{Na}	Nau 呋	尿蛋白	尿镜检	肾体比	肾大体
模型组 1、2、3、4									
对照组 1、2、3、4									

【注意事项】

1. 实验动物体重差别不能太大，选择体重相差不超过 250g 的家兔进行实验。
2. 注意麻醉药的注入剂量，观察麻醉情况。
3. 测定血/尿肌酐尽量由同一名同学完成。
4. 注意颈总动脉、颈外静脉插管，避免大出血。
5. 输尿管插管要避开血管，防止出血。
6. 每项生化检验所加入试剂的用量要准确。

【思考题】

1. 什么叫急性肾衰竭？
2. 肌内注射氯化汞引起肾衰的发病机制是什么？
3. 在肾衰实验中，应选择哪些观察指标？分别反映肾脏哪些功能？
4. 本实验中引起少尿的机制有哪些？
5. 汞中毒肾衰竭家兔应用速尿一定会产生尿量增多吗？为什么？
6. 酚红排泄试验中静脉输入 20% 葡萄糖溶液的作用是什么？
7. 为了保证能观察到尿液的各项指标变化，在本实验中应注意哪些问题？如何解决？
8. 如何能保证血、尿的生化指标测定准确？

【附录一】急性肾衰时肾功能评价的病理生理基础

1. 内生肌酐清除率(clearance of creatinine, Ccr) 内生肌酐清除率的值很接近肾小球滤过率(GFR),故临床上常用它来推测肾小球滤过率。

计算方法：

$$Ccr\ \frac{Cru(mg/L)\times 尿量(ml/min)}{Crp(mg/L)}$$

内生肌酐是指体内组织代谢所产生的肌酐。肌酐能自由从肾小球滤过,在肾小管中重吸收的量很少,也有少量是由肾小管和集合管分泌。内生肌酐在血浆中的浓度相当低,肾小管分泌的肌酐量可忽略不计,因此,Ccr 与菊粉清除率相近,可以代表肾小球滤过率。

2. 尿肌酐/血肌酐 确定肾衰的性质。比值 <20 为器质性肾衰(parenchymal renal failure);比值>40 为功能性肾衰(functional renal failure)。

3. 肾脏酚红排泄率(phenol red excretion rate) 是反映肾血流量与肾小管排泌功能的指标。正常情况下从静脉注入酚红后 15min 或 30min,肾脏酚红排泄率分别>30% 和>45%。

4. (滤过)钠排泄分数(fraction excretion of Na, FE_{Na}) 反映肾小管重吸收功能的指标。通过肾小球滤过率的测定以及其他物质清除率的测定,可以推测出那些物质被肾小管排泌的情况。FE_{Na} 为临床上较准确反映肾小管处理钠能力的指标。在急性肾衰时,FE_{Na} 常被用作区别功能性与器质性肾衰的重要指标。

计算方法：

$$FE_{Na}=\frac{[Na^+u]/[Na^+p]}{[Cru]/[Crp]}\times 100$$

判断标准：

正常： $FE_{Na}<1$。

功能性肾衰： $1< FE_{Na}<3$。

器质性肾衰： $FE_{Na}>3$。

【附录二】 血样与尿液生化测定方法

1. 血浆和尿液肌酐含量测定——苦味酸沉淀蛋白法

原理:在碱性条件下,苦味酸与(血浆或尿液中)肌酐作用,生成黄红色苦味酸肌酐,使溶液呈色后进行比色测定;然后加乙酸,在酸性环境中,黄红色的苦味酸肌酐被清除,非肌酐物质(假肌酐)呈色,两者比色之差为血浆及尿液中的肌酐。

方法:按表 5-16、表 5-17 中的步骤进行操作

表 5-16 血浆肌酐测定

单位(ml)	测定管	标准管	空白管
血浆	0.20	-	-
肌酐标准应用液(0.05mg/ml)	-	0.20	-
蒸馏水	-	-	0.20
碱性苦味酸	2.0	2.0	2.0

混匀,37℃水浴 30min,以 510nm 波长比色,空白管调零,读 OD 值,然后各管加 50% 乙酸溶液两滴,放置 6min 后,再测 OD′值。

计算：

$$[Crp](mg\%)=\frac{OD_{测}-OD'_{测}}{OD_{标}-OD'_{标}}\times 0.01/0.2\times 100$$

正常值：19mg/L-43 mg/L

表 5-17　尿肌酐测定

单位(ml)	测定管	标准管	空白管
尿液(原尿或 1∶50 稀释)	0.1	-	-
Cr 标准应用液(0.5mg/ml)	-	0.1	-
蒸馏水	-	-	0.1
碱性苦味酸	2	2	2
12.5% 氢氧化钠溶液	0.5	0.5	0.5

混匀，放置 10min，加蒸馏水 6.0ml，摇匀，以 530nm 波长比色，空白管调零，读 OD 值。

计算：$[\mathrm{Cru}](\mathrm{mg\%})=\frac{OD_{测}}{OD_{标}}\times 0.05\mathrm{mg}\times 100\mathrm{ml}/0.1\mathrm{ml}$

2. 血和尿钠测定(表 5-18)　血清和尿液均需要经无水乙醇除蛋白后再测定。

(1) 操作：血清 0.1ml 加无水乙醇 1.9ml，用力振荡后放置 10min，2500r/min 离心 5min，取上清 0.2ml 置于试管中。

尿液 0.1ml 加无水乙醇 1.9ml，用力振荡后放置 10min，2500r/min 离心 5min，取上清 0.2ml。按下表进行测试。

表 5-18　比浊法测血、尿钠

单位(ml)	测定管(血)	测定管(尿)	标准管	空白管
血清或尿上清液	0.2	0.2	-	-
Na 标准液(6.5mmol/L)	-	-	0.2	-
蒸馏水	-	-	-	0.2
2% 焦锑酸钾溶液	5.0	5.0	5.0	5.0

混匀后立即用 721 型分光光度计在 520nm 波长比色，以空白管调零点，读 OD 值。

(2) 钠含量计算：

$$Na^{+}(\mathrm{mmol/L})=\frac{OD_{测}}{OD_{标}}\times 6.5$$

(3) 注意：①加无水乙醇后用力振荡；②标准液临用前新鲜配制；③加入试剂后应即刻比色。

(4) 所需试剂

1) 标准液：取分析纯氯化钠 110～150℃烤箱中干燥 15h 以上，取 0.3815 g 氯化钠加水 50 ml 溶解，再以无水乙醇加至 1000ml，使钠的浓度为 6.5mmol/L，充分混匀后备用。

2) 2% 焦锑酸钾溶液：取一级焦锑酸钾 10g 溶于 500 ml 蒸馏水中，煮沸 3～5min，流水冷却，加 10% 氢氧化钾 15ml，过滤保存于塑料或棕色瓶中(避光保存)。

3) 0.4 mol/L 氢氧化钠和 0.05mol/L 硼砂溶液等量混合。

4) 4% 十二烷基硫酸钠。

5) 1.25% 苦味酸溶液或饱和苦味酸溶液。

6) 肌酐标准液。

（曲振运）

实验六　磺胺类药物药动学参数测定

【实验目的】

了解单次给予磺胺类药物后，动物体内血药浓度随时间变化的规律，并掌握药动学参数的计算方法。

【实验原理】

1. 比色法测定血中 NaSD 浓度　磺胺类药物(sulfonamides)能与某些试剂反应生成有色物质，通过比色可以对其血浓度进行定量分析。磺胺类药物在酸性环境下其苯环上的氨基($-NH_2$)离子化生成铵类化合物($-NH_3^+$)，与亚硝酸钠发生重氮化反应生成重氮盐($-N=N^+-$)，在碱性条件下与酚偶合呈色。该化合物在 525 nm 波长下比色，磺胺类药物的吸光度与其浓度成正比。

具体反应过程如下：

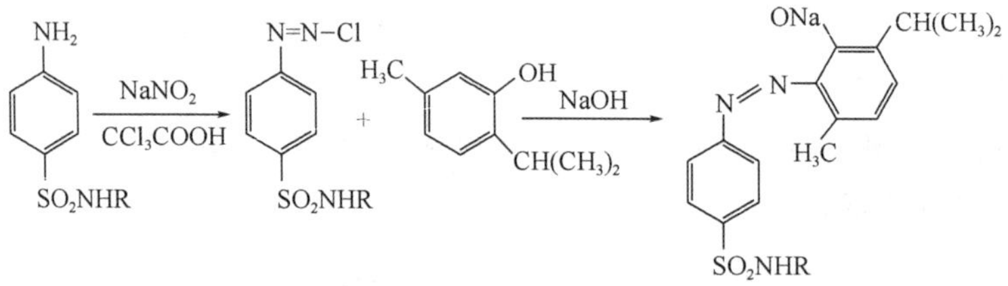

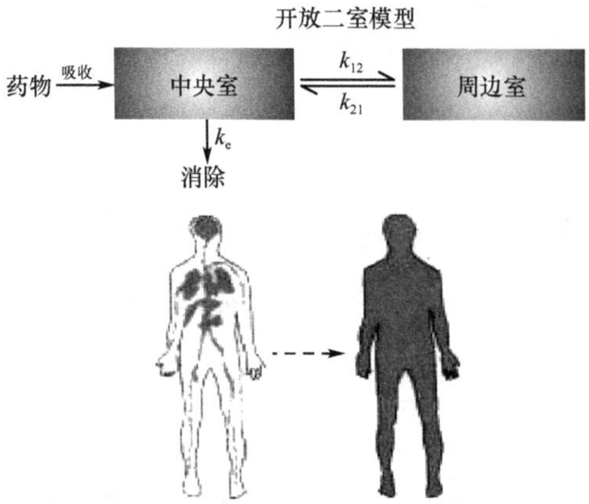

图 5-8　开放性二室模型

2. 药动学　药物代谢动力学简称药动学，主要研究药物的体内过程及体内药物随时间变化的规律。前者主要以文字和图表定性地描述药物在体内的变化过程；后者主要以数学模型和公式定量地描述体内药物随时间改变的变化过程。掌握药动学的基本原理和方法，结合对药效学量效关系的理解和应用，可以科学地计算和调控药物产生效应所需的药物剂量(浓度)。通过剂量调节体内药物浓度，达到满意的治疗效应并避免药物浓度过高引起的中毒反应，提高临床治疗效果。药动学资料分析的目标是确定药物的吸收、分布和消除等药动学参数，并应用于给药方法和血药浓度的调控。房室模型(compartment models)是药动学模型中研究、应用较早和常用的模型。它是一种抽象的表达方式，假设机体是一个不分具体器官或组织，只按药物转运速率划分为不同房室的系统，转运速率快并能够将药物转化消除的是中央室，转运速率慢的是周边室，分布在周边室的药物要返回中央室代谢与排泄。房室数目的确定是以药物在体内转运速率的特点进行划分的，目前常用的有开放一室模型和开放性二室模型(图 5-8)。

磺胺类药物的代谢属于开放性二室模型(图 5-8)。

【实验对象】

3 kg 左右家兔一只。

【实验器材与药品】

电子计算机、721 型分光光度计、离心机、婴儿秤、哺乳类动物手术器械、动脉夹、尼龙-三通插管（或玻璃套管、硅胶管）、兔手术台、注射器（10ml、20 ml）及针头、移液管（0.1ml、1ml、2ml、5ml、10 ml）、吸球、移液器、试管、试管架、半对数坐标纸、玻璃记号笔、药棉、纱布、计算器（具有直线回归功能）。

20 % 磺胺嘧啶钠注射液（sodium sulfadiazine，NaSD）、5 % 三氯乙酸溶液、0.02 %（或0.04 %）磺胺嘧啶钠标准液、0.5 % 亚硝酸钠溶液、0.5 % 麝香草酚溶液（用 20 % NaOH 配制）、0.3 % 肝素（heparin）生理盐水、25 % 氨基甲酸乙酯溶液、蒸馏水。

【实验步骤】

1. 血中 NaSD 浓度测定

（1）麻醉：取家兔一只（实验前禁食 12 h，不禁水），记录体重和性别，耳缘静脉注射 25% 氨基甲酸乙酯溶液（4 ml/kg）麻醉，仰卧位固定于兔手术台。

（2）手术：可选用颈总动脉（或股动脉）。手术区剪毛，皮肤切口长约 6 cm，钝性分离皮下组织和肌肉，分离出动脉 2 ~ 3 cm，在其下穿两根丝线，结扎远心端，保留近心端。

（3）插管：用动脉夹夹住动脉近心端，再于两线中间的一段动脉上剪一“V”形切口，插入尼龙-三通插管（或玻璃套管、硅胶管）（已充满 0.3 % 肝素生理盐水），用线结扎牢固，以备取血用。

（4）取血：调整三通开关至放血通路（或打开动脉夹）放取空白血样 0.5 ml，分别放入含 5 % 三氯乙酸溶液 7.6 ml 的 0 号管（对照管）和 S 号管（标准管）各 0.2 ml，摇匀静置。然后耳缘静脉注射 20 % NaSD 注射液（2 ml/kg），分别于注射后的第 1min、3min、5min、7min、10min、25min、45min、75 min 由动脉取血 0.2 ml 加到含有 5 % 三氯乙酸溶液 7.6 ml 的试管（管号 1 ~ 8）中摇匀。标准管加入 0.02 %（或 0.04 %）NaSD 标准液 0.2 ml，其余各管加蒸馏水 0.2 ml 摇匀。

（5）显色：将上述各管于 3000 r/min 离心 5 min，分别移取上清液 3 ml，加入 0.5 % 亚硝酸钠溶液 1 ml 摇匀，再加入 0.5 % 麝香草酚溶液 2 ml 摇匀后为橙色。

（6）测定：于 721 型分光光度计在 525 nm 波长下用对照管调零，测定各管的吸光度值。

（7）计算血中药物浓度：根据同一种溶液浓度与吸光度成正比的原理，可用空白血标准管浓度及其吸光度值计算出样品管的磺胺药物浓度（表 5-19）。公式如下：

$$\frac{\text{样品管吸光度}(A_{525})}{\text{标准管吸光度}(A_{525})}=\frac{\text{样品管浓度}(\mu g/ml)}{\text{标准管浓度}(\mu g/ml)}$$

$$\text{样品管浓度}(\mu g/ml)=\frac{\text{样品管吸光度}(A_{525})}{\text{标准管吸光度}(A_{525})}\times \text{标准管浓度}(\mu g/ml)$$

表 5-19　磺胺类药物血药浓度测定步骤

试管（管号）	时间（min）	5 % 三氯醋酸（ml）	血（ml）	蒸馏水（ml）	0.5 % 亚硝酸钠（ml）	0.5 % 麝香草酚（ml）	吸光度值 A_{525}	浓度（μg/ml）
对照管（0）		7.6	0.2	0.2	1	2		
给药后（1）	1	7.6	0.2	0.2	1	2		
（2）	3	7.6	0.2	0.2	1	2		
（3）	5	7.6	0.2	0.2	1	2		
（4）	7	7.6	0.2	0.2	1	2		
（5）	10	7.6	0.2	0.2	1	2		

续表

试管(管号)	时间(min)	5%三氯醋酸(ml)	血(ml)	蒸馏水(ml)		0.5%亚硝酸钠(ml)	0.5%麝香草酚(ml)	吸光度值A_{525}	浓度(μg/ml)
(6)	25	7.6	0.2	0.2	充分摇匀,离心10 min,3000 r/min,取上清液3 ml	1	2		
(7)	45	7.6	0.2	0.2		1	2		
(8)	75	7.6	0.2	0.2		1	2		
标准管(S)		7.6	0.2	标准液0.2		1	2		

2. NaSD药动学参数计算　属于开放二室模型的药物在一次快速静脉注射后,若将其血浆药物浓度的对数对相应时间作图时,即可见各实验点所连成的曲线是由两段不同直线构成,也就是说,其药-时曲线呈双指数衰减。前一段直线主要反映分布过程,称分布相或α相,此期血浆药物浓度迅速下降;后一段直线主要反映消除过程,称消除相或β相,此期血浆药物浓度缓慢下降。

反映二室模型动力学过程的公式为:$C_t=Ae^{-\alpha t}+Be^{-\beta t}$。

式中C_t为t时的血浆药物浓度,α为分布相的速率常数,称分布速率常数。β为消除相的速率常数,称消除速率常数,分别反映体内药物分布和消除的速度。B为药-时曲线中β相段外延至纵坐标(浓度)的截距。将实验中的实际测得的血浆药物浓度值减去β相段上各相应时间点的数值,再将其差值在同一药-时图上作图得一直线,将此直线外延至纵坐标的截距即为A。$C_t=Ae^{-\alpha t}+Be^{-\beta t}$式中的$B$、β、$A$、α均用二乘法(即回归方程)计算得到。

(1) 列表,填实验数据于表5-20中。

表5-20　NaSD药时数据表

时间(t)(min)	实测浓度(C)(μg/ml)	外推浓度(C')(μg/ml)	剩余浓度(C'')(μg/ml)
1			
3			
5			
7			
10			
25			
45			
75			

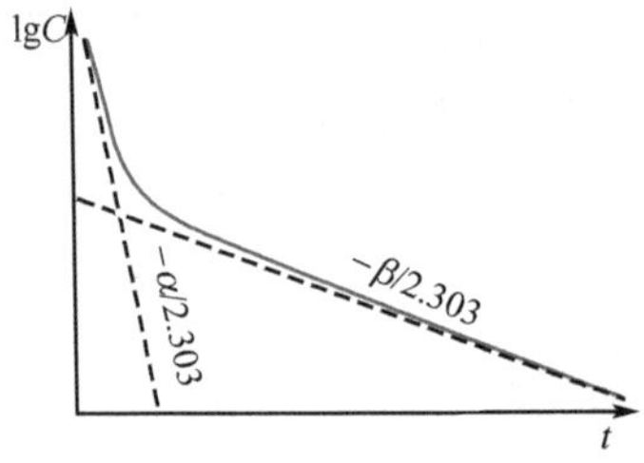

图5-9　二室药时曲线

(2) 制图:在半对数坐标纸以浓度(C)为纵坐标,以时间(t)为横坐标,将所得数据在坐标纸上做点连线,可得到二室模型特征性药时曲线。

(3) 计算药时曲线方程:利用直线回归法和剩余法(残差法)计算其方程式。在坐标图上将各实测浓度点连线,找到该线的拐点,先利用直线回归法求算末端消除相方程$C_2=Be^{-\beta t}$,并算出外推线上相应时间的浓度(外推浓度),再用初始分布相中实测浓度值减去外推浓度,即可得到一系列剩余浓度值(残差浓度)。再利用直线回归法求出初始分布相中剩余浓度值的线

性方程 $C_1=Ae^{-\alpha t}$。将两直线方程式合并即为 NaSD 的二室药时曲线(图 5-9)方程式:

$C=C_1+C_2=Ae^{-\alpha t}+Be^{-\beta t}$

(4) 计算药动学参数:按下列公式计算出药动学参数。

1) 浓度-时间曲线下面积(area under the concentration-time curve, AUC):

$$AUC=\frac{A}{\alpha}+\frac{B}{\beta}(\text{mg}\cdot\text{min/ml})$$

2) 分布半衰期(half-life of distribution):

$$t_{1/2\alpha}=\frac{0.693}{\alpha}(\text{min})$$

3) 分布速率常数 k_{21}(rate constant of distribution):

$$k_{21}=\frac{\alpha\cdot\beta}{K_{10}}(\text{min}^{-1})$$

4) 分布速率常数 k_{12}(distribution rate constant):

$$k_{12}=\frac{AB}{(A+B)^2}\cdot\frac{(\beta-\alpha)^2}{k_{21}}(\text{min}^{-1})$$

5)中央室容积(volume of central compartment):

$$V_c=\frac{X}{(A+B)}(\text{L})$$

式中 X 为给药剂量,注意单位换算应与($A+B$)一致。

6)外周室容积(volume of peripheral compartment):

$$Vp=V_c\cdot\frac{k_{21}}{k_{12}}(\text{L})$$

7)表观分布容积(apparent volume of distribution):

$$V_d=\frac{k_{10}}{\beta}\cdot V_c(\text{L})$$

8)消除半衰期(half-1ife of elimination):

$$t_{1/2\beta}=\frac{0.693}{\beta}(\text{min})$$

9)消除速率常数(elimination rate constant):

$$k_{10}=\frac{A+B}{\frac{A}{\alpha}+\frac{B}{\beta}}(\text{min}^{-1})$$

10)血浆清除率(plasma clearance):

$$CL=V_c\cdot k_{10}(\text{L/min})$$

【结果与讨论】

自行制图、列表(表 5-20)。

【注意事项】

1. 本实验中所用的 NaSD 分为 20 % NaSD 及 0.02 %(或 0.04 %)NaSD 标准液两种,不要弄混。

2. 每次取血前要先将插管中的残血放掉,取血后,立即向动脉插管中再推入肝素生理盐水,使其充满。

3. 每吸取一个血样时,必须更换吸量管,加样时吸量管头不要碰到三氯乙酸液面。

4. 将血样加到三氯乙酸试管中应立即摇匀,否则易出现血凝块。

5. 如延误取样时间,应按实际时间绘图和计算。

6. 各时间点所取血样应立即加入三氯乙酸中,待全部血样取完统一显色。

7. 亚硝酸钠和麝香草酚添加顺序不要颠倒。

【思考题】

1. 何谓开放一室模型?何谓开放二室模型?二者有何不同?

2. 一次静注给药后的药时曲线能反映哪些与药代动力学有关的基本概念?

3. NaSD 实测浓度与计算浓度比较:以各时间点代入药时曲线方程式,得出各相应时间点的计算浓度值,填入表 5-21 中。

表 5-21 NaSD 实测浓度与计算浓度比较

时间(min)	1	3	5	7	10	25	45	75
实测值(μg/ml)								
计算值(μg/ml)								

比较同一时间点的两个数值可以看出实测值与计算值的吻合程度,以验证所得方程式是否符合药物在模型内的药物代谢动力学规律。

【附录一】计算器计算药代参数使用方法

MODE MODE 2 3 ⟶ shift CLR 1 = ⟶ t_1, C_1 DT ⟶ t_2, C_2 DT ⟶ …… shift

S-VAR ▶▶ 1 = [B]

shift S-VAR ▶▶ 2 = [β] ⟶ (t_1) shift S-VAR ▶▶▶ $2\overline{1}$= [外推C_1] ……得出残差浓度后

MODE MODE 2 3 ⟶ shift CLR 1 = ⟶ t_1, C_1, DT ⟶ t_2, C_2, DT ⟶ ……shift

S-VAR ▶▶ 1 = [A] ⟶ shift S-VAR ▶▶ 2 = [α]

【附录二】残差法

将一个多项指数式解析成其中的不同成分,即当时间 t 足够大时,其中速率常数较大的指数项趋于0,从而略去,剩下速率常数较小的单项指数,经对数转换,作线性回归,然后逐次剥脱,最后留下一个单项指数式,以残差浓度对时间作直线回归,最终各项参数均可一一解出。

【附录三】药动学参数

1. *AUC* 与吸收后体循环的药量成正比,反映进入体循环药物的相对量及吸收过程,为临床确定给药途径提供参考。

2. $t_{1/2\alpha}$ 分布半衰期,药物在体内分布达到平衡状态后血药浓度下降一半所需时间。

3. $t_{1/2\beta}$ 消除半衰期,药物在体内分布后,消除一半所需时间。消除相包括代谢和排泄,临床上用 $t_{1/2\beta}$ 来确定给药间隔时间。

4. V_d 表观分布容积,是理论上或计算上所得的表示药物应占有体液容积,而并非药物在体内真正占有的体液容积,利用 V_d 可以从血浆药物浓度计算出机体内药物总量或达到某一血浆有效浓度所需的药物剂量,反映药物在体内分布情况。根据 V_d,可以计算产生期望药物浓度所需给药剂量;可估计药物的分布范围。V_d 数值如为 5 L,表示药物基本分布于血浆;如为 10～20 L 者,表示药物分布于细胞外液;如为 40 L,表示药物分布于全身体液;如为 100 L,表示药物集中分布于某一器官。

5. *CL* 清除率,是机体在单位时间内清除药物的血浆容积,也就是单位时间内有多少毫升血浆中所含药物被机体清除。因为它是体内肝脏、肾脏和其他所有消除器官清除药物的总和，故实际上是总体清除率，又因为是根据血浆药物浓度计算的，也称血浆清除率。

（金　越）

实验七　糖尿病模型的复制及胰岛素的降血糖作用

【实验目的】

1. 复制实验性糖尿病动物模型。
2. 观察体内哪些激素对血糖浓度有影响。
3. 观察动物过量胰岛素诱发低血糖抽搐的反应，掌握解救方法。

【实验原理】

糖尿病（diabetes mellitus）是由遗传和环境因素引起、胰岛素绝对或相对不足，引起糖、脂肪、蛋白质代谢异常，而以高血糖为主要表现的一组临床综合征，并可引起急性并发症酮症酸中毒和高渗性昏迷等。糖尿病在临床上可分为：

1. 1 型糖尿病　胰岛 B 细胞破坏，引起胰岛素绝对缺乏。多见于青少年，病情较重，呈酮症酸中毒倾向。必须用胰岛素治疗。

2. 2 型糖尿病　90% 以上的糖尿病患者为该型，患者有胰岛素抵抗和胰岛素分泌缺陷，血浆胰岛素水平可正常或升高。多见于成年肥胖者，病情相对较轻，在感染等应急条件下可诱发酮症酸中毒。该型糖尿病不需依赖胰岛素治疗，多数经严格控制饮食体育锻炼或用口服降血糖药可控制病情，少数无效者可用胰岛素治疗。

3. 其他特殊类型糖尿病　所有继发性糖尿病及病因未明确的糖尿病等。

四氧嘧啶（2，4，5，6-嘧啶四酮）是制备糖尿病动物模型的常用药物，是一种特异性胰岛 B 细胞毒剂，可选择性破坏实验动物的胰岛 B 细胞，导致血中胰岛素浓度下降及高血糖产生，形成胰岛素依赖性糖尿病。四氧嘧啶引起的血糖反应分 3 个时相，开始血糖升高，持续约 2 h，可能由于肝糖原分解，继而因 β 细胞残存的胰岛素释出引起低血糖约 6h，注射 12h 后，开始持久的高血糖状态。

糖类是人类的主要储能物质，人体内的主要的糖类是糖原（储存形式）和葡萄糖（运输形式）。正常人空腹时血液中的葡萄糖浓度（以下简称血糖浓度）一般为 3.89 ~ 6.66mmol/L。测定血糖浓度的方法有多种，邻甲苯胺法为常用的一种，也可用血糖仪直接测量血糖。

糖尿病的治疗核心是针对高血糖，同时防治并发症。在饮食及运动疗法的基础上应用降血糖药物，将患者的血糖控制在正常或接近正常的范围，纠正代谢紊乱，防止或减少并发症。

胰岛素是促进合成代谢、调节血糖浓度稳定的主要激素。胰岛素能促进组织、细胞对葡萄糖的摄取和利用、加速葡萄糖合成糖原储存于肝和骨骼肌中，并抑制糖异生，促进葡萄糖转变为脂肪储存于脂肪组织，导致血糖浓度下降。胰岛素缺乏时，血糖浓度升高，如超过肾糖阈，在尿中容易出现尿糖。调节胰岛素分泌的最重要因素是血糖浓度：当血糖浓度升高时胰岛素分泌增加，从而促进血糖浓度降低；血糖浓度下降至正常时，胰岛素分泌也迅速恢复到基础水平。胰岛素已由人工提取获得而成为药物，临床主要用于治疗 1 型糖尿病。应用过度胰岛素可导致不良反应，甚至中毒。如可引起低血糖症，患者出现饥饿感、出汗心跳加快、焦虑、震颤等症状，严重者血糖浓度下降过快，细胞外液水分向高渗的细胞转移，导致或加重脑水肿，引起昏迷、惊厥、休克，甚至脑损伤及死亡。为防止低血糖症的严重后果，应让患者熟知胰岛素的不良反应，以便及早发现和采取预防措施，如摄食或饮用糖水等。严重者应立即静脉注射 50% 葡萄糖，补充血糖至正常水平。因肾上腺素能使糖原分解加强、升高血糖，因此也可以缓解低血糖的状态，并逐步恢复正常。本实验通过给予家兔过量胰岛素，观察其低血糖抽搐反应，再分别给予葡萄糖和肾上腺素，观察两者对低血糖状态的调整，以了解胰岛素调节血糖的水平的生理作用。

【实验对象】

家兔。

【实验器材和药品】

电子计算机、生物机能实验系统、兔手术台、哺乳类动物手术器械一套、血糖仪、尿糖试纸、注射器、注射针头、纱布等；25% 氨基甲酸乙酯、四氧嘧啶溶液、胰岛素注射液、50% 葡萄糖溶液、1∶10 000 肾上腺素。

【实验步骤】

1. 复制实验性糖尿病动物模型

（1）分组：实验分为模型组与正常对照组。

（2）制备模型：于实验前 24h 取家兔（体重、性别应当一致）。用 75% 乙醇溶液消毒注射部位，使耳静脉充分扩张，于耳缘静脉慢慢推入四氧嘧啶溶液 130～150 mg /kg，禁食不禁水 6 h 的血糖值 11. 1 mmo l/L，尿糖阳性（+ +）以上，为造模成功。（根据实验动物的体重、一般状况来确定剂量的大小）。正常对照组给家兔耳缘静脉注射等量的生理盐水。

（3）观察：比较两组动物的一般状态（精神、活动、姿势、呼吸），尿量（量、颜色、清澈程度）。

2. 血糖及尿糖检测

（1）取血测血糖。可采用耳缘静脉或颈外静脉取血测量血糖。

（2）取尿液做尿糖定性实验。

膀胱插管：腹部手术区域剪毛后，辨认外尿道口的解剖位置并结扎外尿道口，以免手术操作刺激膀胱，引起膀胱收缩导致尿液流失。于耻骨联合上方正中切开腹壁 2～3cm，找到膀胱，将其移至腹外。用止血钳将膀胱轻轻拎起，选择顶部血管较少的部位，纵向做一个小切口，插入膀胱插管，注意插管口应尽量对准输尿管在膀胱的开口处，但勿堵塞输尿管口，用线结扎固定插管。待膀胱内积存的尿液排尽，将插管的另一端放入小量筒内，以计量生成的尿液量。手术操作结束后，用温热的生理盐水纱布覆盖切口处。取尿液 2 滴做尿糖定性实验。

3. 胰岛素的降血糖作用、过量反应与解救

（1）取家兔称重后于耳缘静脉处注射胰岛素 40U/kg 体重，观察并记录发生抽搐反应的时间和特征，取血测血糖。

（2）出现低血糖抽搐后，立即给予一只家兔静脉注射葡萄糖 15～20ml，另一只家兔皮下注射肾上腺素 0. 5ml，取血测血糖，观察并记录结果。

4. 胰腺形态学观察　处死家兔，剖开胸腹腔，取胰腺头、体、尾三个部位的组织块。10% 甲醛固定 24 h，石蜡包埋，切 5μm 的连续切片。用苏木素一伊红染色（HE 染色法）光镜下观察胰岛组织片及胰岛凋亡细胞。

【观察项目】

1. 观察 2 组动物家兔出现低血糖的反应特征及时间。

2. 判断低血糖反应的指标 僵直性抽搐、四肢挺直、足趾震颤、唾液增多、出现咀嚼动作、有阵发性兴奋躁动、角弓反张、乱滚等惊厥反应直至出现低血糖昏迷。

3. 分别记录家兔静脉注射葡萄糖和皮下注射肾上腺素后，动物抽搐停止的时间。（注射葡萄糖后可见抽搐很快停止，逐步恢复正常。注射肾上腺素 15min 左右可缓解低血糖症状。）

4. 可以多准备几组动物，出现惊厥后取不同的时间段抢救，观察出现低血糖反应后是否及时抢救对机体造成的不同影响。

【注意事项】

1. 四氧嘧啶易溶于水，但极不稳定，应在临用前配制。

2. 静脉注射四氧嘧啶几小时内，有些动物（如家兔）有低血糖反应，甚至死亡，必要时静脉注射葡萄糖急救。

3. 注射胰岛素后随时观察动物抽搐反应，把握抢救时机。

【思考题】

1. 为什么注射胰岛素后动物会出现不安、抽搐等现象？

2. 为什么出现以上症状的最有效补救办法是立即注射葡萄糖溶液？

3. 胰岛素有哪些生理功能。

（徐　静）

第六章　机能学探索性实验

医学研究是运用科学的方法,在研究实践活动中继往开来地认识医学世界、探索未知领域、改造客观世界的一种开创性活动。医学研究的种类很多,按照学科的属性可分为:基础医学研究、临床医学研究、预防医学研究和社会医学研究;按照设计与事实的关系可分为:前瞻性研究、回顾性研究;按照实验过程采用的方法可分为:实验性研究、调查性研究。实验研究的特点是可以根据研究者的设想,从选择研究对象、确定处理因素及效应判断三个基本环节,按照设计的研究方案,在严格控制条件的前提下,主动地进行实践,因此这种研究工作具有更强的预见性与针对性,所获得的研究结果也就具有更强的说理性与更深的科学意义。

在基础医学阶段开展的探索性实验与验证性实验有着本质上的区别。探索性实验是在借助前人的工作经验和经验累积的基础上,通过对研究对象进行积极的思考与归纳,对未知因素进行大胆设计,进行探索的一种研究式学习方式。通过探索创新性实验阶段的学习,鼓励学生充分发挥自己的创新思维能力,敢于提出创新观点和理念,学生在经历了查阅文献、设计课题、提出实验方法、分析预期结果、开题报告、提交实验设计报告等一系列过程后,科研思维和创新意识将得到极大的提升。本章主要包括实验选题、实验设计、开题报告及答辩、实验实施、论文撰写五部分。

一、实验选题

科学研究首先要选择一个适当的题目即确立课题。对于本科生而言,主要是培养学生的科学精神和科研思维,选题的范围不宜太宽,条件要求不宜太高。主要应该围绕在生理学、病理生理学及药理学中所学的知识和相关文献进行选题。首先由教师以专题讲座形式讲述实验设计相关内容,介绍实验设计的目的及意义、如何选题、设计的步骤及注意事项、实验设计申请书的书写格式及如何进行课堂答辩、实验室现有的仪器设备。学生可根据个人的兴趣进行选题,并按照机能设计性实验申请书的要求填写各项内容。

(一) 选题的确立过程

1. 原始想法或问题的提出　问题的提出是选题的第一步,选题的参考方向简述如下:①对已有的实验方法、实验思路等进行改进;②建立一种新的动物模型及评价改模型的指标;③对现行的试验指标或标准数值进行核实验证;④探讨发病机制,如神经递质、体液因子、生物介质、抗原、抗体等的作用;⑤研究某种药物的体内过程或作用机制;⑥治疗某种疾病或病理过程的新方法、新技术。

有了想法或问题之后,不能马上进行实施,还需对论证其可行性和创新性等。

2. 查阅文献和形成假说　原始想法形成之后必须查阅文献。文献主要有教科书、专著和杂志。查阅与主题相关文献可以帮助自己了解此主题的背景。在此基础上对原始想法或问题形成更明确的假说。

3. 确立实验题目　假说(hypothesis)是根据已知的科学事实和科学理论,对研究的问题提出的假定性说明和推测。假说形成以后再对内容进行高度的概括就形成了明确的实验题目。

（二）选题的一般原则

机能实验无论是急性还是慢性实验，多数属于观察性质的实验项目。选题一般需要遵循以下几条原则。

1. 科学性原则　科学性是指选题与设计必须是合理的。题目是建立在前人的科学理论和实验基础上的，是有根据并符合科学规律的。包括：①是否符合客观规律，不是主观臆想的；②选题要基于一定的理论依据，不能与已确认的科学规律和理论相矛盾；③选题必须具体明确，能充分反映课题的学术思路，做到设计严谨、技术路线清晰、步骤合理、方法先进。

2. 需要性原则　研究课题的方向应当是医学领域中急需解决的关键问题，具有实际应用价值和对社会发展有重要性。

3. 创新性原则　创新是成功实验的灵魂。在检索和掌握了大量文献资料之后，加之丰富的想象、科学的演绎和推理以及论证后才有可能获取新颖的研究课题。科学研究是人类有目的、有计划探索未知事物规律的活动。是一种探索新知识，创立新理论，发明新技术，标新立异的复杂创造性劳动。使人们能够不断地更深刻、更正确、更全面地反映自然，认识客观世界。所以要求选题必须有创新性。创新就是要避免选择无意义或重复前人工作的课题。创新性可以从四个方面考虑：①前人未曾做过的研究；②前人虽然做过，但有些地方还不够完善，需要进一步补充发展；③经过实践证明前人做过的结论有部分或完全错误的，需要重新认识与更正的；④国外虽已有的，但因详细资料未公开，不能满足本国的实际需要。符合上述原则之一的，就可谓具有创新性。

4. 可行性原则　可行性是指选题一定要从实际出发，在实验经费和条件允许的范围内进行选题，否则，再好的课题也无法进行。课题研究者的学识水平、实际工作能力和研究实施的设备、经费等条件对完成本课题是否可能。必须在具有充分的主、客观条件时，才能开展实验研究。

5. 实用性原则　指选题有明确的目的和意义。选题过程是一个创造性思维的过程，需要查阅大量的文献资料及实践资料，了解本课题近年来已取得的成果和存在的问题，找出要探索的课题关键所在，提出新的构思或假说，从而确定研究题目。选题越明确、越具体，实用价值和意义越明确。

二、实验设计

实验设计是根据选题而提出的实验方法和实验步骤，这是完成课题的实施方案。对于机能实验而言，其选题范围主要应围绕生理学、病理生理学、药理学所学的理论知识和相关文献，按照上述原则，在指导教师的指导下进行。例如对原有实验方法进行改进，建立一种新的动物模型、探讨体液因子的作用、研究某种药物的作用机制等。

（一）实验设计的基本要素

实验设计包括 3 个基本要素：实验对象，处理因素，观察指标。

1. 实验对象的选择　不同的实验研究往往需要选择相应的对象，广泛的医学研究既可以是以人为对象的研究，也可以是动物实验；既可结合临床工作进行，也可单纯在实验室内实施。狭义的医学实验研究主要是指以动物及其有关标本为对象的研究工作。机能学实验的对象主要是动物，选择合适的实验动物对实验的成功有重要的意义。在选择实验动物时应注意以下几点原则：

(1) 选择接近于人类而又经济的动物　灵长类动物最接近人类,但价格昂贵,如果实验需要可以选择犬、羊、猴。一般常选择的实验动物为如家兔、大鼠、小鼠等,它们结构、功能、代谢及疾病特征的某些方面比较接近于人类而价格又相对便宜。

(2) 根据实验要求选择动物的品种和纯度　其中以纯种动物为佳,并且应该是健康和营养状况良好的动物。

(3) 动物的年龄、体重、性别、窝别和营养状况最好一致　一般选择发育成熟的年幼的动物,对性别要求不高的动物可雌雄混用,但分组时应雌雄搭配。对性别要求高的实验,在选动物时要区别性别。

2. 处理因素　处理因素是研究者将实验目的施加于实验对象,在实验中需要观察并阐明其效应的因素。实验研究的最大特点是研究者根据课题计划,将某些因素人为地施加于受试对象,使之发生相应的变化,以体现研究目的。处理因素的选择是实验研究能否取得成功、预期目标能否达到的关键。处理因素通常包括物理因素、化学因素和生物因素。处理实验对象的目的有两个方面,一是复制人类疾病的动物模型,观察其发病机制;二是进行实验治疗,观察药物或其他治疗手段的疗效。

(1) 人类疾病动物模型的复制:医学研究的基本目的是保障人类健康,因此选择致病因素作为处理因素时必须最大限度地切合人类疾病的实际情况,以能使实验结果更有现实意义。人类疾病的动物模型包括整体动物、离体器官、组织细胞等。在复制动物模型时,一般应遵循以下原则。

1) 相似性原则:在复制疾病的动物模型时,应尽可能近似于人类的疾病。最好能找到与人类疾病相似的动物自发性疾病。如原发性高血压病大鼠、自发性动脉硬化猪、中国地鼠的自发性真性糖尿病等。利用这类动物疾病模型来研究人类疾病的最大优点,就是疾病的发生、发展与人类相应的疾病很相似,均是在自然条件下发生的疾病,其应用价值就很高,但是这类模型来源较困难,不可能大量应用,往往需要人为地在动物身上复制,需注意相似性原则。

2) 重复性原则:复制模型的方法要标准化,使疾病模型可以重复复制。为了增强动物模型复制时的重复性,必须在选择动物(品种、品系、年龄、性别、体重、健康情况、饲养管理),实验及环境条件(季节、昼夜节律、应激、室温、湿度、气压、消毒灭菌),实验方法步骤,药品(生产厂家、批号、纯度规格、给药剂型、剂量、途径、方法),仪器(型号、灵敏度、精确度),实验者操作技术熟练程度等方面保持一致。

3) 实用性原则:动物模型的复制方法应经济易行。如灵长类动物与人最近似,复制的疾病模型相似性好,但这类动物数量稀少,价格昂贵,不符合经济原则。而一些中小动物如家兔、大小鼠、地鼠、豚鼠等也可以复制出十分近似人类疾病的模型。它们容易做到遗传背景明确,体内微生物可加控制、模型性显著且稳定,年龄、性别、体重等可任意选择,而且价廉易得、便于饲养管理,符合经济易行的原则,因此可尽量采用。

(2) 疾病处理和实验治疗:主要指给予药物治疗和观察治疗效果的实验,设计时应考虑:

1) 单因素实验:实验中只施加一种处理因素(如某一种药物),观察处理前后的变化,这种方法,便于分析,但花费较大。

2) 多因素实验:实验中同时观察几种处理因素,设计时需采用析因分析法进行。这种方法能节省时间和经费。

3. 观察指标　处理因素作用于受试对象引起的变化,需要通过相应的指标反映,以能作为效应判断的根据。好的观察指标的设计是体现实验的先进性和创新性的重要环节。

由于医学研究的实验对象大多为活体，一种处理因素作用后往往可以引起多种效应，而同一种效应又常常可以采用不同的指标加以检验，因此在设计观察指标时应考虑以下原则：

(1) 特异性：观察指标能针对性地反映处理因素引起的现象的本质，不会与其他现象混淆。如呼吸衰竭的诊断，血气中血氧分压和二氧化碳分压是特异性指标。

(2) 客观性：观察指标从性质上可分为客观和主观指标两类。客观指标是指那些不易受主观因素影响的，并能客观记录的指标，如心电图、化验数据和微生物培养等。主观指标是靠研究对象回答或研究人员自行判断而不客观记录的指标，如研究对象陈述某些症状（如疼痛、食欲不佳等）或研究人员通过体检获得的结果。主观指标易受人为因素的影响，其可靠性明显地不及客观指标，易造成较大的误差。因此最好选用各种仪器检测的客观指标，减少人为误差的影响。

(3) 灵敏性：指标的灵敏性是指能如实地反映研究对象体内微量效应变化的指标。指标灵敏性实质上包含两重含义：一是受试对象遭受处理后反应最快、最大的效应；二是监测方法的灵敏性。指标的灵敏性由实验方法和检测仪器的灵敏度共同决定。如果灵敏性差，对已经发生的变化不能及时测出，或得到假阴性结果，影响课题的完成，这样的指标应该放弃。但从另一个角度分析，灵敏性高、反应快的效应通常稳定性较差，易产生差异，因此有关灵敏性指标的选择不宜片面强调，应结合实际情况全面考虑。

(4) 精确性：包括准确度和精密度两层含义。准确度指观测值与真实值的接近程度，主要受系统误差的影响。精密度指重复观察时观察值与其均数的接近程度，其差值属于随机误差。

（二）实验设计的基本原则

1. 对照原则　对照是在实验中设置与实验组相互比较的组别，通过对比发现观察指标的特异性变化。在确定接受处理因素的实验组时，应同时设立对照组。因为只有正确的设立了对照，才能平衡非处理因素对实验结果的影响，从而把处理因素的效应充分暴露出来，设立对照应满足“均衡”原则，才能显示出“对照”的作用。“均衡性”是指在设立对照时除给予处理因素不同外，其他对实验效应有影响的因素（非处理因素）尽量均衡一致。对照的形式有：

(1) 空白对照：亦称正常对照。是一种不给任何处理的对照。这在动物实验中常采用，以评定测量方法的准确度，以及观察实验是否处于正常状态。

(2) 实验对照：采用与实验组操作条件一致的对照措施。消除实验过程中影响观察结果的因素，如手术操作、药物溶媒等。

(3) 标准对照：在评价某种药物或新疗法时，以公认的标准疗法或正常值作对照。

(4) 自身对照：对照与实验均在同一受试对象中进行。施加处理因素前观察指标的结果作为对照值，施加处理因素后观察指标的结果作为实验结果。这种对照简单易行，是机能实验中最常用的对照。

(5) 相互对照（组间对照）：指各处理组间互为对照。

2. 随机原则　是用随机的方式将处理分配给受试对象，使每个对象分到实验组与对照组的机会均等，这也成为实验设计中的一项重要原则。随机化是保证非处理因素均衡的另一项重要手段，使不可控的因素（如动物体重，年龄和体质等）在实验组与对照组的影响较为均匀。随机的意义在于避免人为的主观因素影响试验条件，让机遇起作用，减少误差，使样本能客观反映总体情况。随机是指对符合实验条件的对象在抽样、分组和实验顺序安排上进行随机处理。包括①抽样随机：每一个符合条件的实验对象参加实验的机会相同，使样本具有代表性，获得的结果具有普遍意义；②分组随机：每个实验对象分到处理组和对照组的机会相同，保证个组间的可比性；③实验顺序随机：每个实验对象接受处理的先后机会相同，以消除不同步的实验顺序所产生的偏差。

3. 重复原则 尽管抽样采取了随机化的原则，但还是不能完全消除非处理因素所造成的误差，还必须要有适当的研究数量。但无限的增加实验动物数（样本量），将加大实验规模，延长实验时间，浪费人力物力，不符合实验的经济实用原则。重复有两层含义，一是指实验样本量必须足够大，在相同实验条件下有充分的重复，避免试验的偶然性，突出其必然规律；二是指任何实验结果的可靠性应经得起重复实验的考验。

依据实验资料的不同实验中选用的动物数也有所不同。实验资料分为两类，计量资料和计数资料，计量资料是指有连续量变的资料，可用具体的工具测量的资料，例如，血压，体重，身高和体温等。计量资料的实验效率较高，实验动物的例数可较少。计数资料是指效果出现与否（全或无，阳性或阴性）的资料，例如，有效和无效，中毒和未中毒，病理改变程度（+、++、+++、++++等）。通常计量资料的样本数每组不少于 5 例，以 10～20 例为宜，计数资料的样本数每组应不少于 30 例。

（三）实验设计内容

实验设计的内容主要是对实验过程中使用的方法，对象，分组和观测指标的安排。

1. 实验对象 在基础研究中，实验对象包括动物，离体脏器或游离的肢体，分离而得的活细胞或在实验室中培养的细胞。机能实验课中的实验对象主要以实验动物为主。

（1）小鼠：繁殖力强，价廉，广泛用于大量动物实验中。

（2）大鼠：用于心血管，关节炎，毒性试验，免疫，内分泌和神经生理等实验。

（3）蛙：神经系统和心血管系统等实验。

（4）豚鼠：过敏，抗感染等实验。

（5）兔：心脏实验，离体实验，发热实验，生殖生理研究等。

（6）猫：神经系统、心血管系统等实验。

2. 实验指标 实验指标（观测指标）是指在实验观察中用于反应研究对象中某些可被检测仪器或研究者感知的特征或现象标志。

实验指标选择的基本原则：

（1）要求合理性，正确性，特异性，重现性和客观性是一切生物指标必有的，否则就不能用于实验中。

（2）灵敏性，精确性，可行性和认可性则是实验设计和研究者努力得到满足的。

3. 实验方法和技术 一般来说实验方法和技术的选择，应以最能说明所要研究的问题，且可靠的实验方法和技术为原则。测量和观察仪器尽可能选择精密度，灵敏度高，且性能稳定的设备，并且是得到普遍公认的设备。

4. 实验组别的设定 实验组别可根据研究的目的和内容，可设立空白对照组，实验对照组，标准对照组，自身对照组和相互对照组等不同组别。

5. 药物剂量的确定 药物及剂量一般以 mg/kg 或 g/kg 表示，确定剂量的方法有粗略估算法，体型系数法和用 ED_{50}，LD_{50} 等不同的方法。机能实验中以粗略估算法为主。人、动物之间的剂量不同，动物的体重越小，剂量（mg/kg）越大。

三、开题报告及答辩

学生应将自己所设计的研究课题及内容以开题报告的形式在老师和学生中宣讲，内容包括：

立题依据及意义（国内外研究现状、水平和发展趋势；创新之处和主攻关键）、技术路线（动物、药品、仪器设备、实验方法）、预期结果（研究的总体安排和进度；预期研究成果），讨论及分析、参考文献、经费预算等，制作成多媒体幻灯片，在规定时间内进行答辩，由带教老师和同学们给以评定、建议或补充，以此完善课题设计，并学会如何开展科研工作、培养创新意识及提高综合素质。

四、实验实施

实验设计方案通过答辩后，接下来进行具体实验的实施和取得初步的数据。

（一）实验准备

实验开始前，掌握仪器的使用方法。对有些仪器进行定标，校正以及使用前的调试。仔细标明实验中所使用的材料用途和组别编号等，可避免不必要的混乱。

（二）预实验

正式实验之前，用标准物质或只用少量样品进行实验，以便摸索出最佳的实验条件，并加以优化，为正式实验奠定基础。

（三）正式实验

根据预实验的实验结果和实验设计书，按照实验设计的步骤完成实验。在此过程中要做好实验记录，及时总结和分析实验结果，并动态追踪该领域的最新研究进展，对实验设计做必要的补充和修改。

（四）实验结果的观察和记录

观察和记录在科学实验活动中占有十分重要的地位。原始数据记录的方式预先设计好，及时，完整，准确地记录好文字、数据、表格、图片，严禁涂改。原始记录内容中应写明实验题目，实验对象，实验方法，实验条件，实验者，实验日期。拟定填写的项目要及时，完整地填好。图形，图片一定要整理保存。

（五）实验结果的处理

将原始数据或资料整理核实，进行数据处理和统计学分析。在分析和判断实验结果时，不能有研究者的偏见，或者在计算均数或率时任意将资料取舍。必须实事求是，不能人为地强求实验结果符合自己的假说，而应该根据实验结果去修正假说，使假说上升为理论。

五、论文撰写

总结归纳的基本形式是撰写探索性实验的研究论文。论文的撰写是科研过程中极其重要的环节。科研论文撰写是科研工作的落脚点，也是科研水平与意义的集中体现。医学期刊用的文章，大致可以分为以下几种类型：述评、论著、病例报告、临床病例讨论、学术交流、综述、讲座和简讯等。

科学研究经过实验设计，实验的实施与记录，数据处理，再对实验结果进行整理、归纳、分析，最后得出结论并写出论文。研究结论是从实验观察结果概括或归纳出来的判断。结论内容要严谨，精炼，准确。

论文撰写是实验者对自己研究成果的总结和展示，必须根据自己的研究结果实事求是地描述出来。科研论文主要包括:前言,材料和方法,结果,结论和参考文献等。

(一)医学科研论文的撰写过程

1. 资料准备　资料准备主要包括:①数据的审核和统计处理;②列表与绘图;③照片与典型病例的选择;④引用文献资料的整理;⑤从本实验的结果出发,提炼观点;⑥必要的补充实验;⑦必要的观点与提出结论。

2. 拟定提纲　提纲是论文的基本骨架,提纲的内容主要有题目、作者、摘要、关键字、前言、材料与方法、结果、讨论、参考文献等九部分的组成。拟定提纲的重点是前言、材料与方法、结果、讨论4个部分。

3. 写作成文　论文撰写要经历"起稿→清稿→修改→定稿"的过程。撰写草稿是一个边改边写的过程。完成后打出清稿,反复进行修改。前几次的修改着重于内容和结构的调整,后几次修改的重点是篇幅的压缩、结构的调整、语言修辞与其他细节,力求达到"层次清晰、逻辑合理、结论得当、文字通顺",方能定稿。当文稿初步定下来后,应征求共同工作者与指导者的意见,然后加以反复推敲并做细致的修改。

4. 投稿发表　文章修改完善后,选择合适的杂志进行投稿。当确定杂志后,首先认真阅读该杂志的"投稿须知",严格按照规定修改,例如字数的限制、内容的编排、图表的制作以及参考文献的引用格式。最后按照编辑部和审稿人意见逐条进行修改。文章一经录用,经编辑部排版、校样直至最后发表。

(二)科研论文的书写结构(以论著为例)

1. 题目(title)　题目是对论文内容的高度概括和总结,提示该文主要解决的问题。标题应当突出重点、新颖简洁,一般不要超过20字。应当达到以下要求:①紧扣文章内容,文题一定要与研究的具体内容相适应,切忌小题大做。②突出创新之处,力求使读者觉得此文有阅读的必要。③语言修辞合理,避免写成完整的句子,尽量不用"的观察"或"的研究"等非特定词。

2. 作者(author)　论文第一作者应是论文的创意者、设计者、执笔者。通讯作者一般是论文的指导老师或课题负责人。名次的排列应当按照在整个科研中实际贡献的大小确定先后。作者人数不宜过多,一般不超过6人。

3. 摘要(abstract)　是论文基本内容的浓缩。在摘要中应包括研究目的、研究对象、主要方法、实验结果与基本结论。摘要一般控制在100~300字,要求简明扼要,观点鲜明,重点突出本文创新之处,文中结论应是本文实验结果的一级推理。结构式摘要包括目的(objective)、方法(methods)、结果(results)、与结论(conclusions)四个部分。英文摘要与中文摘要保持内容、结构基本一致。

4. 关键词(key words)　关键词是医学论文的文献检索标识,是简明表达文献主题概念的语言词汇。一般3~8个。列出关键词的目的,是便于编辑索引时进行主题索引以及便于有关领域读者检索文献。因此,关键词应尽量标引准确与完全。

5. 前言(introduction)　正文的起始部分,相当于演说中的开场白。前言是从一个比较大的研究领域引导到研究课题的专门领域,然后说明为什么要进行这项科研,立题的依据是什么,本文拟解决什么问题,解决这个问题的关键、重要性和意义。前言一般200~500字。

6. 材料与方法(materials and methods)　是执行科研的关键部分,是判断论文科学性和先进性以及可靠性的主要依据。主要内容包括实验对象与分组、实验仪器(名称、生产厂家、型号等)和材料(药品和试剂)、实验的方法(观察的指标和检测方法等)及统计学方法。

主要说明实验所用的材料、方法和研究过程，以便读者了解论文的实验依据的可靠性，也为别人重复提供资料。

7. 结果(result) 是科研论文的主体部分。它是作者实验研究、临床试验或流行病学调查的结晶。科研成败与否就是根据实验结果来判断，全文结论由此得出，结论与推论也由结果导出。结果的表达方式主要有文字表达、表格、插图几种方式。应根据研究资料的类型进行选择，要做到指标明确可靠、数据准确无误、文字与表图适当搭配、图标设计正确合理。

8. 讨论(discussion) 讨论是实验结果的升华部分，也是作者学术水平的重要体现。讨论内容必须从本文的实验结果出发，紧紧围绕创新点与结论展开。在讨论中要详细解释作者的研究结果，综合分析与逻辑推理，使论文的结论更加具有说服力。讨论的内容一般包括以下几个方面：①在概述国内外关于本文主题研究现状的基础上，根据本文内容明确地回答引言中所提出的问题。②本文与前人工作相比的创新点，忌重复叙述实验结果。③对本结果可能的其他解释，以及排除这些可能性的理由和根据。④本文创新的理论和实践意义。⑤本文未能解决的问题以及解决这个问题的可能途径和展望。

9. 参考文献(references) 参考文献是科研论文必不可少的组成部分，是为撰写论文而引用的有关文献信息资源。在一定程度上能反映论文起点的高低，而且说明作者跟踪国内外该领域前沿的程度，对正文能起到补充和佐证的作用。参考文献的著录格式可参考投稿杂志的投稿须知。一般来说，在引用的文献中，近五年的应占2/3以上。教科书一般不宜列为参考文献使用。

【附录】机能学实验设计申请书

机能实验设计项目申请书

项目名称：

指导教师：

年级班级：

学生姓名：

联系电话：

××医学院

×年×月

一、立题依据及意义(国内外研究现状、水平和发展趋势；创新之处和主攻关键)

1. 实验设计的目的及意义。
2. 国内外研究现状、水平和发展趋势。
3. 目前存在的问题及拟解决的关键问题。
4. 实验设计的创新之处和主攻关键。
5. 实验设计可行性分析。

二、技术路线(动物、药品、仪器设备、实验方法)

1. 主要仪器设备情况。
2. 实验动物的情况。
3. 药品及试剂的来源情况。
4. 实验技术路线和方法。

三、预期结果(研究的总体安排和进度；预期研究成果)

1. 实验设计的总体安排和进度。
2. 预期研究成果。

四、讨论

五、参考文献

教研室审查意见 年 月 日

(徐 静)

第七章 病例讨论

病 例 一

患者，男性，30 岁。因右手臂被轻度烫伤后不知疼痛去医院就诊。自述平日头、颈部经常发酸发痛，面部皮肤有痒感，右手、右臂有麻木、蚁走等感觉异常，上肢肌力尚可，双下肢有无力感，四肢肌肉未见消瘦。查体：两侧上肢痛温觉消失，触觉尚存，左侧下肢痛觉、温觉正常，右侧下肢痛温觉消失，肌力右上肢 4 级，其他 5 级，病理征（-）。

讨论：

（1）患者为何会出现左侧下肢痛觉、温觉正常而右侧下肢痛温觉消失？

（2）患者为何会出现右侧下肢痛温觉消失而肌力正常？

病 例 二

患者，男性，26 岁。工作中突然出现心悸，休息后不能缓解，劳累后及运动后，情绪激动时心悸明显。心电图检查结果提示"频发房早伴差传，部分成二联律"，胸片正常，常规检查正常。

讨论：

（1）试分析为何患者会出现早搏？

（2）如果患者反复发作，试分析是什么原因？

（3）试述患者是否适合做剧烈运动，比如打篮球，踢足球等？

病 例 三

患者，男性，55 岁。因心悸伴消瘦 1 周来诊。查体：脉率 84 次/分，血压 148/60mmHg，甲状腺弥漫性Ⅱ度肿大，可闻及血管杂音，肺（-）；心率 112 次/分。心律绝对不整，心音强弱不等，腹（-）。

讨论：

（1）该患者的心律失常类型是？

（2）产生心律失常的最可能原因是？

（3）是否需要做心电图检查，有何意义？

病 例 四

患者，女性，30 岁。右手不知冷热、不知疼痛 5 年，伴肌肉萎缩 1 年。

患者 5 年前发现右手对冷热水温度不敏感，有时被热水或暖气烫伤，或被菜刀割破时不感觉疼痛。近 1 年出现右手肌肉萎缩。

体格检查：脑神经未见异常。右手骨间肌及大、小鱼际肌明显萎缩，握力差，右上肢腱反射弱。右侧 C5 ~T4 痛觉消失，触觉正常。其余肢体肌力、感觉正常。

讨论：

(1) 患者右手不知冷热、不知疼痛，其左手是否也会有同样的症状在后期出现？

(2) 患者右手肌肉萎缩的原因是什么？

（殷盛明）

病 例 五

患者，男性，27 岁。一年半前在工地工作时腰部被重物砸伤，后经医院确诊为不完全性脊髓损伤(T12 脊髓节段)。上肢正常，肌力 5 级。双下肢可以活动，能稍抬起，近端肌力 2 级，远端肌力 0 ~ 1 级，有冷热疼痛感觉，但脚踝以下感觉较差，感觉减退平面位于 T12 水平。且双下肢有无法忍受的疼痛，依靠药物也无法进行止痛，不能站立和行走。大小便有感觉，基本能控制。

讨论：

(1) 什么是脊髓损伤？

(2) 该患者为何脚踝以下感觉较差？

(3) 脊髓损伤的后果取决于什么？

(4) 脊髓损伤后疼痛的发生率如何？脊髓损伤导致的中枢性疼痛有什么特点？

（朴 花）

病 例 六

患者，女性，62 岁。因呕吐 12h 及剧烈腹痛去某医院就诊。检查发现患者肥胖，血压 90/68 mmHg，心率 116 次/分，腹壁紧张，无肠鸣音。手术发现有一段回肠已坏死，于是切除 35 cm 长的肠段，然后进行肠吻合。

术后第 3 天晚上切口裂开，于是进行再缝合，置引流管，静脉滴注 10% 葡萄糖溶液 1000 ml，血压升至 134/58 mmHg。半夜，护士发现滴注管的针头内已凝血。其他的表浅静脉均因穿刺过而不能再用，医生想到肠腔具有巨大的吸收面积，因此通过引流管向肠腔内滴注 10% 葡萄糖溶液 1000 ml，2h 后发现患者无反应，血压 55/? mmHg，立即做静脉切开，输入血浆，患者逐渐恢复正常。

讨论：

(1) 此患者的水、电解质代谢发生了怎样的紊乱？

(2) 输液治疗的病理生理原则是否合理，为什么？

病 例 七

患者，女性，80 岁。主诉：血压高 5 年，心悸气短 4 年，加重 3 天。

5 年前头痛,血压升高 220/120～130 mmHg。但未经系统降压治疗。1 年后出现心悸、气短,尤以活动后明显,自觉体力活动受限,上二楼需要休息 1～2 次,并出现夜间憋醒情况,住院治疗有所好转。3 天前由于“着凉”后出现发热、咳嗽、呼吸困难、喘促,再次入院。

体检:体温 40.5℃,脉搏 186 次/分,血压 140/90 mmHg,呼吸 21 次/分。口唇发绀,心率 220 次/分。

血气化验结果:pH 7.5,$PaCO_2$ 20.4 mmHg,PaO_2 64 mmHg,HCO_3^- 16.1 mmol/L,BE-4.1 mmol/L,Na^+ 126.3 mmol/L,K^+ 3.93 mmol/L,Cl^-93.8 mmol/L。

讨论:

(1) 根据症状、体检与病史可给本病例做出哪些初步诊断?

(2) 本病例发生哪些酸碱失衡? 诊断指标是什么?

附:高血压Ⅰ期血压升高无心脑肾损害;Ⅱ期血压升高合并靶器官损害,但功能尚正常;Ⅲ期血压升高有器官功能障碍(肾衰竭、心力衰竭),眼底出血、脑出血或脑血栓。

病 例 八

患者,男性,22 岁。体重 50 kg。因车祸受伤,发生多发性肋骨骨折,昏迷,急诊入院。体检见患者意识不清,烦躁不安,呼吸困难,颜面发绀,心搏加快,多个肋骨骨折。X 线显示右肺挫伤,脑部 CT 示左脑挫伤。动脉血气检查结果:PaO_2 50 mmHg,$PaCO_2$ 68 mmHg,pH 7.25。住院后立即开始鼻插管,以低浓度、低流量给氧,并限制液体摄入量,给肾上腺皮质激素治疗,患者逐渐恢复,动脉血气检查亦恢复正常。

入院 48h 后,又发生进行性呼吸困难,颜面发绀,低氧血症:PaO_2 48mmHg,$PaCO_2$ 28 mmHg,pH 7.58。主要体征为:体温 39℃,脉搏 150 次/分,呼吸 24 次/分。肺动脉插管显示:肺动脉楔压(pulmonary artery wedge pressure,PAWP)40/15 mmHg。血培养细菌阳性。于高浓度给氧及 PEEP(positive expiratory end pressure,呼气终末正压通气,即机械通气法),抗生素治疗,患者最后完全恢复。

讨论:

(1) 两次低氧血症的直接原因、发病学环节有哪些? 诊断是什么?

(2) 呼吸衰竭的最可靠而简洁的诊断指标是什么? 为什么?

(3) 本病例出现哪些酸碱紊乱? 诊断指标是什么?

(4) 分析讨论两次治疗的不同,为什么?

病 例 九

患者,男性,68 岁。住院时间 1999 年 7 月 22 日。

主诉:夜尿增多 5 年,血液透析 3 年多,发热、夜间不能平卧 1 天。5 年前无明显诱因出现夜尿 8～10 次/夜,尿量 1000～1500 ml/夜,无尿急、血尿。同年 11 个月无诱因出现头痛,并以高血压入院。测血压 240～280/130mmHg。肾功能检查:BUN 110 mmol/L、Cr 7.3 mg/L、Hb 96 g/L。诊断为慢性肾衰竭,氮质血症,肾性高血压。治疗后二周好转出院。三年半前因高热,伴胸闷、夜间不能平卧,三年前出现双下肢水肿,就诊入院。诊断:慢性肾功能不全,尿毒症。血液透析治疗维持(2 次/周),治疗后有好转。一天前再次出现发热,体温

38℃。厌食、恶心、胸闷、夜间不能平卧,以尿毒症、肺内感染入院,尿量1000 ml/d,无双下肢水肿。

体检:消瘦,结膜苍白,体温38℃,脉搏85次/分,血压170/100mmHg,呼吸24次/分,心率120次/分。肾功能检查:BUN 14.47 mmol/L(40.47 mg%),Cr 484.63 mol/L(5.4 mg%),Na^+ 142.4 mmol/L,K^+ 4.03 mmol/L,Cl-99mmol/L,pH 7.484,$PaCO_2$ 30.9 mmHg,PaO_2 69mmHg,HCO_3-23.4 mmol/L,BE-1.4 mmol/L,SO_2 95.1%。

讨论:

(1)对本病例做出哪些初步诊断?根据是什么?

(2)本病例出现哪些酸碱失衡?诊断指标?

(贾玉红)

病 例 十

患者,男性,66岁,因心前区痛5天,加重一天去某医院就诊。

主述:5天前开始在骑车上坡时感左侧心前区压榨样疼痛,并向左上肢放射,有濒死感,停下休息可缓解。近5天来拎重物上楼梯时也有左侧心前区疼痛。一天来走路快时也有类似情况发作,每次持续2~3min,休息或含硝酸甘油可迅速缓解。近来睡眠正常,进食好,二便正常,体重无明显变化。既往有高血压病史7年,血压160~180/95~100 mmHg,无冠心病史,无药物过敏史。

查体:体温36.3℃,脉搏85次/分,呼吸18次/分,Bp 185/100 mmHg。一般状况好,无皮疹,浅表淋巴结未触及,巩膜无黄染,心界不大,心率85次/分,律齐,无杂音,双肺呼吸音清,未闻及干、湿啰音,腹平软,肝脾未触及,下肢不肿。

讨论:

(1)该患者诊断是什么?试述诊断依据。

(2)本病例可选用哪些药物治疗?为什么?

病 例 十 一

患者,男性,60岁,因胸闷、气短、双下肢水肿,反复发作4年,加重伴不能平卧3天入院。既往有高血压病史10年,血压160 ~180/95 ~100 mmHg,无冠心病史,无药物过敏史。

查体:体温36.2℃,脉搏110次/分,呼吸25次/分,血压180/100 mmHg,平卧受限,端坐位,唇绀,无颈静脉怒张,双肺呼吸音粗。心尖搏动在左五肋间腋前线,心界明显扩大,可闻及奔马声,肝肋下6 cm,剑下8 cm,双下肢轻度指凹性水肿。

心电图:窦律。

讨论:

(1)该患者诊断是什么?试述诊断依据。

(2)应选用哪些药物进行治疗?

(3)患者入院其间突发气短加重,端坐位,唇绀,呼吸困难,伴哮喘,并咳泡沫痰,查体血压200/100 mmHg,诊断是什么?此时该如何抢救?

病例十二

患者,男性,35岁,因唾液多、腹泻入急诊。

查体:体温36.4 ℃,脉搏90次/分,呼吸20次/分,神志清,双侧瞳孔直径约2 mm。面色青紫,口吐白沫。听诊双肺均可闻及湿啰音,心脏和腹部查体无异常。四肢肌力及肌张力正常。询问病史,患者家属述该患者半个月前曾经给棉花喷洒农药,衣服没有洗,今日又穿此衣服。

讨论:

(1)该患者诊断是什么?试述诊断依据。

(2)应选择何药治疗?用药时有哪些注意事项?

病例十三

患者,男性,22岁,3日前淋雨后寒战、发热,体温高达39.5 ℃,胸、腹痛,咳嗽及深呼吸时加重,有气短憋闷感,咯铁锈色痰。为明确诊断急诊入院。

查体:体温39.4 ℃,脉搏109次/分,呼吸23次/分,血压110/80 mmHg。神志清,呼吸略急促,口唇轻度发绀,口角散见疱疹。右肺叩诊呈浊音,听诊右肺可闻及湿啰音,心脏查体无异常,腹软,上腹部有轻度压痛,无反跳痛,肝脾未触及。四肢肌力及肌张力正常。

辅助检查:血常规WBC 19.8×10^9/L,中性粒细胞86%,淋巴细胞14%。胸部X线检查见右肺下野大片状阴影,实变阴影中可见支气管气道征。

讨论:

(1)该患者诊断是什么?试述诊断依据。

(2)为什么咯铁锈色痰?

(3)该病如合并休克应如何治疗?

(吕　莉)